吉林省普通本科高校省级重点教材

2021年吉林省一流本科课程配套教材
2019年吉林省高校"金课"建设项目（A类）
2018年吉林省创新创业示范课程配套教材
21世纪经济管理新形态教材·工商管理系列

大学生创新创业能力提升实践教程

宫春艳 ◎ 主　编

穆　丽　王　宠 ◎ 副主编

U0655856

清华大学出版社

北京

内 容 简 介

本书为吉林省普通本科高校省级重点教材。

本书的设计和组织围绕"创新创业、能力、提升"这3个关键词展开,针对大学生在创新创业过程中需要掌握的知识和技能,梳理出11个教学模块,分别为创新与创业概述、创业者素质认知与创业团队组建、创业机会识别、创业机会评价、商业模式设计与开发、营销策略、创业资源整合、初创企业财务分析、创业融资、新企业的创办、创业计划书的撰写及项目路演。

本书可作为普通高等学校创新创业教育相关课程的教材,也可作为创业者的参考书。

图书在版编目(CIP)数据

大学生创新创业能力提升实践教程 / 宫春艳主编 . —北京:清华大学出版社,2023.1
(2023.3 重印)
21 世纪经济管理新形态教材 . 工商管理系列
ISBN 978-7-302-61644-3

Ⅰ.①大… Ⅱ.①宫… Ⅲ.①大学生—创业—高等学校—教材 Ⅳ.① G647.38

中国版本图书馆 CIP 数据核字(2022)第 145438 号

责任编辑: 徐永杰
封面设计: 汉风唐韵
责任校对: 王荣静
责任印制: 宋 林

出版发行: 清华大学出版社
    网　　址: http://www.tup.com.cn,http://www.wqbook.com
    地　　址: 北京清华大学学研大厦 A 座　　**邮　编:** 100084
    社 总 机: 010-83470000　　**邮　购:** 010-62786544
    投稿与读者服务: 010-62776969,c-service@tup.tsinghua.edu.cn
    质量反馈: 010-62772015,zhiliang@tup.tsinghua.edu.cn
印 装 者: 三河市龙大印装有限公司
经　　销: 全国新华书店
开　　本: 185mm×260mm　　**印　张:** 17.75　　**字　数:** 295 千字
版　　次: 2023 年 1 月第 1 版　　**印　次:** 2023 年 3 月第 3 次印刷
定　　价: 56.00 元

产品编号:091810-01

前　言

创新创业教育具有独特的实践性、社会性和融合性。习近平总书记在 2018 年 9 月 10 日召开的全国教育大会上指出："要把创新创业教育贯穿人才培养全过程，以创造之教育培养创造之人才，以创造之人才造就创新之国家。"大学生是最具创新精神与创新创业潜力的群体，引导更多的大学生投身到"大众创业，万众创新"的伟大实践当中，是高等教育之重任。创新创业教育应立足为国家培养高素质"双创"人才的迫切需求，激发大学生的创新创业意识，培养创新创业素质，提升创新创业技能。

本书以实践任务为主线，坚持正确的政治方向和价值导向，以提升大学生双创能力为基点，形成以知识、能力、素质培养为目标的课程体系。本书注重理论与实践的有效结合，构建了模块化教学内容，以"任务驱动"方式引导学生在做中学、学中练。

编者在多年教学研究与实践的基础上，力求使本书体现以下特点。

（1）强调适合和实用。从大学生创业角度出发，遵循创业规律，在教学内容中融入时代思维，保留创业必需的关键知识点，删减不必要的理论；同时吸收国内外创新创业最新的研究成果，使教学内容既突出基础性，又具有前沿性。

（2）强调实践和体验。环环相扣的任务模块引导学生体验"创业素质认知—创业准备—创业机会识别—确定创业项目—撰写创业计划—分享创业感受"等全部流程。本书将抽象的知识立体化，将中国"互联网＋"大学生创新创业大赛要求融入教学内容，通过行动学习、体验学习，实现"寓赛于教"的教学目标。

（3）强调创新和探究。本书注重以学生为本，运用新思维和新方法，每个教学模块都通过创业名言、典型案例及探究问题等方式，增强教学内容的时代性与竞技性，通过价值引领使学生树立正确的创业价值观，通过探究引导使学生具备分析创业环境、选择创业项目的实践能力。

本书结构与课时安排如下：

模块	内容安排	课时分配/学时
第一章	创新与创业概述	2
第二章	创业者素质认知与创办团队组建	4
第三章	创业机会识别	4
第四章	创业机会评价	4
第五章	商业模式设计与开发	4
第六章	营销策略	4
第七章	创业资源整合	2
第八章	初创企业财务分析	4
第九章	创业融资	2
第十章	新企业的创办	4
第十一章	创业计划书的撰写及项目路演	2
总学时		36

注：学时分配按照 18 教学周，每教学周 2 学时进行分配。

本书由长春人文学院宫春艳教授主编，穆丽教授和王宠副教授任副主编。宫春艳负责拟订全书教学大纲。本书具体编写分工如下：第一章和第四章由宫春艳编写，第二章和第十一章由穆丽编写，第三章和第五章由王宠编写，第六章由刘婷编写，第七章由高波编写，第八章由杨娜编写，第九章由陈明秀编写，第十章由王大海编写。

本书在编写的过程中参考了大量的国内外文献资料，并借鉴了其中的某些研究成果，在此一并向有关作者致以最诚挚的谢意！

由于编者水平和能力所限，书中难免有不足之处，希望广大读者批评指正。

编　者

目　录

第一章 创新与创业概述

知识目标

1. 掌握创新和创业的内涵、特征与分类。

2. 了解我国创新创业教育的发展历程。

3. 了解举办中国"互联网+"大学生创新创业大赛的意义。

能力目标

1. 能够正确辨析创新与创业之间的"双生"关系。

2. 能够分析不同类型创业需要规避的问题。

素质目标

1. 了解国家开展大学生创新创业教育的背景意义。

2. 引导大学生树立正确的创新创业价值观。

当前，世界范围内新一轮科技革命和产业变革加速演进，人工智能（AI）、大数据、物联网等新技术新应用新业态方兴未艾，创新创业已成为世界大势之所趋。大学生是我国未来发展的动力之源，习近平总书记指出："创新是社会进步的灵魂，创业是推动经济社会发展、改善民生的重要途径。青年学生富有想象力和创造力，是创新的有生力量。"因此，努力培养大学生的创业意识、创新精神和创造能力，是高等教育在新时代背景下提高大学生素质教育的重要途径。本章主要讲述创新和创业的内涵、特征与分类，我国创新创业教育的发展历程，大学生提升创新创业实践能力的现实意义等相关知识。

【创业名言】

创业就要脚踩地，手沾泥。

——程明，义渠品牌管理创始人

第一节　创新与创业的内涵与特征

🔍 **导入案例**

情定三叶青

许鑫瀚，2012年毕业于浙江财经大学东方学院，现任杭州三叶青农业科技有限公司董事长，他的创业故事堪称行业传奇。他曾获浙江省2010年"浙江教育十大年度影响力人物"、2015年第四届杭州大学生创业大赛二等奖（实践组）、2015年浙江省首届十佳大学生"农创客"、"创青春"浙江省第十届"挑战杯"大学生创业计划竞赛金奖等荣誉。在校期间，他参与学生创业活动，积极探索创业实践道路，一直致力于大学生农业科技项目研究。他与三叶青结缘是源于一个罹患癌症的亲戚，因化疗效果不明显，想通过服用三叶青慢慢调理身体。服用一段时间后，亲戚肺部的阴影居然消失了。这件事给许鑫瀚带来很大震撼，也让他从中看到了潜在的商机。他发现三叶青药用价值极高，是天然的"植物抗生素"，对治疗感染性疾病以及癌症有着一定的效果。几番考虑之后，他决定以三叶青综合开发及研究为题做项目，开始了真刀真枪的创业之路。成功没有捷径，没经历挫败的创业不能算得上真正的成功！许鑫瀚在创业过程中经历了风风雨雨，但他始终恒心不移、坚持不懈，最终他创业成功了！公司三叶青的种植面积已突破500亩（1亩≈666.67平方米），成为浙江省乃至全国种植三叶青的"领头羊"，也是唯一能够为浙江大学等高校提供量产三叶青根研究的农业公司。公司独立研发的三叶青种植方法，已经获得了国家发明专利。许鑫瀚用超常规的眼光看世界，他善用"静"的智慧看得失，他用一颗公益心回报社会，毫无保留地将自己的经验传授给迷茫中的创业者。在创业的道路上，他从未停止脚步，梦想仍在继续！

资料来源：周前进.创业人生壹：草根成长与成功之道[M].北京：清华大学出版社，2016.

🔍 **案例分析**

1. 请思考：许鑫瀚的创业项目是否具有商业前景？

2. 请评价：许鑫瀚的创业精神对当代大学生有哪些启示？

一、创新的内涵与特征

（一）创新的内涵

创新是人类经济发展的根本动力。创新理论的开创鼻祖是美国经济学家熊彼特，他于 1912 年在《经济发展理论》中首次提出："创新是建立一种新的函数，也就是把一种从来没有过的关于生产要素和生产条件的组合引入生产系统。"这一定义认为创新主要是指技术层面的创新。

"现代管理学之父"彼得·德鲁克在《创新与企业家精神》中指出："创新是一个过程，是一项有组织、有系统且富有理性的工作。创新是企业家展现其创业精神的特定工具，是赋予资源一种新的能力使之成为创造财富的活动，创新本身就创造了资源。"这一定义强调了创新在战略管理、组织管理中的重要作用。

我国学者在熊彼特经济学的基础上，引入技术经济学和制度经济学的研究范式，形成了具有中国特色的创新学派。1994 年，任职于浙江大学的陈劲教授首次在学术界提出"自主创新"的概念，他强调，企业创新工作要关注研究与发展、生产制造与市场营销的系统整合，重点解决企业创新中产品创新与工艺创新不衔接、市场营销与技术开发脱节的问题。

创新是一个具有多重含义的概念，且涵盖众多领域，通常都是突破常规和原有的思维定式的。上述学者从不同角度对创新进行了阐述，这些理论对指导创新实践活动都具有实际意义。当今世界正在经历百年未有之大变局，世界多极化、经济全球化、社会信息化、文化多样化深入发展，创新已成为决定国家命运的关键要素，也是个人事业获得成功的关键动力。在这种大背景下，创新的内涵可以理解为：立足现实、标新立异，通过新思维、新方式、新举措等一系列实践活动实现新变革，不断推动社会可持续发展，不断满足人们在经济、政治、文化、社会、生态等方面日益增长的需要。

（二）创新的特征

1. 目的性

任何创新活动都有一定的目的。在创新启动时，为明确创新的战略方向，要求既要有问题导向，又要有战略性的前瞻思考。创新可以是技术上的变化，可以是一件实实在在的物品，也可以是一种无形的东西。不管是来源于哪个层面的创新，都是围绕解决某一问题而进行的，总是与完成某一任务相联系的。创新的目的性特征始终贯穿于创新过程的始终。归根结底，创新就是要着力解决发展不平衡不充分的问题，大力提升发展质量和效益，推动社会全面进步。

2. 新颖性

创新要敢于打破旧式束缚，提出新思想，确立新事物，或将原先没有的因素引入旧的体系，通过新概念、新工艺，开发新产品，在此基础上获得新发展和新突破。创新具有一定的首创性，在纵向的历史和横向的地域中，创造了前所未有的新事物，称为绝对创新。而在当下或当地创造了未曾出现的新事物，则称为相对创新。另外，创新在某种程度上也可以理解为是对被替代物的创造性毁灭。因此，初创企业一定要正视创新的这一特征，不断增强企业适应力，在变化的市场浪潮中寻求生存与发展机会。

3. 现实性

创新不能脱离现实。创业者在开展创新活动时，必须牢牢把握社会主义初级阶段这个基本国情，牢牢立足社会主义初级阶段这个最大实际，牢牢坚持党的基本路线，既不落后于时代，也不能脱离实际。没有一项创新活动可以脱离社会实际而顺利发展。只有主体立足客观实际，准确认识把握事物的本质和规律并与主观愿望相结合，才能够达到改造客体的目的。当然，从某种意义上来讲，创新也是对现实存在的变革和超越，因此，也不能完全局限于现实，如科学发现、技术革新等皆源于对社会需求的思考。创新能够满足一定的社会需求，会对促进经济社会的发展产生一定的效益。创新并不是少数人的专利，每个人都有创新灵感，创业者要深谙"集众智方可成大事"的道理，善于引导员工从消费者需求出发，激发其潜在的创新意识，培育出更多的创新成果，提升企业的经济效益和社会效益。

4. 可持续性

事物的发展规律决定了创新要常新，激烈的竞争环境决定了创新要常新。习近平总书记曾多次强调"惟创新者进，惟创新者强，惟创新者胜"。创新是通过创造新知识、应用新知识并不断发展知识的实践过程，是通过不断尝试和探索，推动事物呈现螺旋上升的演进模式。创新只有进行时，没有完成时。在知识经济时代，创造知识和应用知识的能力与效率，将成为影响一个国家综合国力和国际竞争力的重要因素。我国科技要赶超国际先进水平，就必须在卡脖子的关键领域，集中力量，持续加大自主创新的研发力度，摆脱受制于人的窘境，这也是值得每位创业者深思的问题。

二、创业的内涵与基本特征

（一）创业的内涵

1. 狭义的创业

狭义的创业是指创建一个新企业的过程，包括从筹备到企业稳定成长的全过程，企业的创办必须符合法定程序。当前，很多大学生的自主创业基本上都属于狭义创业。新企业创办需要的关键要素包括机会、团队和资源，企业在共同的目标引领下，开展人力资源管理、财务管理、技术管理、营销管理等各项业务，创造出符合市场需求的新产品或新服务。

2. 广义的创业

广义的创业是指创造新的事业的过程。所有可以创造新的事业的过程都是创业。广义的创业重在创业行动，可分为大业、事业和家业。大业是指创立基业，强调为国家作出重大贡献。事业是立足具体的工作岗位，用创新精神去创造性地发挥自身潜能，通常指在企业内部进行的再创业或二次创业等。家业通指狭义创业。

（二）创业的基本特征

1. 创新性

严格来讲，成功的创业离不开创新，创业一定是建立在创新的基础之上，并不断创新的过程。在竞争异常激烈的市场下，没有创新性或创造性的创业是难以存续与成长的。创业者必须有创新动机、创新意识和创新精神，才能带领团队开发出具有创新性的产品或服务，或是找到新的盈利模式，或是探索出新的管理方式，从而使企业焕发不断前进的活力。

2. 开拓性

创业是一个从无到有、从小到大、由简到繁、由旧到新的开拓过程，应不拘泥于当前资源约束，努力寻求商业机会，确定创业项目后，投入知识、技能、资金开办新企业，开创新事业。创业通常是处在摸着石头过河的状态，但创业者的主观能动性一般来说都高于其他人。古人云："古之立大事者，不惟有超世之才，亦必有坚忍不拔之志。"所以，创业者尽管在创业过程中会遇到重重阻碍，却始终能保持积极向上的心态，闯出属于自己的一片蓝海。

3. 挑战性

创业之路充满艰辛与风险，尤其是要经常面对很多不可控的风险，如政策风险、市场风险等。"预则立，不预则废。"创业者要对未来形势有一定的判断和预估能力，需要在可控或不可控的环境下，直面社会、直面客户，在提供新产品或新服务的过程中，承受住各种风险与挑战，才能成为笑到最后的创业者。

4. 持久性

创业是一种多元化、广泛性的社会实践活动，一般都应具有可持久开发的潜力，并且能够为企业带来可持续发展的竞争优势，以确保企业可以稳健成长。创业的利益驱动点主要是增加财富，获利多少是人们衡量创业者成功与否的重要标志。同时，企业能持久地融入社会再生产的大循环中，不仅能推动企业快速发展，也能体现企业的社会价值之所在。

三、创新和创业的"双生"关系

创新与创业在内在含义、特征等方面虽有很大差异，但二者之间密切相关。从地位层面来看，创新是国家战略层面的存在，是上位的、根本的、统摄性的。创业是策略层面的手段，是下位的、可操作的，是创新在实践中的应用。从创新创业教育理论来看，创新和创业是"双生"关系，二者并不是被简单地叠加在一起。创新是创业的基础，创业是创新的载体。创新创业教育不仅包含创新教育，也包含创业教育。创新教育旨在培养与开发学生的创新思维，侧重为学生未来发展进行整体规划。而创业教育旨在培养学生的实践动手能力，侧重为学生未来自我价值实现途径进行总体规划。可以说，创业能否成功主要取决于创新的程度。所以，真正的创业教育必须以创新教育为基础，而创新教育往往以创业教育为载体和实现形式。只有创新教育和创业教育二者有机融合在一起，才能达到"双创"的教学效果。在高等教育中，大学生创新创业素质教育主要围绕创新创业品质人格、创新创业知识技能、创新创业能力展开，如图1-1所示。

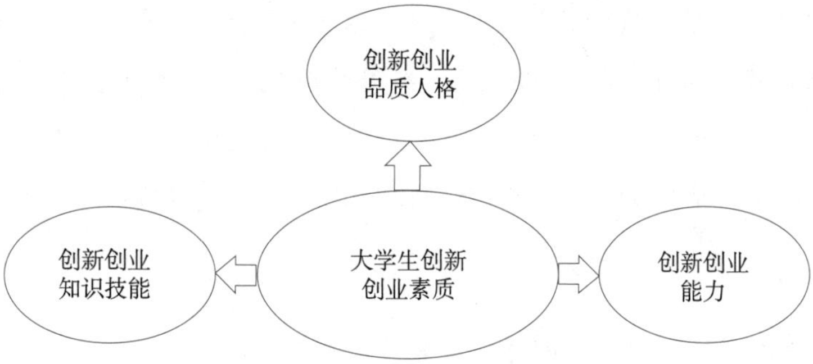

图 1-1　大学生创新创业三维素质模型

🔍 实训

正确辨析创新与创业之间的关系

请将同学以 5 ~ 6 人为一组进行分组，每一个小组都要在各自比较感兴趣的行业领域内，收集 1 ~ 2 个大学生创新创业案例，分析其创业项目的创新点。

第二节　创新与创业的分类

🔍 导入案例

华为：元宇宙底层 ICT（信息与通信技术）集大成者

元宇宙是与现实世界互通的虚拟世界，具有同步和拟真、开源和创造、永续、闭环经济系统四大核心属性。元宇宙的兴起将伴随着 AR/VR（增强现实/虚拟现实）、云计算、AI（人工智能）、5G 等技术的进化，推动人类对虚拟世界的构建和发展。当下，元宇宙概念风潮正起，广受资本市场关注。华为云是其中成长最快的一朵云，2020 年进入全球前五。华为云聚焦云计算中的公有云领域，提供云主机、云托管、云存储等基础云服务，以及超算、内容分发与加速、视频托管与发布、云电脑、云会议等服务和解决方案。华为也积极布局 VR 领域，持续推动 AR/VR 生态建设。华为专门为 VR 内容开发者提供了平台——HUAWEI VR，开发者可利用华为 VR SDK 进行创作，作品完成后上传至华为 VR 应用商店，拥有华为 VR 眼镜的消费者可以直接下载体验。华为在 AR/VR 领域的技术突破加速了沉浸式体验的实现：①推出河图（Cyberverse）底层技术平台，包含了全场景空间计算能力、AR 步行导航、场景编辑渲染等技术，目前已应用到敦煌莫高窟的全景复活中，实现了科技与文化的完美结合。②推出通用 AR 引擎"华为 AR Engine"，开发者和第三方应用可接入华为的 VR 系统。未来，随着 5G 和云计算的进一步发展，将二者结合起来实现"云＋端"协同模式，有望引领 VR 行业发展，或将成为人类进入元宇宙的关键一步。

资料来源：华安证券 . 元宇宙，未来数字绿洲入口已打开 [R].2021.

🔍 案例分析

1. 请思考：元宇宙会引发怎样的产业链变革？

2. 请评价：华为云是如何借助元宇宙概念发展新兴业务的？

一、创新的分类

（一）按创新的内容划分

1. 产品创新

产品创新是指能够满足客户需求或能帮助客户解决问题的新产品，其目的是提高产品设计与性能的独特性。这里的产品主要指有形产品。

2. 工艺（流程）创新

工艺（流程）创新是指生产和传输某种新产品或服务的新方式，其目的是增加企业盈利、降低成本，提高生产力和员工满意度等。

3. 服务创新

服务创新是对服务系统进行有目的、有组织的改变，旨在提高服务质量和创造新的市场价值，与有形产品不同的是，所有服务产品多以辅助的形式出现，不能像有形产品那样通过专利等方式来有效抵制模仿行为。

4. 商业模式创新

商业模式创新是向当前行业内通用的为客户创造价值的方式提出挑战。每一次商业模式的革新都能给企业带来一定的竞争优势，但是随着消费者观念的不断变化，企业必须不断地重新设计商业模式来留住老客户、吸引新客户。

（二）按创新的性质划分

1. 原始创新

原始创新是最根本的创新，是最能体现智慧的创新，它是以获取科学发现和技术发明为目的，特别是在基础研究和高技术研究领域取得开创性的发现，并将其转化为市场优势。一般来说，重大发现相对于产生明显的经济效应要有一段时间的延缓，如传真机从发现到真正的市场化用了 145 年。

2. 集成创新

集成创新又称有组织的创新，是对各个创新要素的创新内容进行选择、集成和优化，将多种相关技术进行有效集成、有机融合，形成更具市场竞争力的新产品、新产业，实现企业整体竞争力的持续提高。例如，南车四方通过集成创新，将整体目标拆解为多个子系统，针对各个子系统的解决方案不断进行优化，最后形成从内到外的一揽子解决整体方案，走出了一条属于自己的、独特的创新之路。

3. 引进消化吸收再创新

引进消化吸收再创新是最常见、最基本的创新形式，是运用"拿来主义"，对各种引进的技术资源，首先是学习与彻底消化，之后通过反向工程思维，对其进行拆解研究，以达到更有深度的理解，在此基础上，再逐步实现重大的自主创新。很多发展中国家就是通过这种方式实现了反创新，有的甚至在某一领域已赶超了发达国家。

（三）按创新的程度划分

1. 渐进性创新

渐进性创新是在原有的技术轨迹下，对产品或工艺流程等进行的程度较小的改进和提升，旨在提高客户满意度、增加产品或服务功效。从理论上说，这种创新方式没有显著利用新的科学原理，对企业盈利状况的影响力往往相对较小，所以，对企业的技术能力、规模等要求较低。不过，随着时间的流逝，这种创新方式也会给企业带来积累性的经济效益。

2. 突破性创新

突破性创新是使产品性能的主要指标发生巨大变化，对市场规则、竞争态势、产业布局都会产生决定性的影响，甚至会导致整个产业重新洗牌。这种创新方式在社会上产生的威力很大。有些看起来规模很小的初创企业，如果在某一方面实现了突破性创新，并成功进入市场，就可以在短时间内迅速成长壮大，实现"弯道超车"。

二、创业的分类

创业因路径不同，可以按创业的目的、起点、创业者数量、方向和风险进行分类。

（一）按创业目的划分

按创业目的，创业可分为机会型创业和生存型创业，见表 1-1。

表 1-1 按创业目的对创业分类

要点	机会型创业	生存型创业
含义	以市场机会为导向，以创造新的需要或满足潜在需求为目标，因而会带动新产业发展	为了谋生，没有其他更好的选择，不得不通过创业解决生活问题，通常指被迫地创业
需注意的问题	该类创业投机性较强，有冒险成分，缺乏长期的战略目标，容易出现"来得快、去得也快"的问题。因此，创业者不要被一时的成功所迷惑，要学会审时度势，辨清创业风险，不仅关注短期经营目标，也要制定企业的中长期发展规划	该类创业规模较小，大多偏于尾随和模仿，缺乏创新性，只是简单的跟随者，因而发展后劲不足。因此，创业者要努力挖掘创新点，提升企业的核心竞争力，方能维系长远

（二）按创业、起点划分

按创业起点，创业可分为创建新企业和企业内创业，见表 1-2。

表 1-2 按创业起点对创业分类

要点	创建新企业	企业内创业
含义	创业者个人或团队白手起家，从无到有地创建全新企业的过程	企业为了获得长久的竞争优势，在现有组织内进行有目的的不断创新的过程
需注意的问题	该类创业充满机遇和刺激，但风险和难度也大，创业者因缺乏足够的资源、经验和支持，信用度不高，难以筹措足够的发展资金。因此，创业者及团队要以客户需求为出发点，关注不确定性程度高但投资需求少的市场机会，逐步提升产品的品牌优势	该类创业通常都是在企业进入成熟期，发展出现乏力，企业更多关注员工的规范化，忽视员工的创新性，如果不进行再次创业，企业会止步不前，甚至倒退。因此，企业应通过二次创业、三次创业等，营造创新文化，不断将创新成果推向市场，延长企业的生命周期

（三）按创业者数量划分

按创业者数量，创业可分为独立创业和合伙创业，见表 1-3。

表 1-3　按创业者数量对创业分类

要点	独立创业	合伙创业
含义	创业者独立创办自己的企业，产权归创业者个人所有，企业由创业者自由掌控	指与他人共同创办企业，合伙人对合伙债务承担无限连带责任
需注意的问题	该类创业的最大优势是决策速度快，对市场机遇反应能力强，企业保密性强。但创业者对企业的命运影响很大，如果创业者出现决策失误，则企业会面临倒闭危险。另外，筹资能力有限，抗压风险能力较差。所以，创业者应处理好授权与放权的关系，充分发挥创业团队成员的整体优势	该类创业相对独立创业有一定的优势，对外信用度增强，决策失误率较低。但因重大决策都需要得到所有合伙人的同意，也容易造成决策上的延误，且一旦合伙人中有人退出或加入，都会引发企业的重组或解散。因此，合伙企业应更加关注核心成员的稳定性，以保证创业活动的连续性

（四）按创业的方向和风险划分

按创业的方向和风险，创业可分为依附型创业、尾随型创业、独创型创业和对抗型创业，见表 1-4。

表 1-4　按创业的方向和风险对创业分类

要点	依附型创业	尾随型创业	独创型创业	对抗型创业
含义	主要有两种形式：①依附于大企业或产业链而生存。②特许经营权的使用	以行业内已经有同类企业或类似经营项目为依托，模仿他人创业	提供的产品和服务能够填补市场空白点	进入其他企业已形成垄断地位的某个市场，与之对抗较量
需注意的问题	该类创业缺乏核心竞争力，创新意识不强。因此，要注意形成属于自己品牌的产品	该类创业易安于现状，不热衷于挑战。因此，应遵循"你有我优，你优我强"的经营理念	该类产品创新性强，但竞争对手也会蜂拥而至。因此，要时刻关注竞争对手的动态	该类企业应已具有一定的实力，但要关注对抗企业的反应，提前做好应对方案

实训

学会判断创业的不同类别

请同学们以 5～6 人为一组，寻找不同类别的创业案例，分析案例中的创业企业可能会遇到什么问题，各组之间进行交流分享。

第三节　大学生创新创业教育的意义

导入案例

总理鼓励的待业大学生变成了创业领头人

2012 年，李克强总理在考察宁夏期间，看望廉租房住户，来到王磊家，当听说王磊在做电脑一体机项目时，鼓励他好好干，为父母争光，为国家争光。在总理的鼓励和国家"双创"政策的支持下，他进驻宁夏软件园，和几个志同道合的同学组成一支研发团队，成立了新型显示器公司，自己也从一名普普通通的大学生变成了一名真正的 CEO（首席执行官司）。2014 年，王磊研发团队在散热和静音方面取得专利，设计开发的电脑一体机比传统电脑更环保，使用更舒适。2015 年，公司与专业机构签署战略合作框架协议。此后，公司先后研发了超薄节能低噪声一代一体机和无噪声、无灰尘、超薄型、节能环保、全封闭、低价位的二代一体机。同年，公司取得了 1 000 台订单的好成绩，流水营业额超 300 万元，一体机也成为 2015 年中阿博览会指定用机，王磊的家庭从此告别了低保生活。2018 年，李克强总理再次来到宁夏考察，又遇到了这位熟悉的"小朋友"，总理看到王磊的成长，感到非常欣慰，不仅为他的创业故事点赞，还鼓励他要努力将产品走向全国，争做宁夏第一，更要做全国第一。

资料来源：总理鼓励的待业大学生变成了创业领头人 [EB/OL].（2016-02-03）http://news.cnr.cn/native/gd/20160203/t20160203_521328929.shtml.

案例分析

1. 请思考：大学生进行创新创业的现实意义。

2. 请评价：案例中的大学生创业者王磊的创业动机。

一、我国创新创业教育的发展历程

我国高校的创业教育相对国外起步较晚，始于 20 世纪 90 年代末期，迄今走过了 20 多年的历程。根据各个时期具有标志性的重要事件，可以将我国的创业教育划分为以下四个阶段。

（一）初期启蒙阶段：1997—2002 年

1997 年，我国高校创业教育在清华大学首开先河。清华大学经济管理学院在 MBA（工商管理硕士）培养项目中设立了创新与创业方向及相关课程。1998 年 5 月，清华大学学生社团——清华大学学生科技创业者协会发起并成功举办了第一届"创业计划大赛"，自此拉开了我国创业大赛的序幕。

1999 年，首届全国大学生"挑战杯"创业大赛在清华大学成功举办。"挑战杯"创业大赛是"挑战杯"全国大学生系列科技学术竞赛的简称，是由共青团中央、中国科协、教育部和全国学联共同主办的全国性的大学生课外学术实践竞赛。该赛事在中国共有两个并列项目：一个是"挑战杯"中国大学生创业计划竞赛，另一个是"挑战杯"全国大学生课外学术科技作品竞赛。这两个项目的全国竞赛交叉轮流开展，每个项目每两年举办一届。在中国"互联网+"大学生创新创业大赛未举办之前，"挑战杯"创业大赛是国内当时最具影响力、级别最高的大学生创业比赛项目。在赛事的影响和带动下，全国各高校逐渐引入以创业竞赛为主要导向的创业教育。

（二）自主探索阶段：2002—2010 年

创业教育是一门综合性学科，为进一步探索符合我国高校特点的创业教育模式，教育部于 2002 年 4 月将清华大学、北京航空航天大学、中国人民大学、上海交通大学、西安交通大学、武汉大学、黑龙江大学、南京财经大学、西北工业大学这 9 所分别代表不同类别、不同性质的重点高校定为创业教育试点学校，鼓励这些试点学校采用不同的方式对创业教育进行尝试与探索，为我国下一步普及高校创业教育奠定了前期基础。可以说，2002 年是我国开创高校创业教育的重要拐点。

各高校在开展创业教育过程中，遇到的重大瓶颈因素就是创业师资严重匮乏。创业教育不仅要求授课教师具有较高的职业素质、讲授技能，还要有创业实践指导的经历和能力。2003 年 10 月 27 日—11 月 2 日，教育部在北京航空航天大学举办了第一期创业骨干教师培训，这标志着我国高校创业教育的普及化教学正式开始。2005 年 8 月，KAB（Know About Business）创业教育（中国）项目正式启动，这是我国推动创业师资培训的又一项重要举措，越来越多的高校教师都接受了这方面的培训，开始在课程体系中增加相关的创业课程，各高校开始将创业教育纳入人才培养的内容范畴。2008 年，教育部通过"质量工程"项目，又立项建设了 32 个创新与创业教育类人才培养模式实验区，取得了较好的预期成果，进一步加快了高校创业教育的探索进程。

（三）全面推进阶段：2010—2015 年

2010 年 5 月，教育部颁发的《教育部关于大力推进高等学校创新创业教育和大学生自主创业工作的意见》，第一次将"创新的概念"融入"创业教育"之中，这是我国第一个推进创新创业教育的全局性文件，为形成独具中国特色、符合我国国家经济社会发展要求的创新创业教育起到了引领性的指导作用。2010 年 6 月，《国家中长期人才发展规划纲要（2010—2020 年）》和《国家中长期教育改革和发展规划纲要（2010—2020 年）》相继出台，强调了创新创业教育对创新型人才培养的重要性，要求各高校将其融入学校人才培养的全过程。各高校开始从创业教育初期偏重于创业知识和理论的传授，向通过实际操作技能、创业精神及抗风险心理等提高学生的创业素质进行转换。

教育部于 2012 年 8 月 1 日颁布了《普通本科学校创业教育教学基本要求（试行）》，对我国高校开展创业教育的教学目标、教学原则、教学内容、教学方法、教学组织作出明确规定，要求各高校要把"创业基础"作为必修课融入人才培养体系，贯穿人才培养全过程，面向全体学生广泛、系统开展。这一政策的出台，不仅规范了我国高校的创新创业教育，推动了专创融合的培养理念，更强调了创业教育就是素质教育的指导思想。2014 年 9 月，国务院总理李克强在夏季达沃斯论坛上提出：要在 960 万平方公里土地上掀起"大众创业""草根创业"的新浪潮，形成"万众创新""人人创新"的新势态，这种大背景加快推动了高校建立系统化、多元化的创新创业教学体系。

（四）创新发展阶段：2015 年至今

2015 年 5 月，国务院办公厅印发《国务院办公厅关于深化高等学校创新创业教育改革的实施意见》，站在国家实施创新驱动发展战略、促进经济提质增效升级、推进高等教育综合改革、促进高校毕业生更高质量创业就业的高度，明确了深化高等学校创新创业教育改革的指导思想、基本原则、总体目标，提出了 9 项改革任务、30 条具体举措。2015 年《政府工作报告》中提出了"互联网 +"行动计划，同年 6 月，国务院印发《国务院关于大力推进大众创业万众创新若干政策措施的意见》，指出推进大众创业、万众创新，是发展的动力之源，要求各高校要激发在校大学生的创新创业热情，体现高校创新创业教育成果，搭建大学生创新创业项目与社会投资对接平台。上述政策推动各高校的创新创业教育进入了蓬勃发展阶段。

2015 年，首届中国"互联网 +"大学生创新创业大赛正式举办，到 2021 年，已连续成功举办七届。2017 年 8 月，习近平总书记在给第三届中国"互联网 +"大赛"青年红色筑梦之旅"的参赛大学生的回信中说道："实现全面建成小康社会奋斗目标，实现社会主义现代化，实现中华民族伟大复兴，需要一批又一批德才兼备的有为人才为之奋斗。艰难困苦，玉汝于成。今天，我们比历史上任何时期都更接近实现中华民族伟大复兴的光辉目标。祖国的青年一代有理想、有追求、有担当，实现中华民族伟大复兴就有源源不断的青春力量。希望你们扎根中国大地了解国情民情，在创新创业中增长智慧才干，在艰苦奋斗中锤炼意志品质，在亿万人民为实现中国梦而进行的伟大奋斗中实现人生价值，用青春书写无愧于时代、无愧于历史的华彩篇章。"总书记的回信充分肯定了青年学子奋发有为的精神风貌，更加激发了当代大学生投身到各类创新创业活动的积极性和主动性。该赛事是目前全国最有影响力的赛事，参与高校数由首届的 1 800 所增至第七届的 4 347 所，参与学生人数由首届的 20 万人增至第七届的 956 万人，学生参与的比赛项目也大幅提升，由首届的 3.7 万项增至第七届的 228 万项。中国"互联网+"大学生创新创业大赛正在成为各高校深化"思创融合、专创融合、科教融合"的创新创业教育改革载体，是促进学生全面发展的重要平台和推动产学研用相结合的关键纽带。

二、大学生提升创新创业实践能力的意义

（一）有助于培养正确的创新创业价值观

中国特色社会主义进入新时代，亟须大批高素质的创新创业人才。站在历史新的更高起点上，当代大学生要树立正确的创新创业价值观，这也是社会主义核心价值观在创新创业上的体现，是大学生主体基于自身需求和国家、社会需要，在创新创业实践基础上，对创新创业目标的认识以及在创新创业时采取的价值判断和选择标准。大学生创新创业价值观主要体现在家国情怀、敢闯会创、勇于奋斗、崇尚劳动、创造大美等方面。家国情怀就是要引导大学生在创新创业过程中，完成自我价值的"小我"与为国家和人民服务的"大我"的统一。敢闯会创明确了在国家创新驱动大背景下，大学生应努力发挥自己的才能，在五彩缤纷的社会舞台中敢于尝试与探索各类创新与创业活动。勇于奋斗是鼓励大学生要具备在各种高压下仍能独立思考和自主学习的优秀品质，学会自我调节和自我控制的能力。崇尚劳动是帮助大学生在创新创业实践中，感受劳动之艰、劳动之美，进而树立崇尚劳动、尊重劳动、热爱劳动的职业操守。创造大美是要唤醒和塑造大学生创

造型人格，使其成为"具有开创性的人"。

当前，有的大学生将"创富"作为创新创业的唯一目的，只注重个体价值的实现，忽略了创新创业精神的培养和社会责任的体现，这是典型的"功利与自我"的表现。在创新创业的浪潮中，新时代的大学生应深刻领悟中国梦的内在含义，中国梦是国家的梦、民族的梦，也是每一个中华儿女的梦。"得其大者可以兼其小"。只要每个人都把人生理想融入国家和民族的伟大梦想之中，把小我融入大我，敢于有梦、勇于追梦、勤于圆梦，就会汇聚起实现中国梦的强大力量。因此，大学生应将自我实现的个人梦放置于为中华民族伟大复兴的中国梦中，在创新创业中发现自我、锻造品行，最终实现人生价值。

（二）有助于合理规划职业生涯发展

职业生涯规划又称职业规划，是对一个人从开始工作到退休的整个职业历程进行系统的规划，包括职业规划、自我规划、理想规划、环境规划、组织规划等。职业规划在对个人性格特点、兴趣爱好、成长环境、从业经历等主客观因素进行深入测定、分析和总结的基础上，确定个人短期和长期的事业发展目标。职业是不断变化的，职业规划也不是一成不变的，它是一个动态发展的过程，是基于对未来职业的前瞻性和全局性认识，对客观世界发展变化的主观预期和主动适应。

大学阶段是人生的"拔节孕穗期"，但现在有很多大学生并不十分清楚自己真正的职业定位，比较习惯于按照父母的意愿或师长的建议选择职业发展方向。大学期间，大学生应注意提升创新创业能力，运用这种能力不断加强自律能力、学习能力、抗压能力和社交能力，以"踏平坎坷成大道，斗罢艰险又出发"的意志，通过创新思维和创业意识，主动培养自己的优势，挖掘自身潜力，尝试新的领域，在职业生涯规划中扬长避短，个性化地设计适合自己未来发展的职业生涯。

（三）有助于实现高质量创业与就业

习近平总书记在十九大报告中说，"就业是最大的民生。"随着高等教育从"精英教育"向"大众教育"迈进，高校毕业生的就业形势日益严峻，人才供需处于供大于求的失衡状态，大学生毕业数量远远大于空缺岗位的数量。"意识决定行动，行动是意识的反映。"因此，在高等学校开展创新创业教育，增强大学生的创业意识，养成一种不满足于现状、敢于创新并承担风险的精神，积极鼓励高校大学生自主创业,改变为高校毕业生提供岗位的"输血"式思维,增强学生自我"造血"能力,缓解大学毕业生的就业压力。

伟大梦想不是等得来、喊得来的,而是拼出来、干出来的。在这个千帆竞发、百舸争流的时代,大学生要努力投身到创业活动当中去,只要找准方向、驰而不息,条条大路通罗马。"以创业带动就业。"可以说,一个创业能力很强的大学生不但不会成为社会的就业压力,相反,还能通过自主创业活动给其他人提供就业岗位。创业能力可以帮助大学生带着创业的思路去主动就业,为其在未来的职业生涯发展中,提供源源不断的精神动力和智力支持,促进大学生在今后的工作岗位上不断创新、不断突破,为社会作出更大贡献。

综合实训

(一)实训目的

了解中国"互联网+"大学生创新创业大赛的赛事历程及意义。

(二)实训活动

同学们以5~6人为一组,分成若干团队,完成以下任务:

1.分析各届中国"互联网+"大学生创新创业大赛的主题意义。

2.收集历届在中国"互联网+"大学生创新创业大赛中获奖的典型案例,分析其创业项目的创新性及发展瓶颈。

即测即练

思考题

1.简述创业的定义与功能。

2.简述创业的要素。

3.简述创新精神的本质。

4.简述创业的不同分类。

5.阐述培养大学生创新精神的重要意义。

🔍 拓展案例

"草根工匠"董大鹏的创业故事

1993 年出生的董大鹏，从小就怀着一份创业的梦想。从初中到大学的 10 年间，他时刻留心自己接触的企业，判别哪些企业的管理是对的，哪些停业整顿的项目有长远发展潜力等。看的问题越多，他心里的想法就越强烈：我是否适合创业？如果我做一个企业，应该怎么管理和发展才能够不被社会所淘汰？

在步入大学以后，董大鹏加入了科技协会，他的目标就是想凭借这个协会挖掘和结识更多与他志同道合的朋友。但随着时间的推移，协会人数越来越少，当时加入协会的成员激情迅速向下跌落，董大鹏不满足于协会这样没落下去，他提议每周定期召开研讨会，讨论内容设计得新鲜且充实。刚开始的几周运行还可以，可几周下来，大家都失去了信心，最后只剩下三四个人了。董大鹏决定重新开始，他与队友专门编写了资料并打印出来，逐个班级介绍。最后，协会吸纳了一百多名同学。他说："我们既没有掌握科学技术，也没有创业的任何经验可谈，我们有的只是对科学的一腔热血，我们就是喜欢钻研。"在这种理念的坚持下，董大鹏从协会中认真挑选创业团队的成员，要求不仅要在技术上有一定的基础，在执行力及道德品质上也需胜人一筹，更重要的是队员必须能承受高强度的工作。事实证明，他的选择是正确的。

"倘若你没有遇到志同道合的朋友，你的世界就会变得不那么可爱"。让董大鹏欣喜与兴奋的是，他身边有几个和他同是技术宅的朋友，也同样怀揣着动手制作梦想，他们每天的业余时间都放在了做实验、上网查资料、到商场选择合适的材料上了。机会只给准备好的人。2013 年，山东大学举办了山东省大学生课外学术作品竞赛，这是董大鹏第一次参加科技竞赛。董大鹏与好友王礼生的参赛作品是一个手指鼠标，是基于无线充电技术，配有一个稍厚一点的鼠标垫为鼠标无线充电，使用时佩戴在任何一个手指上即可。这次大赛，董大鹏虽然没有取得很好的奖项，却意见发现了一个重要商机。

一个履带式侦查机器人的出现吸引了董大鹏的注意。得知这个机器人需要三万多元时，他似乎嗅到了商机：如果有厂家专门做履带底盘，然后产生规模经济，生产成本必定很低。在当时，国内几乎没有专门的企业研发履带式底盘，有需求的用户只能自己花费财力物力研发底盘或请机械加工企业代为研发。履带式底盘的需求明显大于供给，这是一个典型的卖方市场。这个项目到底能不能做，这对董大鹏来说一切还是未知。他之前曾经有过一次创业失败的经历，"最有效克服恐惧的办法就是勇敢地迈出实际的步子。"董大鹏是这样想的。带着这种想法，他开始投入研究，理清市场大概方向，了解现有技术现状，经过深思熟虑后，最终定下了创业发展目标。

他与王礼生花费了一个假期将项目完成，并带着这个项目在2013年山东省大学生机电产品创新大赛中荣获一等奖。创业项目被得到肯定，更加坚定了他的创业信心。就这样，他组建了团队，白天课余接单，晚上加班生产。他将宿舍变成了工作室，学校也给予了大力支持。2014年7月。几乎所有的同学都找到满意的实习单位，开始踏上人生的第一个职业生涯，董大鹏经过思考还是决定创业，并注册了公司：泰安极创机器人科技有限公司。2014年11月，公司的全部手续终于完全落实。为了获得创业融资，他参加了全国创业大赛，也获得了30万元的创业基金，但因基金组委会一再强调股权协议，并未提供债券协议，董大鹏最后拒绝了赞助方的投资方案。他想：即使拿不到免息贷款，此次大赛也无形中为公司发展提供了一个更大平台。

董大鹏沿着自主创业这条路越走越远，自主研发了7款履带式机器人通用底盘，公司成为国内为数不多的专业履带式底盘供应商。对于董大鹏而言，创业不是一个人的事情，他说："我们就是一群人，拥有一个梦想，打造同一个品牌，争做中国最大的机器人履带式底盘供应商。"他带领团队刻苦钻研，时刻用"工匠精神"践行心中的创业梦想。

资料来源：周前进.创业人生壹：草根成长与成功之道[M].北京：清华大学出版社，2016；董大鹏谈创业心得——"我在大二就创立了公司"[EB/OL].（2020-01-20）.
https://sohu.com/a/367952946_120283194.

第二章 创业者素质认知与创业团队组建

知识目标
1. 了解创业者的含义与类型。
2. 掌握创业者应具备的素质与能力。
3. 了解创业团队的含义、特征及组成要素。
4. 掌握创业团队组建原则、程序及管理策略。

能力目标
1. 能够正确辨析成功团队的基本特征。
2. 能够掌握组建优秀创业团队的方法。
3. 能够掌握创业团队的管理技巧。

素质目标
1. 使学生站在创业者角度，深刻认知创业团队在创业过程中的重要作用。
2. 使学生站在企业家角度，深刻体会企业家精神的内涵，提升学生创业的自信心及社会责任感。

在创业活动中，创业者及其团队发挥着举足轻重的作用。创业之路充满荆棘，仅靠创业者个人的力量是远远不够的。因此，组建和打造一支具有社会主义核心价值观且有共同愿景的团队是至关重要的。党的十八大提出要倡导爱国、敬业、诚信、友善，积极培育和践行社会主义核心价值观。社会主义核心价值观具体阐述了我们要建设什么样的国家、建设什么样的社会、培育什么样的公民。创业者及创业团队应以社会主义核心价值观为方向引领，培育优良品质，提升自身综合素养，使团队成员具备共同开创新事物的激情和冒险精神，面对挫折和失败的勇气和坚韧，以及解决和处理创业活动中各种挑战和问题的知识与能力。本章主要讲述创业者应具备的素质、能力和创业团队的组建、管理等相关知识。

【创业名言】

愿意用一种成功去养无数的失败。

——俞敏洪，新东方集团创始人

第一节　创业者素质认知

🔍 导入案例

华为 CEO 任正非的经营理念

1944 年，任正非出生在一个贫困山区的小村庄。1976 年，大学毕业后的他开始军旅生活，在技术发明方面填补过两次国家空白。这段军旅生活，培养了任正非不争荣誉的心理素质。任正非在 40 多岁的时候才开始创业，他联手在商海中结识的 5 位好友，筹措了两万元钱，创办了一个名叫"华为"的公司。"华为"，顾名思义，就是"中华有为"。任正非在人生的低谷阶段仍心系"中华有为"，他的这份爱国之心实在难得，体现了他大爱无疆的责任与胸怀。任正非怀揣着这样的创业梦想和初心，在公司发展的不同时期做到了不忘国家、不忘社会、不忘人民。2018 年 8 月，华为研发出了麒麟 980 芯片，让中国有了"芯片自主权"。2019 年 1 月，华为发布了全球最强大的 5G 基带芯片，震惊全球。迄今为止，华为已经成为中国唯一一家正在国际舞台上用实打实技术突破封锁的 500 强公司，国内都还没有第二家公司能突破这一战绩。任正非被赞誉为工匠型企业家，他用工匠精神为华为注入了不竭的前进动力，为世人创造着高品质的产品和服务。企业家坚守工匠精神，能够促进产品不断改进、不断完善。练就行业标准，以精益求精的态度对自己的产品负责，把公司做精、做专、做深、做透，做成市场领导者，华为最终做到了。任正非认为，做企业应该创造财富，财富体现企业的能力，但要取之有道、合规经营、谨守良知、恪守底线、强化规则。不忘初心、履行社会责任是企业家精神最大的升华。

资料来源：任正非：华为技术有限公司主要创始人兼总裁 [EB/OL]．（2021-09-17）．https：//baike.baidu.com/item/%E4%BB%BB%E6%AD%A3%E9%9D%9E/448501?fr= aladdin.

🔍 **案例分析**

　　1. 请思考：创业者需要具备哪些基本素质？

　　2. 请评价：华为 CEO 任正非是如何诠释"家国情怀"的？

一、创业者的含义及类型

（一）创业者的含义

　　创业者是创业活动的主体，是新企业创建过程中的领导者、策划者和实践者。创业者既可以是一个单独的个体，也可以是一个团队，既是初创企业的意志主体，又是初创企业的行为主体。创业者的定义分为狭义和广义两种。狭义的创业者是指参与创业活动的核心成员。广义的创业者是指参与创业活动的全部人员。一般情况下，在创业过程中，狭义的创业者会比广义的创业者承担更多的风险，也会获得更多的收益。

　　创业者不是"神话人物"，也不是一个特殊人群。创业者并不等同于企业家，二者之间的关系在于：早期的企业家是创业者，因为此时的创业者具备了企业家的基本职能，即创新者、风险承担者、资产的代理人及决策者。由此可见，创业者需要不断完善个人素质，带领企业获得商业上的成功，才有可能逐步成为真正的企业家，企业家应需要时刻保持创业精神。

（二）创业者的类型

1. 按创业动机划分

　　（1）生存型创业者。生存型创业者往往是迫于生活压力或为了使自己的生活条件有所改善才决定创业。这是中国数量最多的一类创业人群，约占中国创业者总数的90%。一般创业范围局限在商业贸易领域中，少量从事实业的，也基本都是些规模很小的加工企业。其中，也不乏因为机遇而成长为大中型的企业，但数量很少。

　　（2）变现型创业者。变现型创业者在创业前已经拥有一定的经济基础和社会人脉。当创业机会来临时，可以马上创办企业，将无形资源变现为有形的货币，以寻求更大的经济回报。该类企业有一定的投资或投机倾向。因此，要想让企业走得更加长远，就要不断增强企业的核心能力和竞争实力。

（3）事业型创业者。事业型创业者将实现人生价值作为创业目标。这类创业者大多经历了市场和社会的磨炼，在坚定自己的信念以后，选择自主创业来证实自己的社会价值。因此，创业者期待成功的意志非常强烈，做事很有理性，不盲目跟风，通常是谋定而后动，不打无准备之战。他们或是掌握关键资源，或是拥有专利技术，一旦行动，成功概率都很高。

2. 按创业内容划分

（1）生产型创业者。生产型创业者是指通过创办企业推出产品的创业者，这种产品通常科技含量较高。例如，"90后"企业家王茂林，在意识到科技发展能够推动社会前进和人类进步之后，就全身心投入这项事业的开发当中，专注于工业级移动机器人的研发和生产。2016年，他创办深圳移动机器人技术公司，不仅成为国家高新技术企业，还累计申请专利181项，成为国内发明专利最多的激光AGV（自动导引运输车）企业之一。

（2）管理型创业者。管理型创业者是指那些综合能力较强的创业者，他们对专业知识并不十分精通，但对企业管理、运作、市场、财务等方面很擅长，有很强的组织管理能力。例如，京东集团董事局主席兼执行官刘强东，曾经学习的专业是社会学，但他却对互联网情有独钟，辅修了计算机专业，运用所学知识迅速在北京中关村创办京东公司，代理销售光磁产品，之后瞄准电子商务这片有发展前景的蓝海，将京东打造成为全国互联网龙头企业的前三。

（3）市场型创业者。市场型创业者是指高度关注市场，善于把握机会的创业者。中国改革开放以来，涌现出大批的市场型创业者。例如，海尔集团总裁张瑞敏，正是抓住了不同阶段市场转型期的大好机遇，紧紧围绕客户需求，研发适销产品，一步步将海尔集团不断发展壮大。

（4）科技型创业者。科技型创业者是指依托高校和科研机构，创办以高科技为核心的企业创业者。当今，许多知名的高科技企业，前身就是原来的"校办企业"和科研院所的"所办企业"。例如，北大方正原本是北大王选教授领导的一个863项目，后期项目的产业化催生了北大方正，由于项目所拥有的技术带来了革命性变化，使北大方正获得了巨大的市场空间，一度呈现"爆炸式"的增长。

（5）金融型创业者。金融型创业者通常称为风险投资家。他们向企业提供运营资金，同时，利用自身专长，参与企业营销战略的制定、资本运营管理以及人力资源管理。例如，经纬中国的创始管理合伙人张颖，投资的企业已经超过600家，且每年新增投资企业的数量保持在 50 ~ 60 家。他从创业者的角度出发，陪伴创业者成长，在其发展的关键阶段给予支持，并坚持"帮忙不添乱"的原则，逐渐形成了"一样的给钱，不一样的酷"的经纬品牌主张和个性。目前，在这方面做得比较成功的投资公司还有理想汽车等。

二、创业者的素质及能力

（一）创业者应具备的素质

对于创业者而言，具备优秀的素质可以为自己将来的事业打下良好的基础。创业者应该具备以下基本素质。

1. 良好的身体素质

创业者每天都要面对各种不同的风险与挑战，工作时间长、工作压力大。因此，需要具有健康的体魄、旺盛的精力，这样才能更好地承受住创业重任，否则会力不从心。万科集团创始人王石，经常登山、划船、做极限运动，曾两次成功登顶世界高峰——珠穆朗玛峰。尽管他已年过 60，但仍旧保持着精瘦、肌肉充实的体魄。当前，相当一部分大学生疏于自身的健康管理，也引发了社会的高度关注。

2. 优秀的人格品质

人格品质是创业行为的原动力和精神内核，主要包括诚信、责任、创新、坚韧等。诚信就是"诚实无欺，信守诺言，言行相符，表里如一"。诚信不仅是为人处世的基本准则，更是经商之魂。责任是使命的担当，是驱动创业者勇往直前的力量之源。创新是创业精神的核心要素，创新是立业之本，创业是更高水平的创新。坚韧是指创业者在创业行为中所持的坚定不移的态度和坚决执行下去的信念，是认识、情感和意志三者的有机融合与统一。习近平总书记指出，国家的希望在青年，民族的未来在青年。因此，大学生创业者一定要勇做走在时代前列的奋斗者、开拓者、奉献者，毫不畏惧面对一切艰难险阻，在披荆斩棘中开辟天地，在攻坚克难中开创业绩，用青春和汗水创造出让世界刮目相看的新奇迹。具备优秀的人格品质，能够更加坚定大学生创业者克服困难的信心，也能成为未来领导团队、凝聚员工的核心力量。

3. 丰富的创业知识

创业知识是进行创业的基本要素。实践证明，拥有合理的知识结构，将在创业中起到事半功倍的作用。创业知识主要包括通用性知识、专业性知识和经验性知识。通用性知识内容十分广泛，是指与社会政治和经济发展相关的知识，以及与商业活动相关的规则、企业管理知识、法律法规、人文知识等。专业性知识主要指从事某一专业或职业所必须具备的知识，对识别创业机会有直接作用。经验性知识包括自身参与实践所获得的直接经验以及亲人、专家等传授的间接经验。"不日新者必日退"，大学生在创业知识方面并不占优势，所以，一定要努力养成终身学习的好习惯，只有不断地学习，才能更好地带领团队成员实现自我净化、自我完善、自我革新、自我提高，坚实走好创业路上的每一步。

4. 敏锐的商业洞察力

机遇往往是留给那些有准备的人，能够把握机遇的人往往能拔得头筹。因此，创业者需要具备敏锐的直觉，才能更好地洞察时代风云，把握时代脉搏，抓住创业机会，引领时代潮流。可以说，灵活敏捷的商业意识也是企业的兴旺之源，在资源条件和市场条件相同或相近的情况下，为什么有些创业者能取得较大的成就，而有些创业者虽然较大投入，但却没有获得预期回报，甚至是铩羽而归？造成这种差别的一个重要因素就是创业者对商机和市场的洞察力与分析能力。在这一点上，大学生创业者尤其要深谙"没有调查就没有发言权"的道理。

（二）创业者应具备的能力

现代社会市场竞争日趋激烈，创业者在各种复杂的环境中想占据优势，需要具备以下五种能力，这也是实施创业和决定创业是否成功的关键。

1. 勇于开拓的创新能力

创业其实是一个充满创新的事业。创新不仅仅是从无到有地创造某种产品或服务，更多是在以往的基础上对原有产品和方式方法的改进。开拓创新是成功创业者最重要的能力之一。从某种意义上来讲，创新能力就是不断反思追问的能力，往往体现在技术管理和营销上的创新。创业者只有不断地用新的思想、新的产品、新的技术、新的制度和新的工作方法来替代原来的做法，才能使企业在竞争中立于不败之地。大学生是创新活动中的主体力量，这一优势为其进行自主创业提供了内在动力。

2. 持之以恒的学习能力

学习能力主要包括制定学习目标和计划的能力、阅读能力、分析归纳能力、信息检索能力等。面对日益复杂的市场竞争与合作关系、日新月异的科学技术手段、不断更新的管理理念，创业者只有不断强化学习能力，才能更加有效应对时代潮流的冲击。培养良好的学习能力，要努力做到心态归零、吐故纳新、开阔视野、精益求精。尤其要注意培养自学能力，这种能力是学习能力中的高级阶段，一旦获取，终身受益。可以说，学习能力是大学生在创业过程中亟待提升的一种能力。

3. 预知前瞻的决策能力

创业者的决策能力集中体现在创业者的战略决策能力上，是创业者根据主客观条件因地制宜地、正确地确定创业的发展方向、目标、战略以及具体实施方案的能力。虽然创业者有时也进行一些战术性决策，但更多的精力是要放在战略决策上。决策是一个人综合能力的表现，一个创业者首先要成为一个决策者。正确的创业决定源于深刻的科学分析，所以，创业者平时要多进行市场调查，养成勤于思考与探究的习惯，进而保证制定的战略既周密细致，又有准确的预见性。大学生受知识、视野等方面的限制，在决策的准确性方面可能会受到一定的影响，因此，一定要注意发挥团队民主决策的力量。

4. 卓有成效的管理能力

创业者是研究、开发、生产、销售等各个环节的协调者、组织者和领导者，必须在创业中始终保持常态化的管理意识。管理活动贯穿于组织运行过程的每一个环节。创业者要善于吸纳德才兼备、志同道合者，以及比自己强或者有专长的人共同创业，要善于将各项生产要素有机组合起来，对资金的聚集、核算、分配、使用、流动进行有效筹划与管理，要善于调动人员的工作积极性，对企业、员工、客户负责，保持高度的社会责任感。大学生创业者要从学会经营、学会管理、学会用人、学会理财等方面努力培养经营管理能力。

5. 基于合作的人际交往能力

市场经济的竞争归根结底是人才的竞争，谁拥有人才，谁就容易立于不败之地。创业者之所以需要与他人合作，主要源于个人能力的局限，需要找寻他人进行互补。在创业过程中，寻找创业伙伴需要平等合作和互利合作。违背了这一点，即使在一起合作了，也不会走得很长远。创业者如果想要更好地带领大家，为了共同的目标努力做事，还需具备一定的人际沟通与交往能力。这种能力可以帮助创业者尤其是大学生创业者，发展和巩固自身的人脉资源，且这种能力表达越充分，越能有效化解矛盾，增强彼此之间的信任，有利于推动团队成员进行物质和精神上的相互配合协作，实现共同目标和利益追求。

实训

创业素质自测

认真阅读并思考下面提供的 10 个创业素质测试题（表 2-1），如果符合你的情况，回答"是"；如果不符合，回答"否"；拿不准的，则回答"不确定"。

1. 你认为那些使用古怪和生僻词语的作家纯粹是为了炫耀。

2. 无论什么问题，要让你产生兴趣，总比让别人产生兴趣要困难得多。

3. 对那些经常做没把握的事情的人，你不看好他们。

4. 你常常凭直觉来判断问题的正确与错误。

5. 你善于分析问题，但不擅长对分析结果进行综合提炼。

6. 你审美能力较强。

7. 你的兴趣在于不断提出新的建议，而不在于说服别人去接受这些建议。

8. 你喜欢那些一门心思埋头苦干的人。

9. 你不喜欢提那些显得无知的问题。

10. 你做事总是有的放矢，不盲目行事。

表 2-1　创业素质自测表

计分：

题号	"是"	"不确定"	"否"	得分
1	-1	0	2	
2	0	1	4	
3	0	1	2	
4	4	0	-2	
5	-1	0	2	
6	3	0	-1	
7	2	1	0	
8	0	1	2	

题号	"是"	"不确定"	"否"	得分
9	0	1	3	
10	0	1	2	

你最后的得分：_____。

评价结果：

22 分以上：说明被测试者有较高的创业潜质。

11 ~ 21 分：说明被测试者善于在创造性与习惯性之间找出均衡，具有一定的创新意识。

10 分以下：说明被测试者缺乏创新思维能力，属于循规蹈矩的人，做人总是有板有眼、一丝不苟，创业素质较低。

第二节　创业团队组建

导入案例

小米科技创业团队

小米科技，全称北京小米科技有限责任公司，于 2010 年 4 月 6 日正式成立，是一家专注于高端智能手机自主研发的移动互联网公司。小米科技的成立获得了来自 Morningside、启明、IDG 和小米团队共计 100 万美元的投资，其中小米团队 56 人，投资 1 100 万美元。小米科技成立之初，员工仅为 170 人，现有员工超过 500 人。小米科技的三大核心产品是手机应用软件米聊、智能手机系统 MIUI 和智能双核手机、小米手机。

小米科技于 2010 年 4 月正式启动手机实名社区米聊社区，在推出半年内注册用户突破 300 万。2010 年 10 月，小米手机启动研发，2011 年 8 月 16 日研发完成，正式发布小米手机。自此，开创了手机销售的"狂潮"。可以说，小米手机历次几十万台的开放购买和预订的手机都能在很短的时间内完成，如 2012 年 4 月 6 日和 24 日分别在 6 分钟和 12 分钟的时间内完成了限量开放购买 10 万台和 15 万台的目标；10 月 18 日推出的小米 2 代首轮开放购买 20 万台，也在短短几天内销售一空。到 2011 年 12 月，小米科技经过两轮融资，共积累资金达 1.3 亿美元；在 2012 年

6月又获得新一轮2.16亿美元融资，企业整体估值达到40亿美元，相当于诺基亚的一半，超过新浪、搜狐这两家门户网站。

小米科技如此短的时间内在企业人员规模、产品销量、融资规模等方面获得惊人的成长速度，离不开创办该公司的优秀创业团队。小米科技公司的创业团队是由雷军带头组建，共有7名核心成员：董事长兼CEO雷军，总裁林斌，副总裁黎万强、周光平、黄江吉、刘德以及洪锋。这支团队的灵魂人物雷军，在创办小米科技公司前就已取得了相当出色的成就，他通过广泛的社会关系网物色和组建了小米科技公司的创业团队。事实上，小米科技公司创业团队多数是与雷军有着良好友谊并相互信任的业内同仁或朋友，而雷军丰富的管理经验和领导才华也为公司发展提供了重要支持。成员都是来自Google、微软、金山等公司专业领域内的顶尖人才，他们在专业能力和技术上也形成了优势互补的格局，且分工清晰明确。另外，小米创业团队成员具有不同的专业背景，使得这个团队具有多元化的因素，具有更加广泛的认知来源，包括价值观、经验和技能等，在实质性的工作任务当中，多元化的创新性及合理的冲突水平，大大提高了小米公司的战略决策质量。

资料来源：徐万里，林文滢，陈艳萍. 高科技企业创业团队的成功特质——基于小米科技创业团队的案例分析 [J]. 科技和产业，2013，6（6）：126-131.

案例分析

1. 请思考：小米科技取得成功的因素主要有哪些？
2. 请评价：小米科技创业团队有哪些值得学习的特征？

一、创业团队的含义及特征

（一）创业团队的含义

创业团队是由技能互补、贡献互补的创业者组成的特殊群体。该群体在一个共同认同的、能使彼此担负责任的程度规范下，为达成高品质的创业结果而共同努力、相互协作、彼此依赖、共同担当。

现代创业活动中，更加注重团队的力量。在创业成功的企业中，约有70%都属于团队创业。创业团队内部的角色分工各有不同，创业者应充分考虑团队成员需要具备的素质、条件和能力等，尤其是在创业的起步阶段，一个好的创业团队尤显重要。"宁要一流的人才和二流的项目",也"不要一流的项目和二流的人才",这是大多创业投资家的箴言。

(二)创业团队的特征

一般而言,创业团队应在目标、理想、理念、文化、价值观等方面有共同的语言,并能取得默契,才能形成一个真正的利益共同体。成功的创业团队在运作过程中应具备如下主要特征,如图 2-1 所示。

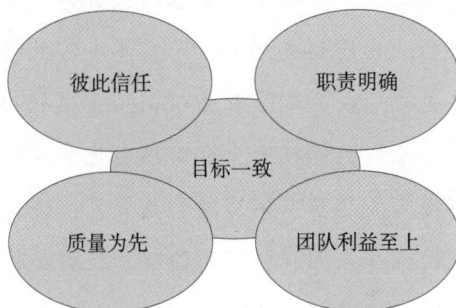

图 2-1　成功创业团队的主要特征

1. 具有目标一致的核心凝聚力

拥有共同的目标是团队区别于群体的最重要的核心特征。创业团队的企业目标、企业文化、企业发展路径必须一致。团队并非简单几个人的集合,而是由一群有共同理想、能同甘共苦的人组合在一起的。共同的创业目标可以将分散的个体凝聚成一股强劲的力量,创业团队能够最大限度地实现个人价值的追求,一旦成功,意义非凡。中国共产党自成立之日起,就将马克思主义写在自己的旗帜上,运用马克思主义之"矢"射中国实践之"的",不断丰富和发展马克思主义的科学真理,团结带领中国人民在民族复兴之路上筑起一座又一座伟大丰碑。这一伟大的生动实践值得创业者及团队认真学习和领会。

另外,创业者作为团队中的核心带头人,要合理分配团队成员的股权,不一定要保证人人均等,但需要合理、透明与公平。对团队成员要建立有效的分配机制,使大家都能共同分享经营成果,这样才能增强团队成员的归属感,形成坚不可摧的凝聚力。大学生在创业初期,困难和失败有时是不可避免的,但越是在困难的时候,创业者和创业团队成员越要意识到"团结就是力量、凝聚就是希望"的内在含义,做到志同道合、共同奋斗!

2. 具有彼此信任的能力互补成员

创业者寻找团队成员的目的，主要在于弥补创业目标与现有能力差距所需要配套的成员。一个成功的创业团队，成员应各有所长、相互补充、相得益彰。例如，创新意识强的人，可以决定企业未来发展的方向，相当于企业战略决策者。策划能力强的人，能够全面周到地分析整个企业面临的机遇与风险。执行能力较强的人，可以具体负责执行过程，包括开拓市场、联系客户、维系终端消费者等。专业技能较强的人，倾向于研究能够满足市场需求的产品设计与开发，成为企业核心技术人才。经营管理较强的人，可以成为团队中负责财务管理、人力资源管理、行政管理方面的管理类人才。

不过，团队成员不仅要优势互补，还要彼此信任。信任是解决团队分歧、达成目标一致的唯一途径。大学生在最初创业时，一定要处理好有可能产生分歧的利益分配，只有不断加强团队成员之间的沟通，才能更好地确保企业在发展壮大之后，不会因利益分成等问题造成团队解体。中国是一个有着 5 000 多年文明史的大国，在历史上曾长期走在世界前列。近代以后，中华民族身处"覆屋之下、漏舟之中、薪火之上"，面临着亡国的危险。此时，中国共产党领导中国人民，坚定信念、不畏强权、顶住冲击、团结一心，始终坚守"立党为公、执政为民"，得到了全国各族人民的拥护和信赖，挽救中国于危亡之中。可见，彼此之间的相互信任一定能激发出更加强大的能量，创造更多让世人惊叹的奇迹。

3. 具有职责明确的创新组织结构

组织结构的本质是员工的分工协作关系。科学合理、稳定高效的组织结构是决定创业成功的主要因素之一。创业团队的目的是开创新的事业，这对创业团队提出了很高的要求，团队成员必须有创新意识和创新精神，且有能力开发出新的产品、开拓新的市场，用新的经营管理思想创立新型的组织形式。受此影响，在创业初期，创业者对创新的重视程度往往高于对组织规章制度的重视。此时，创业团队成员的构成和组织结构通常并不稳定，有的成员一人可能会兼管很多工作，创业团队很难形成相对明确的职责分工，更无法保证组织架构的持久性和稳定性。

不过，从短期来看，组织结构的频繁变动虽然很容易使团队资源遭到破坏，导致创业资本、技术、人才等创业资源流失，进而增加创业风险。但从长期来看，组织如果从适应环境、适应市场的角度进行调整和变化，那么，可能会在变动过程中形成适应性更强、结构更为合理、权责更加清晰的创业团队。

4. 具有质量为先的正确经营原则

创业团队通常在创业过程中敢拼敢干，能吃别人不能吃的苦，能干别人不敢干的事。凭着这份毅力和执着，在创业初期很容易获得成功。但成功是否能维持长久，"质量是企业生命线。"这是创业团队所有成员必须认真思考、认真面对的问题。例如，创业团队如果靠某个产品成功攫取第一桶金，就非常容易对该产品产生过度依赖，而忽视客户的真正需求，陷入盲目乐观、盲目自信之中。因一味追求产品销量，经常会忽视产品质量的提高，一旦有客户针对产品质量提出投诉，企业在消费者心目中的形象就会严重受损，直接导致产品销量骤减，制约了企业的长远发展。

所以，一个成功的创业团队必须坚守客户第一、质量至上、保障工作安全与员工福利、诚信无欺等正确的经营原则，并以此作为组建团队的基本理念，具体落实到企业的各项规章制度中。如《江山》歌词所言："打天下，坐江山，一心为了老百姓的苦乐酸甜。"得民心者得天下，失民心者失天下，有了民心所向、民意所归、民力所聚，企业才能长久不衰。

5. 具有团队利益至上的战斗合力

创业的高难度是在创业实践中逐步体验出来的。每一位团队成员都应充分认识到：个人利益是建立在团队利益的基础之上的，只有自觉将团队利益置于个人利益之上，团队中每一位成员的价值才能表现为其对于团队整体价值的贡献。创业者一定要正确处理好短期利益和长期利益的关系，确保团队利益和个人利益更好地做到有效统一，不要用牺牲长期利益的办法来换取短期利益。不过，在创业之初，创业者每天都要面临各种不确定性因素，疲于处理各种棘手问题，经常是"顾得了眼前，顾不了身后"。在创业之初给予团队成员的一些承诺不一定及时兑现，使得成员在利益获得方面可能会产生疑虑甚至是质疑，影响成员专心做事的态度。

创业者是创业团队的"核心人物"，创业团队的核心成员一般都是创业者之前的朋友或关系密切的工作伙伴。因此，创业者带领团队成员一起创业时，一定要树立"舍小我而利公、行大道而忘我"的团队利益至上的理念，引导团队成员发扬艰苦奋斗的精神，不计较眼前的短期薪资、福利、津贴等，而将创业目标放在成功后的利益分享上。这样，团队成员才能做到先舍"小我"，形成战斗合力，甘愿为企业的共同目标奉献智慧与力量。

二、创业团队组成要素

创业者如果没有创业团队，很难做到创业成功。拥有高素质创业团队的初创企业，可以相互取长补短，拥有更多的资源、更广阔的视野和更强的战斗能力。创业团队的组成需要具备五个重要的组成要素，即目标（purpose）、人（people）、定位（place）、权限（power）和计划（plan），简称5P。

（一）目标

目标是企业在管理中，以企业的愿景和战略的形式体现出来的。创业团队应该有一个既定的共同目标，为团队成员导航，使其知道要去向何处。作为团队负责人，应该以这个共同的目标为出发点，召集团队成员一起追梦。如果团队成员只是为了获取简单的现实利益而走到一起，没有共同的或相似的创业理想和奋斗目标，团队就会如同一盘没有精神支撑的散沙，最终会与既定目标渐行渐远，团队的存在价值自会消失。

（二）人

在一个创业团队中，人力资源是所有创业资源中最活跃、最重要的资源，是构成创业团队最核心的力量。三个及三个以上的人就形成一个群体。俗话说，"三个臭皮匠，顶个诸葛亮"，当群体有共同奋斗的目标时，就形成了具有团队精神的创业团队。团队精神在企业管理中占有很重要的地位，是实现团队成员志同道合的关键影响因素。创业者能否找到福难与共、同舟共济的创业搭档，能否充分调动创业者的各种资源和能力，将人力资源进一步转化为人力资本，能否对成员进行有效分工，共同完成创业目标，这是创业者必须首要考虑的问题。

（三）定位

创业团队的定位可从以下两个层面含义来理解：一是创业团队的定位。创业团队是指在企业中处于什么位置，由谁选择和决定团队的成员，创业团队最终应对谁负责，创业团队应采取什么方式激励下属员工。可以说，创业团队是企业的魂，是企业最终成功的重要保证。一个好的创业团队，大家在一起共同创业，共同分享各自的知识和经验，同时，还可以规避创业中的"雷区"。二是个体的定位。人有所长，必有所短。作为创业团队中的某一位成员，不可能具备创业所需要的所有技能和资源，在创业团队中应扮演什么角色，是制定计划还是具体实施或评估，是大家共同出资委派某个人管理，还是大家共同出资、共同参与管理，或是共同出资聘请第三方职业经理人管理等，这些取决于初创企业的组织形式是合伙制还是公司制。

（四）权限

权限通常指创业团队中领导人的职权与职责。职权基于的是组织中的职位，是管理职位所固有的发布命令得以执行的一种权力。职权可分为直线职权和参谋职权。直线职权指给予一位领导者指挥其直接下属工作的权力。参谋职权是指为直线职权服务的顾问性质的职权。一般而言，创业者的职权均指直线职权。职责与职权具有对等的重要性，是指对应职权应承担的相应责任，可分为执行职责与最终职责。领导者向下授予的是执行职责，最终职责则是不能下授而应当保留的，是其对授予了执行职责的下属人员的行动负最终责任。创业团队中领导人的权限大小与其团队的发展阶段和初创企业所在的行业相关。一般来说，创业团队越成熟，领导者所拥有的权限相应越小。在创业团队发展的初期，经常陷于"计划没有变化快"的状态，领导权限相对比较集中。

（五）计划

计划是指组织根据环境的需要和自身特点，确定其在某一特定时期内的目标，并通过全局战略和具体行动方案的制订、执行和监督来协调、组织各类资源，以顺利达到预期目标的过程。计划是对未来行动的事先安排，具有预见性、目的性、普遍性、有效性、灵活性等特征，它作为一条主线，贯穿于整个经营管理的全过程。计划无处不在，但计划不能只停留在想法当中，需将计划分解为具体化、可视化的系列可操作的专项实施计划，按照"目标—任务—工作—活动"的流程展开，这样，大家才能按着既定的目标，保持行动步调一致。

三、创业团队的组建原则与组建程序

（一）创业团队的组建

1. 目标统一原则

目标明确可以使创业团队成员更加清楚地认识到共同奋斗的方向是什么。创业团队的领导是创业团队的核心人物，是团队力量的协调者和整合者。创业团队的领导不是仅仅靠资金、技术、专利来决定，更多的是在综合原有的背景并在创业实践过程中，让团队成员发自内心认可、拥戴和胜任的带头人。创始人自身价值观念的体现是企业文化的源头，创业者依靠人格魅力让创业团队成员充分感受到为目标奋斗的可行性，激励员工朝着统一的目标努力。创业团队的价值观念和道德品质在奋斗过程中逐步形成了独具特色的企业文化。

2. 优势互补

建立优势互补的团队是创业的关键。创业团队在初创时期，成员规模相对较小，在组建时最好是"五脏俱全"。优秀的创业团队应该是每个成员都各有长处，成员的知识结构越合理，大家结合在一起才能相得益彰，创业成功的概率也就越大。因此，创业者在选择创业团队成员时，必须考虑成员个体的知识结构，寻找能够胜任技术、管理、市场、销售等不同岗位的人才，充分发挥成员中每个人的知识和经验优势。但创业者也要注意到这样一种现象，如果在一个创业团队中，有两个或更多个在关键能力方面都差不多的核心成员，很有可能会给团队今后的发展埋下隐患，甚至导致整个创业团队在未来的某个时间节点解散，这需要创业者提前做好调整，想好规避方法。

3. 精简高效

为减少创业期间的组织运作成本、最大限度地分享经营成果，创业团队成员构成应在保证企业高效运作的前提下尽量精简。同时，创业者一定要尽可能选择对创业项目有高度热情的人加入，并使之做好每天长时间工作的心理准备。因为在创业初期，工作强度非常大，整个团队成员的工作时间基本不可能做到朝八晚五，很多情况下，都有可能是每天十几个小时的工作负荷。所以，这个阶段，团队成员对工作的热情和激情尤为重要。此外，创业者还要把握统一指挥与分工协作的关系，既要防止出现多头领导、责任不清的现象，又要在明确分工的基础上，适当控制管理幅度，不要出现大包大揽的情况。

4. 责权利相结合

责权利相结合是指企业中每一个职位或岗位上的职责、职权、经济利益统一起来，形成责权利相一致的关系。责是核心，是每一个岗位的任务和责任。权是条件，权力是责任的基础，有了权力才可能负起责任。利是动力，利益的大小决定了管理者是否愿意担负责任以及接受权力的程度。在创业团队中，各成员都应拥有与其角色相对应的权力，并应承担对自己的行为所造成后果的责任。因此，创业者应使权力合理分配到每个团队成员手中。另外，在团队成员行使权力并履行责任后，也应该得到与其责任和权力对等的利益。责、权、利三者是协调、平衡和统一的关系，是创业团队组建后稳定运行的坚实保证。

（二）创业团队的组建程序

不同类型的创业项目所需的创业团队不尽相同，创建程序也有所差别。组建创业团队虽然是一个较为复杂的过程，但大致可以遵循如下程序，如图 2-2 所示。

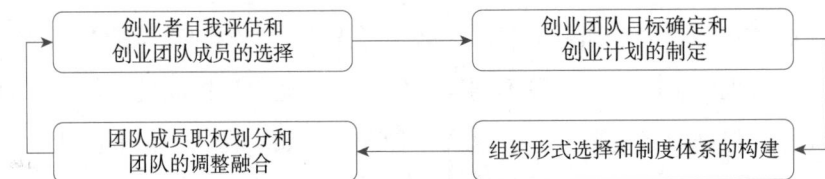

图 2-2　组建创业团队的程序

1. 创业者自我评估和创业团队成员的选择

建立一个什么类型的团队取决于商业机会的性质和企业创始人的能力与作用。为提高创业成功的概率，创业者在创业前应对自身进行一个精确的自我检测，评估自己是否具备创业项目所需的知识基础，是否掌握了与创业相关的专门技能，自己的创业动机是生存型还是机会型，自我特性中是否具备成功创业者的特征，如开拓创新精神、诚实守信、克难求进等。

作为企业的创始人，在决定是否组建创业团队之前，必须先对创业战略进行评价，初创企业的定位是什么。前期工作准备就绪以后，创业者可以考虑如何选择适合的创业团队成员，并尽量确保团队成员之间实现能力互补。创业团队核心成员的规模要适度，一般而言，可以控制在 2～12 人。在招募过程中，要重点关注团队成员的价值观和道德品质、个性和兴趣、知识结构和年龄要求等条件。

2. 创业团队目标确定和创业计划的制定

无论是技术、市场还是组织、管理，创业目标，都反映出企业从无到有、从起步到成熟的全过程。创业者首先要明确自己的创业思路，形成创业总体目标。为了推动团队成员最终实现创业目标，需将总目标加以分解，设定若干可行、阶段性的子目标。这样，加入创业团队的成员对企业未来的发展目标才会有更加深刻的认知和理解，有利于促进总目标的达成。

目标确定后，需要通过可操作的行动计划予以落实和执行。一份完整的创业计划，必然包含创业核心团队的计划和人力资源计划。通过创业计划可以进一步明确创业团队的具体需求，如人员的构成、素质和能力要求、数量要求等。周密的计划需要站在团队角度做整体考虑，将创业目标具体分解为若干个派生计划，贯彻总计划的指导思想，通过逐步实现这些阶段性的工作任务，为实现创业总体目标提供保障。

3. 组织形式选择和制度体系的构建

创业团队通常可采用的组织形式主要有公司制和合伙制。公司制企业是依法成立的，以盈利为目的的企业法人，是最典型的现代企业形式。公司制企业实行有限责任制度，保证了企业的正常经营及对外信用，降低了经营风险。合伙制企业是依法在中国境内设立的由各合伙人订立合伙协议，共同出资、合伙经营、共享收益、共担风险，并对合伙企业债务承担无限连带责任的营利性经营组织。契约的遵守是合伙企业存续的必要条件，一旦违背契约，则中止合伙企业，由于重大决策都需要得到所有合伙人的同意，也容易造成决策上的延误。（组织形式的具体内容详见第十章）

组织形式确定后，需要构建与之相适应的制度体系。一方面是约束制度，包括纪律条例、财务条例、保密条例等，便于团队成员相互监督、相互约束，维持组织的理性运行。这种互相约束的合力在实现创业目标方面的作用往往大于每个创业团队成员自身能力的简单叠加。另一方面是激励机制，主要包括物质激励和精神激励。物质激励包括股份、薪金、补贴、奖金等。精神激励包括实现个人的职业发展和个人的目标等。团队的激励机制对于企业的长期持续发展具有重要意义。大学生在创业过程中，受资金因素的制约，要善于运用精神激励的方式来提升员工的归属感。

4. 团队成员职权划分和团队的调整融合

职权划分是实现目标、实施计划的必要条件。创业团队应当包括不同类型的成员，大家在不同的岗位负责企业的各项事务，如有人负责企业决策、有人负责拓展市场、有人负责生产运行、有人负责行政管理等。不同岗位所需的技能和工作强度是有所不同的，所以，要按照创业团队成员的能力、性格特点来明确成员的职责定位，进行职权划分，力求做到人尽其才、才尽其用。另外，很多创业团队是基于亲戚、朋友等的关系组建起来的，成员之间有着千丝万缕的裙带关系，这样的团队一定要注意避免权力的交叉和重叠。

优秀的创业团队是在创业过程中逐步打造出来的。随着创业活动的不断深入，团队组建之初，在职权划分、制度构建方面存在的弊端可能也会凸显出来。因此，创业团队还要根据环境变化、企业发展阶段和成员表现等，对其职权作出适当调整。随着企业的不断发展，需要持续为企业输入新鲜血液，不管人力资本还是非人力资本，新加入的投资人和人力资本所有者都必然会给企业在方方面面带来不同程度的动态变化，在面对这些变化时，大学生创业者一定要尽力避免创业团队成员之间因意见不一而意气用事，影响团队和谐的工作氛围。

🔍 **实训**

团队协作游戏——气球运纸杯游戏

材料准备：纸杯、气球

游戏规则：

（1）活动开始前，将两个一次性纸杯从杯底用透明胶带粘贴好，有几个队就做几个这样的道具。

（2）每支队伍4~5人，可以根据室内活动空间大小，确定组建的队伍数量。

（3）活动开始，队员需用嘴吹起气球，并利用气球的膨胀力撑起纸杯，另一名队员仍然需要借助气球的膨胀力接住纸杯，并传递给下一名队员，直至最后一名队员成功接到杯子。

（4）哪个队伍最短用时完成游戏视为获胜队。

特别说明：

（1）比赛过程中，队员身体的任何部位均不可触碰纸杯。

（2）队员在运送纸杯过程中，如遇纸杯落地，须从起点重新开始。

活动结束后，请思考：

1. 团队想要成功应该具备什么？

2. 你在团队中的角色是什么？

3. 你的工作职责是什么？

4. 当团队成员遇到困难时，你是怎么应对的？

第三节　创业团队的管理策略

🔍 导入案例

马化腾五兄弟——难得的创业团队

从当年的 5 条电话线和 8 台计算机所组成的局域网，到今天为 4 亿注册用户提供基于 QQ 的各种通信服务、全球市值名列第三位的创新型互联网企业。从当初只是 5 个人的创业团队、5 万元创业起步，到 2004 年 6 月上市后的 8.98 亿港元身价。从 20 多年前 10 多平方米的一间办公室，到今天高度 190 多米、建筑面积 8.8 万平方米的腾讯大厦，腾讯 CEO 马化腾的创业成功主要来源于创业五兄弟团队及他们的理性思维。1998 年秋天，马化腾与他的同学张志东"合资"注册了深圳腾讯计算机系统有限公司。之后又吸纳了三位股东：曾李青、许晨晔、陈一丹。为避免彼此之间争夺权力，马化腾在创立之初就和四个伙伴约定清楚：各展所长、各管一摊。马化腾是 CEO，张志东是 CTO（首席技术官），曾李青是 COO（首席运营官），许晨晔是 CIO（首席信息官），陈一丹是 CAO（首席行政官）。之所以将创业五兄弟称之为"难得"，是因为直到 2005 年的时候，这五人的创始团队还基本是保持这样的合作阵形，不离不弃。直到腾讯做到如今的帝国局面，其中 4 个还在公司一线，COO 曾李青尽管退休但还是公司的终身顾问。

都说"一山不容二虎"，尤其是在企业迅速壮大的过程中，要保持创始人团队的稳定合作很不容易。在这一背后，工程师出身的马化腾从一开始对于合作框架的理性设计功不可没。从股份构成上来看，5 个人一共凑了 50 万元，其中马化腾出了 23.75 万元，占了 47.5% 的股份。张志东出了 10 万元，占 20%。曾李青出了 6.25 万元，占 12.5% 的股份。其他两人各出 5 万元，各占 10% 的股份。虽然主要资金都由马化腾所出，他却自愿把所占的股份降到一半以下：47.5%。"要他们的总和比我多一点点，不要形成一种垄断、专制的局面。"而同时，他自己又一定要出主要的资金，占大股份，"如果没有一个主心骨，股份大家平分，到时候也肯定会出问题，同样完蛋。"保持团队成员稳定的另一个关键因素在于搭档之间的"合理组合"。可以说，在中国的民营企业中，能够像马化腾这样，选择性格不同、各有特长的人组成一个创业团队，并在成功开拓局面后还能依旧保持着长期默契合作，的确是很少见。而马化腾的成功之处是其从一开始就很好地设计了创业团队的责、权、利。能力越大，责任越大，权力越大，收益也就越大。

资料来源：马化腾五兄弟：难得的创业团队 [EB/OL].（2018-02-24）https：//baijiahao. baidu.com/s？ id=1593253883151720001.

🔍 案例分析

1.请思考：马化腾五兄弟创业团队取得成功的秘籍是什么？

2.请评价：创业者在管理创业团队时应如何有效处理利益分配问题？

创业团队组建以后，面临的就是对创业团队的管理。团队管理的重点是在维持团队稳定的前提下，激发团队成员的潜能，发挥团队成员的优势，推动企业不断发展壮大。创业者应善于运用相应的管理策略对团队进行有效管理，以取得事半功倍的效果。

一、培养创业团队精神

团队精神是各个成员的精神支柱，是创业成功的基石。只有团队成员对目标的认同度凝聚在一起时，才能形成战无不克的战斗型团队。

（一）培养共同的价值观

价值观念是指企业成员所认同和遵守的，对自己企业生存发展和从事生产经营活动的有效性，在思想情感信念上的取向准则，是辨别好与坏、正确与错误、尊崇效仿与鄙视抛弃的标准。价值观的内化，首先在于企业领导者要以身作则、言行一致，还要不断把企业价值观向员工灌输。同时，建立、健全和完善必要的规章制度，特别是相应的激励机制和约束机制，使员工既有价值观的导向，又有制度化的规范，让团队成员为了实现企业目标，宁愿放弃自己的价值观而自觉遵守企业的价值观。

（二）突出核心的领导力

创业者是创业团队的核心，是企业的领导者。领导者拥有很多权力，如法定性权力、奖赏性权力、惩罚性权力、专长性权力和感召性权力等。在创业活动中，创业者的威望更多取决于来自专长权和感召权形成的人格魅力。创业者如果能成为一名好的领导者，就可以通过发挥人格魅力，将团队成员紧紧团结在自己的周围，这种魅力可以使创业者的核心领导力进一步增强，让团队成员心甘情愿地听从领导指挥，向着企业追求的目标迈进。当然，"打铁还需自身硬。"在这一点上，创业者要始终谨记：时刻要严于律己，用充满正能量的形象来影响和激励员工努力工作。

（三）塑造高效的团队文化

团队文化也可以理解为企业文化，是指企业员工在从事商品生产和经营中所共同持有的理想信念、价值观念和行为准则，是外显于厂风厂貌、内隐于人们心灵中的，以价值观为核心的一种意识形态。高效的团队必须注意团队文化的塑造，在团队形成与发展的过程中确立团队的价值观、团队使命、团队愿景，树立创新意识、敬业意识、危机意识和忧患意识，使团队成员与企业形成荣辱与共、休戚相关的命运共同体。

二、设立创业团队组织结构

组织结构设计应以创业团队的战略任务和经营目标为依据，对企业组织内部结构进行调整或组合，建立起各个部门有机协调配合的系统过程。

（一）建立责、权、利相统一的管理机制

团队的任何一项工作都离不开其他人的配合，只有协作配合好，才能顺利完成好管理工作。对于刚刚成立的创业团队，一定要明确成员的责、权、利，才能更好落实责任、权责分明，避免出错或失误后相互推诿，引发团队成员之间的矛盾。所以，创业者要妥善处理各种权力和利益关系。例如，在对待创业团队内部的权力关系时，创业者必须明确每个团队成员适合从事何种工作，并据此让该成员承担相应的责任。在处理创业团队内部利益关系时，要认真研究和设计企业整个生命周期的薪酬体系，使薪酬水平不受贡献水平的变化和人员增加的限制，使之更具有吸引力。

（二）进行合理分工与岗位配置

创业团队的管理事务繁杂，涉及面广泛，创业者受到个人精力、知识、经验条件等方面的限制，不能事必躬亲地兼顾所有事情。所以，创业者要对团队成员进行

合理的分工与安排。但在设置不同的组织结构时,分工要适当。分工并不是越细越好,分工过细容易导致工作环节的增加,引起工作流程延长,削弱分工带来的好处。从管理功能角度来看,创业团队通常有五种基本工作岗位:领导、生产、销售、研发与财务。大学生创业者在进行岗位配置时,可以考虑通过角色型胜任素质模型,即从组织中员工个人所扮演的角色出发,通过深入比较研究,总结概括出来的一种角色胜任素质模型,通过这种方法可以提高团队角色与岗位配置的适配度。

(三)不断优化团队组织结构

优化团队组织结构主要包括:①优化角色结构。创业团队成员要有明确的角色定位,即每个创业团队成员应明确自己在创业团队中所充当的角色和发挥的作用,并尽可能做到角色及能力和性格对位。②优化技能结构。创业团队成员所具备的技能应涵盖创业所需的主要技能,要保障技能结构的相对完整性,这就要求创业团队在技能结构上是要存在异质性和互补性的。③优化团队权力结构。随着创业团队任务环境和任务特征的变化,建立可以快速变化的柔性团队结构,提高团队的调整能力和适应能力。

三、建立创业团队运行机制

创业团队组织结构确定后,必须建立与之相适应的、能够引导团队成员进行决策和开展各项活动的运行机制,具体有以下几个方面。

(一)做好决策权限分配

创业决策是创业团队需要进行的最核心的创业活动。在多变的市场环境下,为避免贻误商机,决策必须快而准。要做到这一点实属不易。首先,创业者要注意设计好适合的管理幅度,合理分配集权与分权的权重比例,不要抓住权力不放,而要有选择地、尽可能地授权给创业团队成员。合理地分权有利于创业团队根据实际情况迅速且正确地作出决策。其次,创业者要注意提高决策的开放性。决策群体能够不受个体特定意见的支配,保证每个成员提出的决策意见都能得到充分尊重。最后,为提高决策质量,创业团队要改善决策行为,在决策时要加强沟通,以弱化情感冲突,避免因为感情冲突导致决策失误。

（二）制定适当的团队激励办法

每一位创业团队的管理者都希望自己的团队成员持续不断地向着既定的创业目标前进。在制定激励政策时，应遵循目标导向、按需激励、适时适度、公平公正的原则，提升激励效果。激励的方法有很多，主要分为物质激励和非物质激励。物质激励重在运用物质手段使团队成员得到物质上的满足，从而调动其主动性和创造性。运用物质激励时必须注意两个问题：①报酬要与努力程度挂钩。②奖励要以绩效为前提。非物质激励侧重于满足成员心理或精神方面更高层次的需要，采用这种方式常常可以获得物质激励难以达到或不能达到的效果。

（三）建立绩效导向的评估体系

绩效评价是人力资源管理过程中一个非常重要的环节。绩效是分层次的，按照被衡量的主体，可以划分为组织绩效、群体绩效和个人绩效。组织绩效、群体绩效是通过个人绩效实现的，个人绩效需要通过组织绩效和群体绩效来体现，在考核时必须与个人能力、团队发展、在团队中扮演的角色和取得的业绩结合起来。评估不能含糊不清，掺入情感因素，也不能忽略被评估人的绩效给他人带来的影响。成功的绩效管理需要建立一套科学合理的评估体系，且不限定于只注重个人绩效，而是更加注重整体表现。这样，才能推动每个个体都能了解团队合作的重要性，通过自我调整来适应团队的工作节奏。

四、有效解决团队冲突管理

冲突是指由于某种差异而引起的抵触、争执或争斗的对立状态。人与人之间由于利益、观点、掌握的信息不对称等，都可能存在差异，有差异就可能引起冲突。冲突对任何组织而言都是不可避免的，创业者要善于有效解决团队冲突，才能使创业团队健康有效运行。

（一）使用合适策略管理冲突

创业团队中人际冲突的参与者主要表现为：关心自己和关心他人。"关心自己"表示在追求个人利益过程的武断程度。"关心他人"表示在追求个人利益过程中与他人合作的程度。创业者在进行冲突管理时，有五种策略可供选择：①回避策略。

即不合作又不武断,避免问题扩大化。②强制策略。即高度武断且不合作,代表了"一输一赢"的结果,为了自己的利益牺牲他人的利益。③克制策略。代表着高度合作而武断程度较低的策略,主要是为了从长远角度出发换取对方的合作。④合作策略。这是在高度的合作精神和武断的情况下采取的策略,代表了冲突解决中的"双赢"局面。⑤妥协策略。代表着合作性和武断程度均处于中间状态,建立在"有予必有取"的基础上,通常需要一系列的谈判和让步才能形成。这些技能要求大学生创业者不断强化理论学习和实践体验,才能在实际处理问题中做到应对自如。

(二)善于运用沟通技巧化解冲突

沟通是初创企业的凝聚剂、催化剂和润滑剂。管理失败的主要因素之一是缺乏沟通技能。有效的沟通有助于消除个体和组织的信息传递障碍,在团队内部建立相互信任的工作关系。实现有效沟通要努力做到:①克服认知差异。发送者应该使信息明了,尽可能使具有不同观点和经验的接收者都能理解。②保持积极倾听的习惯。倾听是沟通技巧中最重要的组成部分,这种习惯表现了对对方的尊重和关心,为有效沟通奠定了良好的基础。③注意增强对方的信任度。创业者如果没有较高的信任度,团队成员是不愿意也不敢与之进行真诚沟通的。④抑制情绪化的反应。情绪化的反应,如愤怒、爱、戒备、憎恶、嫉妒等,会使信息的传递严重受阻或失真。处理情绪因素最简单的方式就是暂停进一步沟通直至情绪恢复平静。

(三)遵循灵活性原则体现公平感

有许多初创企业,其团队成员在企业成立后的几年内,所作出的贡献程度变化很大,但报酬却没有太大变化,这种缺乏弹性的薪酬制度使企业成员产生不公平感,如果不能有效解决,容易导致创业团队土崩瓦解。创业者必须清醒地认识到,无论哪个团队成员在哪个既定时间段的贡献多大或多小,这种情况都很可能随着时间的改变而发生变化,而且团队成员的业绩也会和预期有很大出入。另外,有的团队成员由于种种原因离职或被替换掉,这就需要再招聘新的成员,填补到现有的团队当中去。新老成员未经过有效磨合在一起工作,也会引发新的冲突。因此,为缓解薪酬待遇方面可能引发的冲突,提升团队成员的公平感,创业者可以考虑采用灵活的薪酬制度,如年金补助、提取一定份额的股票以备日后调整等手段来化解。但如果创业者遇到情感冲突，一定要理性地判断团队存续的可能性，有时通过替换新成员的方式来处理情感冲突，比维持旧成员的方式更加有效。

五、关注企业家精神的传承

人无精神则不立，国无精神则不强。企业家精神是企业核心竞争力的唯一真实来源，是指企业家组织建立和经营管理企业的综合才能的表述方式。著名经济学家吴敬琏曾说过：浙江是一个具有炽烈企业家精神的地方。浙商的创业欲望和创业能力，就是一种资源和竞争力。他们每到一地，带去的是实干聪明的企业家精神，留下的是为当地创造的就业和税收，更重要的是他们的观念和思路，是一颗启蒙的种子，这是浙商对全国人民的贡献。

（一）正确领悟企业家精神的内涵

企业家精神是一种重要而特殊的无形生产要素。其精神特征主要体现在：①创新是企业家精神的灵魂。创新精神的实质是"做不同的事，而不是将已经做过的事做得更好一些"，覆盖了从产品创新到技术创新、市场创新、组织形式创新等过程。②冒险是企业家精神的天性。众多创业者虽然生长环境、成长背景和创业机缘各不相同，但他们在条件极不成熟和外部环境极不明晰的情况下，有胆量做到"敢为天下先"。③合作是企业家精神的精华。企业家既不可能也没有必要成为一个超人，企业家在重大决策中实行集体行为而非个人行为。④敬业是企业家精神的动力。对事业的忠诚和责任，才是企业家的"顶峰体验"和不竭动力。⑤执着是企业家精神的本色。只有坚持不懈、持续不断地创新，以夸父追日般的执着，咬定青山不放松，才可能稳操胜券。⑥诚信是企业家精神的基石。市场经济是法制经济，更是信用经济、诚信经济。诚信是企业家的立身之本，是绝对不能摒弃的原则。企业家精神对创业团队整体绩效的影响是具有决定性作用的。

（二）勇于承担企业的社会责任

企业能否站在国家和社会的角度承担社会责任，是传承企业家精神的重要体现。企业社会责任是某一特定时期社会对组织所寄托的经济、法律、道德和自由决定慈善的期望。经济责任是其他社会责任的基础，要求企业不断创造财富，实现销售收入的增加和成本的下降。法律责任是企业承担社会责任的底线，要求企业合法经营、遵纪守法、按章纳税、履行合同义务。道德责任是指法律规定以外的，社会成员希望发生或禁止的行为与结果。慈善责任是企业道德责任的一个特殊方面，属于企业自愿行为。企业承担社会责任有助于提高企业在社会的品牌形象，提高客户的忠诚度，改善企业与相关利益者之间的关系。相反，如果企业只顾追求利润最大化，不顾社会公众利益，就会在市场竞争中处于劣势，甚至失去参与竞争的资格，最后黯然离场。因此，创业者更应该诠释中国精神，重视社会利益，勇于承担社会责任。

（三）加强创业团队的道德建设

"法安天下，德润人心"。加强道德建设是创业团队传承企业家精神的重要保障。以德兴企，首先要求创业者必须成为优秀道德精神的实践者和楷模，既重"言传"又重"身教"，表里如一，处处率先垂范，为创业团队成员和下属员工做好道德示范。其次，完善企业道德规范和实施机制。这是加强道德建设的核心任务。企业道德建设应与企业文化建设结合起来，由专人负责，在实际工作中不断探索、研究，形成可操作、易考核的道德实施体系。最后，要将职业道德教育融入日常工作的全过程。要注意道德教育内容应与成员的思想觉悟程度相适应，可结合初创企业自身特点开展不同主题的思想教育活动，用道德教育使员工做到"爱国守法、明礼诚信、团结友善、勤俭自强、敬业奉献"。大多数创业者每天经常思考的是企业能否生存、能否快速发展等问题，忽视了创业团队的道德建设问题。而道德建设恰是现代企业制度建设的重要组成部分，是体现当代"以人为本"经营理念的根本，是员工自我管理、自我激励的必经途径。

综合实训

创业沙盘模拟推演实训

一、实训目的

创业沙盘模拟推演实训，是通过系统模拟学生在毕业前进行创业准备的校园环境与社会环境，学生以个体为单位，通过在校期间的各类决策和行动，完善与提升自身知识体系、能力素质体系、资源体系、资金体系和精力体系，在推演过程中，分析创业信息，捕捉创业机会，整合创业资源，挖掘创业项目，组建创业团队，完成从创业素质自我认知、提升创业能力、挖掘创业项目、组建创业团队的过程。

二、实训内容

实训内容是将大学校园的生活进行还原，通过校内的各种社团活动和与社会对接的实训活动相结合，提升学生的各种创业能力。

（1）学校内部的各种社团活动，主要包括专业社团（经营管理社团、生产研发社团、市场营销社团等）、自发社团（公益爱心社团、自强社团、问题艺术社团等）、公共活动（公益活动、交流活动等）。通过进入社团、退出社团、社团活动发起、社团活动参与等实践活动，来获得创业者及团队的各种资源和能力。

（2）学生与社会对接的各种活动，主要包括教研任务、社会兼职、社会实习等。教研任务中包含资料整理、数据分析、课题研究、教学准备、整理论文等。社会实习包括不同的岗位，如市场助理、分析助理、营销专员、销售助理等。社会兼职有不同的公司，同学们可以用根据专业特点进行选择。

三、实训体验

以 5～6 人为一组，组织学生进行创业沙盘模拟推演实训体验。

假如你是即将创业的大学生，目前有三个岗位方向可供选择：1- 经营管理、2- 生产研发、3- 市场营销。学生只能选择其中的一个岗位。

学生初始资金为 2 000 元，每月生活费 1 000 元，每月精力点 10 个。学生根据已选定的岗位素质及能力要求，进行 3 个月（6 个阶段、1～6 轮）模拟训练，有选择地参加如下活动，以达到创业素质及能力提升的目的。

活动如下：

（1）参加培训：提升能力与知识等级、完善能力与知识结构。

（2）社会实习：提升职业能力与素质，还能挣钱。

（3）兼职打工：打工挣钱。

（4）参与教研：提升职业能力与素质，还能获得教师认可，也有劳务费。

（5）参加社团：获得更多的社会活动机会，从而掌握更多的就业信息。

（6）公共活动：自由发起公益、交流等活动。

（7）创业信息：除培训和兼职外，每项任务完成后获取一个创业信息，包括资金支持、技术支持、场地支持、资源机会等相关方面的信息。信息卡的内容可以根据创业所需的资源来进行设计，如"获得免租6个月的优惠条件""获得5万元的无息贷款""在社会兼职工作中结识了一位人力资源经理""获得风投的10万元融资""获得免费创业培训1次""在创业园内提供一个60平方米的办公场所"等。

备注说明：上述活动都能从不同角度提升学生某一方面的创业素质及创业能力，但学生选择上述活动时需要消耗相应的精力、资金，指导教师需要根据目标任务，对每一个活动设定统一的消耗资金和精力消耗值，同时确定每一项活动给学生带来的能力提升值。

四、实训考核

以小组为单位，通过6轮模拟演练，团队成员要根据内部的角色划分，有效利用并合理分配期初固定的初始资金和时间精力，不但要完成个人知识、能力和素质的提升任务，也要完成团队的合作任务，才能获得相应的分值。最后根据从知识体系、能力体系、资金体系、资源体系和技能资格体系等方面形成的每个人创业素质自评报告和团队组建情况分析报告，达到掌握创业知识、锻炼创业能力、树立正确创业观的目的。

推演盘面如图2-3所示。

同学们经过6轮创业沙盘模拟推演以后的成绩分析报告，如图2-4、图2-5所示，便于师生更加清楚地了解推演过程及模拟实训考核的相应内容。

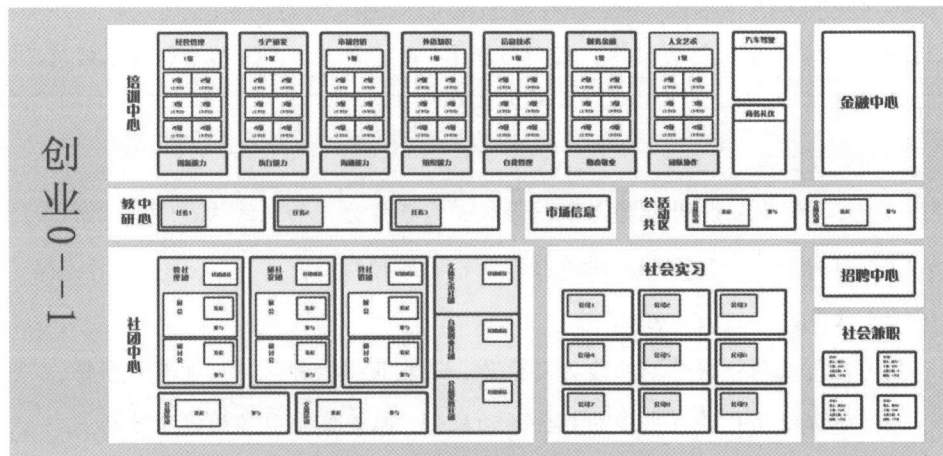

图2-3 创业沙盘模拟推演实训图

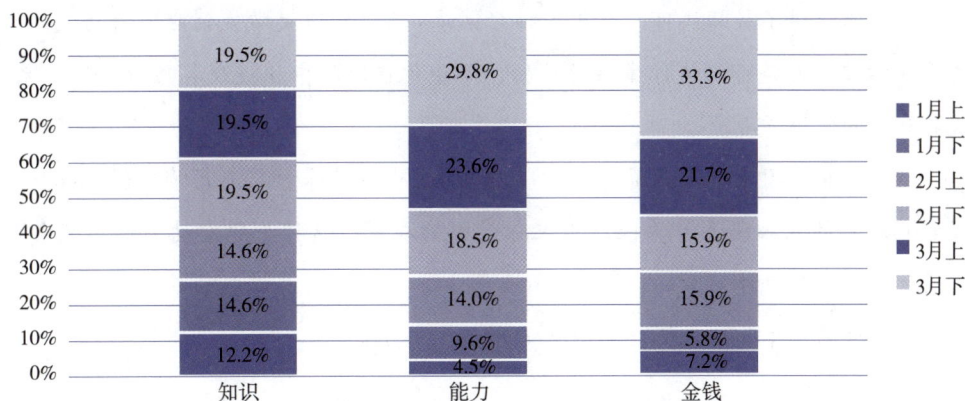

图2-4　学生成绩分析报告之知识、能力、时间阶段图
资料来源：大学生创业教育教学系统

图2-5显示该学生非常注重自己知识水平的提高和能力素质的锻炼，将全部精力投入了校园的各项活动，这将非常有利于其创业准备。该学生的精力投入较为平均，对各类校园活动均有较高的兴趣。

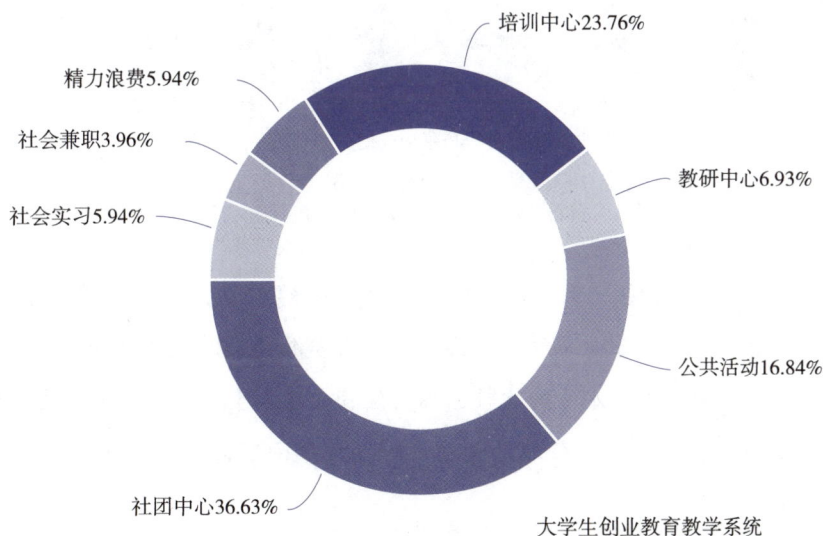

图2-5　学生成绩分析报告之成长轨迹——精力分布图
资料来源：大学生创业教育教学系统

该同学创业规划的方向是生产研发领域。

通过这个阶段的努力：

（1）你已积攒的资金有：3 800元（结算时的资金），资金量在班内排名第1，这些资金不足以支持你的创业活动，你还需要通过其他方式获取更多的创业启动资金。

（2）你获得了教师认可，在班内排名第 3。你要知道大学生创业中借助教师的关系和学校资源是可以使你事半功倍的，希望你在实际中积极改善与教师的关系，获取更多的学校资源。

（3）你获得了 3 个人脉资源，在班内排名第 7。人脉资源是大学生创业以及获得职业成功的基础条件。你很注重人脉资源的积累，这将为你启动创业和经营创业项目提供便利条件。

该学生的个体知识分析，如图 2-6 所示。

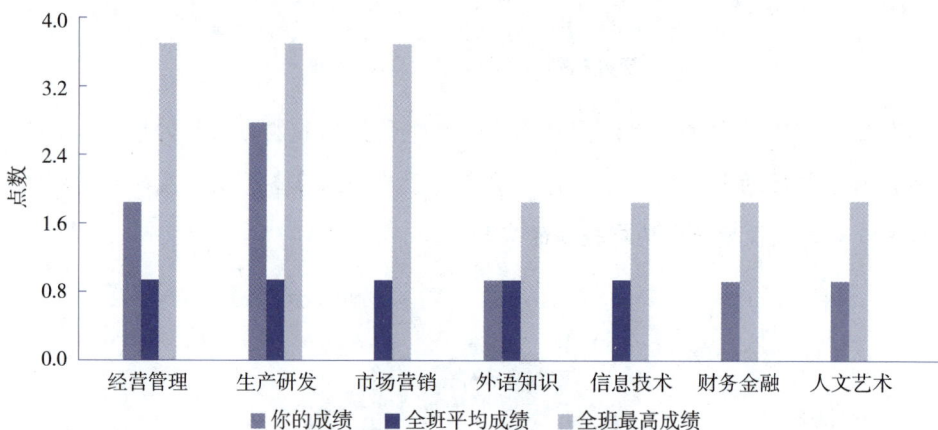

图 2-6 个体知识分析
资料来源：大学生创业教育教学系统。

你作为"生产研发"专业的学生，通过不断的学习，已具备经营管理、生产研发、外语、财务金融、人文艺术等知识，各类知识的掌握程度如下：

通过与其他同学知识水平的比较，你的经营管理、生产研发的知识较为突出。

结合你打算在生产研发领域的创业规划，该方向所需的专业知识你已具备一定水平。

对于一个创业者而言，最好能全面掌握生产研发、市场营销和经营管理三类知识。

你的市场营销知识尚且缺乏，这不利于你对创业项目运作的整体把握，希望你能抓紧学习或联合擅长该方面的创业伙伴合伙创业。

外语和信息技术是当代人才职业发展所需的基本技能，在外语方面，你尚未给予充分的重视，应在实际中努力改善。

在信息技术方面，你的水平尚有不足，这将给你的创业和职业发展带来不利影响，希望你能加强学习，弥补短板。

财务金融知识是创业者应了解的基础知识之一。

你已认识到了这点，这将有利于你的创业项目运作和后期的业务经营。

人文艺术知识奠定了创业者的人性内涵，也是形成创业期公司文化的基础。

你对人文艺术的重视，反映出你的个人品位和对创业目标的深层次思考，这将有利于你以良好的心态克服创业困难，坚定创业信心，迈向创业成功。

个体能力素质分析，如图 2-7 所示。

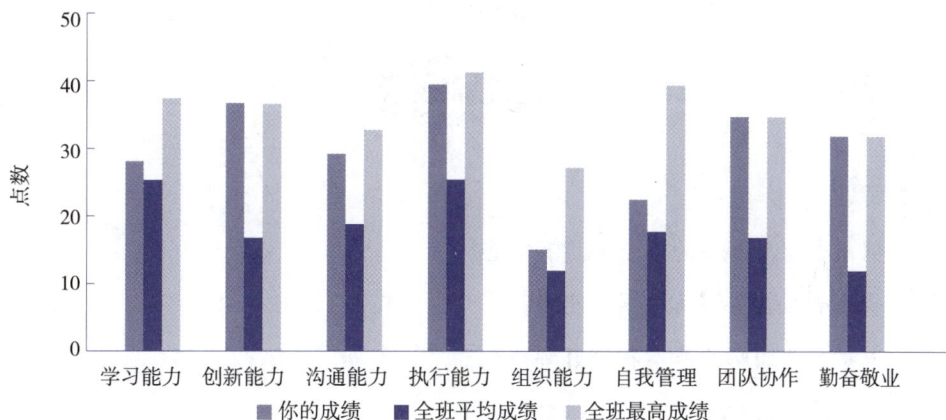

图 2-7　个体能力素质分析
资料来源：大学生创业教育教学系统。

（1）你作为打算在生产研发领域创业的学生，通过在校期间的各种锻炼，已具备学习、创新、沟通、执行、组织、自我管理、团队协作、勤奋敬业各类能力。

（2）通过与其他同学能力素质水平的比较，你的学习、创新、沟通、执行、组织、自我管理、团队协作、勤奋敬业各类能力较为突出。对于一个大学生创业者而言，应具备较为完整的能力素质结构，并有相对特长。

（3）不同的创业方向或创业分工，需要你具备不同的能力素质。大学生在营销服务方向创业，更强调组织能力和沟通能力。相对于其他同学，你的这方面能力较为突出，具有在该方向创业的一定优势。大学生在生产研发方向创业，更强调学习能力和创新能力。相对于其他同学，你的这方面能力较为突出，具有在该方向创业的一定优势。

（4）学习能力、创新能力和执行能力是大学生创业者应有的基础素质和能力，也是构成你核心竞争力和可持续发展能力的基础。通过与其他同学的比较反映出你在学习能力、创新能力、执行能力方面具有相对优势。

（5）团队协作、勤奋敬业和自我管理能力，反映出大学生的基本素质，而一个创业团队的管理者应在这些方面较为突出。你具有良好的基本素质，在适当的环境下可以担任创业团队的管理者，但还需要自身的不断完善和其他成员的配合与支持。

即测即练

思考题

1. 创业者需要具备的创业素质有哪些？
2. 创业者应具备哪几种创业能力？
3. 成功创业团队的基本特征有哪些？
4. 当团队成员出现冲突时，该如何化解？
5. 简述创业团队的管理策略。

拓展案例

民营企业家刘永好

1951年，刘永好出生于四川省新津县，小的时候家里非常贫穷，以至于他在20岁之前，竟没穿过鞋子。1982年，年过而立之年的刘永好毅然辞去了来之不易且令人羡慕的政府部门公职，同兄弟四人卖废铁、手表、自行车、黑白电视机，凑足了1 000元钱，"下海"自谋职业。当时，他们选择的行当是别人不看好的农产品生产领域，他们从种植业、养殖业起步，创办"育新良种场"，开始了向土地要财富的道路。在当时，刘氏四兄弟作出这样的抉择是不被大多数人理解的，毕竟刘氏四兄弟大学毕业后都分配在国家单位工作，有着令人羡慕的、舒适的工作环境和稳定收入。在接下来经营小良种场的7年间，公司几经风险，刘氏兄弟近乎绝望，最后还是咬牙选择了继续前行。

1988年，刘永好出差到广州，偶遇广东农民排着长队购买泰国正大颗粒饲料，这令他惊奇不已。他观看了饲料，索要了说明书，与排队客户摆起"龙门阵"。回到成都后，他向几位兄长介绍生产猪饲料的前途。刘永好说："四川是全国养猪大省，养猪是四川农村经济的重要来源。泰国正大的猪饲料动摇了我国落后的喂养结构，应该把目光放到更广大的市场上，去搞饲料、搞高科技全价饲料。"于是，刘氏兄弟经过认真研究，决定放弃养鹌鹑而转产饲料，并作出详细的战略部署。刘氏兄弟将资金全部投入这个项目中，聘请 30 余名动物营养学专家重点攻关。1989 年 4 月，公司自行研发的"希望牌"乳猪全价颗粒饲料问世，一下子打破了正大集团饲料垄断中国高档饲料市场的局面。1993 年，新希望集团成立，新希望集团的诞生给刘氏兄弟的事业发展带来了无限生机，其饲料产业做得风生水起。

1997 年，正当成都的房地产业刚刚完成第一轮开发的积累，开始对已有的产品进行检点与反省，并准备进入由卖方市场向买方市场转变的"微利"时代的时候，刘永好又一次抓住了机会，进入房地产业。"在最高潮，大家认为最好的时候，我们反而没有做。当然，没有挣钱也没有被套，我们抓住谷底攀升的时机，我们还要随着曲线上升。"——当别人开始纷纷感到房地产这碗饭越来越难吃的时候，刘永好却捕获到了商机。经过两年的时间论证，刘永好与房地产业的第二次握手取得了实质性成果：1998 年，新希望成立了自己的房地产公司，在成都买下 418 亩地，进行规模房地产开发。对于精熟于饲料业的刘永好来说，房地产开发毕竟是个全新的领域。他把自己的时间一分为三，1/3 用来处理新希望集团内部关键性问题，1/3 用来跟一流人才打交道并建立各方关系，另外的 1/3 用来学习和研究公司发展问题。这一方法是他在出国访问时学习吸收国外企业家的经验得来的。

刘永好有个随身带笔和本子的习惯，凡找人谈话或接受采访，只要对方说得有道理，他便记下来。这位曾赤脚走路的创业者，终于用他的勤奋和努力踩出了一条成功之路。

资料来源：陈小凡.赤脚首富刘永好 [J].今日东方，2017（7）：15.

第三章 创业机会识别

知识目标

1. 掌握创业机会的概念、来源和类型。
2. 了解创意的含义与特征。
3. 了解创业机会识别的过程。
4. 掌握创业机会识别的方法。

能力目标

1. 能够运用创业思维，挖掘有价值的创业机会。
2. 能够运用辩证思维，识别创业项目的真假需求。

素质目标

1. 培养学生具备认知市场、探究问题、奉献社会的综合素养。
2. 引导学生主动遵循创业规律，积极投身到创业活动中去。

"来而不可失者，时也；蹈而不可失者，机也。"对于创业者而言，机遇极为宝贵，稍纵即逝。抓住了机遇就能赢得市场主动权，乘势而上，企业生机勃勃。抓不住或者错失发展机遇，就会陷入被动。生活中创业机会无处不在，但创业者的创业结果却各不相同。有些创业者能抓住时机大展宏图，有些创业者则因错失创业良机而后悔不已。由此可见，创业者不仅要有能够发现创业机会的慧眼，还要具备准确识别创业机会的能力。本章主要讲述了创业机会的内涵与分类，以及创业机会的来源、识别过程与方法等相关知识。

【创业名言】

机遇是有代价的，有没有勇气迈出人生的第一步，常常是人生的分水岭。

——丁磊，网易公司创始人

第一节　创业机会的含义与分类

导入案例

乘风破浪的家居机器人

近几年，随着智能化产品的不断发展，人们对智能化家居的需求也越来越大。据相关数据统计，2014 年，全球家居型机器人的销售额达到 112 亿美元，同比增长 20% 以上。华经产业研究院发布的《2017—2020 年中国扫地机器人行业市场调研及前景预测报告》显示，2020 年，中国扫地机器人创造的销售量为 654 万台，在中国智能家电使用率排名第一位。

1998 年，钱东奇先生与庄建华女士共同创立了科沃斯电器有限公司（以下简称科沃斯）。2000 年，科沃斯着手项目研发；2001 年，首台自动行走吸尘的机器人研发成功；2006 年，全球首款扫地机器人"地宝"诞生。从此，科沃斯开启了智能家居的创业之路。"让机器人服务全球家庭"一直是创始人钱东奇的梦想，但创业之路并不是一帆风顺的。在当时，家用机器人是一个新兴产品，科技虽然赋予了产品较强的竞争力和销售卖点，但在路线规划、感应、识别物体、避障等技术方面还不够成熟，价格也远高于其他家电产品，因综合性价比较低劝退了不少消费者。为了更好地应对市场需求的变化，扭转业绩颓势，科沃斯进行了一系列的战略调整。在抢占市场份额中，创始人钱东奇选择自筹创立研发机构，推出全新品牌科沃斯，将产品定位转向自研自产的智能服务型机器人，并于 2018 年成功上市。在他的带领下，科沃斯不断加大研发力度，先后推出了地面清洁机器人地宝、自动擦窗机器人窗宝、空气净化机器人沁宝、机器人管家亲宝等系列产品，在国内外申请专利共 885 件，成为一家专业从事家庭服务机器人的研发、设计、制造和销售一体的科技型公司，也赢得了广大消费者的青睐。

资料来源：千亿科沃斯增长背后的逻辑 [EB/OL].（2021-07-25）. http://www.investorscn.com/2021/07/25/96344/.

🔍 案例分析

1. 请思考：科沃斯是如何发现创业机会的？

2. 请评价：智能家居的发展对大学生创业来说蕴藏着哪些商业机会？

一、创业机会的内涵

（一）创意

1. 创意的含义

创意是创造意识或创新意识的简称，亦作"刱意"。汉代学者王充在《论衡·超奇》中说："孔子得《史记》以作《春秋》，及其立义创意，褒贬赏诛，不复因《史记》者，眇思自出於胸中也。"宋代学者程大昌在《演繁露·纳粟拜爵》中说："秦始皇四年，令民纳粟千石，拜爵一级，按此即鼂错之所祖效，非错刱意也。"文学家郭沫若先生在《鼎》中提道："文学家在自己的作品的创意和风格上，应该充分地表现出自己的个性。"

由此可见，"创意"这一词里面带有创新和变革之意，是通过对现实存在事物的理解以及认知衍生出的一种新的抽象思维和行为潜能。创意是创新的来源，人人皆有创意，但非人人都能够科学地把握住它。创意是"犹如昙花一现的幻影，转瞬即逝的灵光"。用创新的思维、创业的形式赋予其"有形的翅膀"，创意就会创造出奇迹。因此，创意是创新创业的基础，没有创意的创业不会有顽强的生命力。

具体来说，对创意的理解可体现在以下三个方面。

（1）创意是一种突破。创意可以在原有的技术、营销、管理、体制机制等方面进行突破。

（2）创意是一种思维。可从多个角度的认知上，运用发散思维，打破固有陈规的思维定式。

（3）创意是一种产品。好的创意具有商业价值，可以为企业带来效益，会成为消费者乐意购买的产品。

根据相关研究，全世界的创意经济每天都在创造大约 220 亿美元的产值，并且每年以 5% 的速度在递增。

2. 创意的特征

（1）新颖性。创意本身就是在原有的技术、制度、思维、方案的基础上进行的突破和改革。创意是对现有不合理的事物进行扬弃，革除过时的内容，确立新事物。由此形成的新事物与原事物相比，具有较强的新颖性和创新性。例如，在PC（个人计算机）互联网时代，搜索引擎是伴随互联网的发展而产生和发展的，是根据一定的策略，运用特定的计算机程序，从互联网上采集信息，再对信息进行组织和处理后，为用户提供检索服务，并将检索的相关信息展示给用户的系统。互联网已成为人们学习、工作和生活中不可缺少的平台，几乎每个人上网都会使用搜索引擎。现在，搜索引擎已经发展到了第四代，从最初的人工分类目录发展到现在分类非常细致的主题搜索目录，每一次的更新迭代都是在突破原有技术的基础上进行的变革。

（2）偶发性。创意的产生不一定有具体时间，可能是偶然事物促发灵感产生的。当然，每一次偶然的发现也存在着市场接受的必然。偶发性强调了时间的不确定性，所以，注定了通过创意偶发出来的"产品"在短时间内不容易被复制，可以维持产品在某一时期内的唯一性。举个例子，都市丽人集团创始人郑耀南在一次偶然的市场调研中，发现女性顾客对内衣需求度很高，但找到理想的内衣则需要花费大量的时间，这使他萌生了做"一站式"女性内衣店的想法。2009年，以设计、生产、销售为一体的都市丽人实业有限公司正式成立，产品涵盖文胸、内裤、家居服、保暖衣等近万种款式，为消费者提供实用、质优、价美的贴身衣物选择。都市丽人一开业就得到了女性消费者的欢迎，从开始的一家门店发展到了7 000多家，公司资产最高达到上百亿元，被消费者称为"妇女之友"。

（3）价值性。好的创意具有珍藏、传承、变现、引领社会等深远影响的价值。创意能否转换为成功的创业机会，取决于创业者对市场的认识和把握。换句话说，创意绝对不能是空想，必须具备商业价值，这种商业价值就体现在：该创意一定要能转化为市场上有真正需求的产品或服务。2012年，今日头条在北京发布了第一个版本，通过海量信息采集、深度数据挖掘和用户行为分析，为用户智能推荐个性化、高浓缩的信息资讯，内容经济带来了整个经济环境和经济活动的根本变化，从而开创了一种全新的新闻阅读模式。

（二）商业机会

1. 商业机会的含义

"机会"一词，在《辞海》中的解释是："行事的际遇机会、时机。"古人很早就对机会有了较为深刻的认知。《国语·越语下》中记载："得时无怠，时不再来。""从时者，犹救火，追亡人也，蹶而趋之，唯恐弗及。"这些表述都在强调抓住机会的重要性。在不同的领域中发现的机会，名称也会发生一些变化。例如，在军事上发现机会，称之为"战机"。在境遇上把握机会，称之为"机遇"。事物转化的关键，称之为"契机"。时间上抓住机会，称之为"时机"。在商海中抓住机会，称之为"商机"。

商业机会又称商机，从经济角度上看，商机是指能够在市场中产生利润的机会。商机表现为需求的产生和满足的方式，是指在时间、地点、成本、数量、对象上的不平衡状态。旧的商机消失后，新的商机又会出现。没有商机，就不会有交易活动。所以，商业机会主要指在市场上尚未满足和尚未完全满足的、有购买力或有潜在购买力的消费。

2. 商业机会的类型

（1）稀缺商机。俗话说，物以稀为贵，稀缺的商品自然会成为人们争抢的对象，在价格和利润率上也会有所上升，这也是人们在经商过程中鉴别是否为商机的最早和最常规的手段。在互联网时代下，越来越多的商家开始注意到互联网的变现能力，网上购物已经常态化。《2020年女性消费特征分析报告》的相关数据显示，全国女性消费者市场空间容量达到10万亿次，其中女性消费者在综合电商消费的渗透率为84%。由此可见，女性是电商消费市场中的绝对主力。众多商家都把眼光投向"她经济"，相对而言，"她经济"就成为稀缺商机。

（2）替代商机。随着经济的快速发展，能够节省人力、物力、财力的高科技产品层出不穷，这意味着新商品必然要不断地代替旧商品。如果与其他同类产品相比，新产品具有更便捷、更省力、更人性化等方面的优势，就很有可能取代竞争对手的产品，创造更高的市场价值。例如，智能手机的发明和使用，将人们的生活、工作、学习、消费都引导到手机上完成，人们的消费模式、思维模式、生活模式、交友模式等都发生了巨大的改变，这种替代是革命性的。

（3）痛点商机。生活中的痛点是指人们在生活中遇到的不方便、解决不及时的困难。这些虽然是小事，也可能只是生活中某一类人或者群体的困扰，但确实是有需求的创业机会。例如，商旅出差客人经常携带个人生活用品出行，不仅增加了皮箱的重量，而且占用了箱子的空间，于是，专门针对外出住宿人员的宾馆一次性生活用品就应运而生了。再如，美团外卖的出现，不仅满足了上班族因工作忙碌没有时间做饭的需求，也解决了不愿出门远行就餐人群的痛点问题。

（4）战略商机。战略商机是指未来一段时间必然出现的重大商机。这种商机是有正负效应的，且一定会给企业和创业者带来变革性的深度影响。例如，随着5G应用的场景更加广泛，5G万物互联的关联性也更加开放，这一巨大变化给创业者带来了不可估量的潜在商机。但在此背景下，消费者的选择空间也会随之增长，所以，企业产品唯一性和新颖度的持有时间也会受到一定影响。

（三）创业机会

1. 创业机会的含义

创业机会主要是指具有较强吸引力的、较为持久的、有利于创业的商业机会。创业者据此可以为客户提供有价值的产品或服务，同时自身也受益。

2. 创业机会的特征

（1）普遍性。凡是有市场、有交易的地方，客观上就存在着创业机会，创业机会普遍存在于各种经营活动的过程中。创业邦研究中心数据资料显示，截至2021年6月，市值在1 000亿元以上的中国企业共有150家，其中90家为科技公司，占比约达60%，这些科技公司广泛分布在医疗保健、信息技术、可选消费、工业、电信服务和材料等各行各业中。

（2）偶然性。对于创业者来说，创业机会的发现和捕捉带有很大的不确定性，任何创业机会的产生都有一定的"意外"因素。华中科技大学王立平同学，人们亲切地称他为"脐橙哥"。2012年，他在媒体上获悉自己家乡脐橙滞销严重，就发帖子在校内网上叫卖，因校友身份，可信度很高，学校师生踊跃购买。此后，在他的多方努力下，累计为家乡卖出脐橙3.3万千克的惊人销量，毕业后他创立"好橙子"品牌，立志要为家乡的农产品代言。

（3）消逝性。创业机会存在于一定的时空范围之内，会随着产生创业机会客观条件发生变化而相应地消逝，但消逝中的创业机会也可能会随着消费者需求的变化以崭新的姿态重回市场。例如，在过去，蜡烛的主要功能是照明，随着煤油灯、电灯的出现，照明用的蜡烛逐渐消逝了，但富有创意造型图案的生日蜡烛却又出现了。

3. 创业机会与商业机会之间的关系

经常会有大学生将商业机会与创业机会混为一谈。商业机会以市场中的利润为优先原则，更加看重即时利润。创业机会更加着眼于未来的发展潜力。创业机会可以引入新产品、新服务、新原材料和新组织方式，并能以高于成本价进行出售。创业机会是具有商业价值的创意，是一种特殊的商业机会，比一般的商业机会更具有创新性、创造性和突破性。在市场竞争异常激烈的今天，缺少创新的创业，是难以存续与成长的。审视那些"成功的创业者"，如江南春、任正非等，都是建立在"创新基础上的创业者"。

二、创业机会的分类

（一）按创业机会的来源划分

1. 问题型机会

问题型机会是指由现实中存在的、未被解决的问题所产生的一类机会。这类机会在人们的日常生活中和企业实践中大量存在。例如，客户的抱怨、大量的退货、无法买到称心如意的商品、服务质量差等，在解决这些问题的过程中，会存在着价值或大或小的创业机会，需要创业者去用心发掘。例如，海尔公司的维修人员曾经多次去同一用户家维修洗衣机，因为维修过于频繁，让维修人员对这家用户产生好奇心。经过了解才发现，这家客户与其他客户的使用目的并不一样。客户并不是用洗衣机来洗衣服，而是用来洗土豆，导致洗衣机下水经常堵塞。该名维修人员向总部汇报了这一情况，并建议扩大洗衣机排水口，用来洗土豆。于是，海尔公司以问题需求为导向，相继开发了洗土豆、洗地瓜、洗小龙虾的洗衣机等新产品，得到市场上不同类型消费者的高度认同。

2. 趋势型机会

趋势型机会是指从变化中看到未来的发展方向，并预测到将来的潜力和机会。这类机会一般都是在国家出台重大改革政策或是出现时代新生事物的过程中衍生出来的。党的十八大后，我国经济发展速度面临转换节点，低端产业产能过剩要集中消化，中高端产业要加快发展，过去生产什么都赚钱、生产多少都能卖出去的情况不存在了。从时、空两方面综合来看，我国发展的环境、条件、任务、要求都发生了新的变化。在这种大背景下，趋势性机会一般出现在"变革时期"，很容易被人接受。如果创业者能够及早地发现并把握住这类机会，就有可能成为未来趋势中的先行者和领导者，给企业带来可观的收益。例如，随着 5G 时代的到来，网络安全一定会成为科技公司关注的热点问题，安全系数越高，竞争力就越明显。

3. 综合型机会

综合型机会是指将现有两项以上的技术、产品、服务等因素组合起来，实现新的用途和价值而获得的创业机会。这类机会类似"嫁接"的方式，通过对已经存在的多种因素进行重新组合，使产品产生与原来功能相比效果倍增的性能。2020年7月22日，习近平总书记来到梨树县国家百万亩绿色食品原料（玉米）标准化生产基地核心示范区考察时说："这次来主要是看庄稼，现在的长势很好。这里的优势是地势平坦，人均耕地多，最主要的还是黑土地。要保护好黑土地，这是'耕地里的大熊猫'。这儿是'黄金玉米带'，也是'大豆之乡'，一定要采取一些措施。你们现在秸秆还田覆盖，摸索的这种梨树模式，值得深入地总结，然后向更大的面积去推广。"将秸秆还田的技术其实也是变废为宝的一个过程。秸秆如果直接烧掉，会给环境造成很大污染。目前，以秸秆为主要原材料开发的很多产品都已进入市场，如秸秆环保餐饮具、植物秸秆纤维纺织品等都是秸秆综合利用领域中高附加值、高科技含量的应用。可见，秸秆餐具是未来环保餐饮具的发展趋势。

（二）按"目的—手段"关系的明确程度划分

1. 识别型机会

识别型机会是指市场中的"目的—手段"关系十分明显时，创业者可以通过"目的—手段"关系的连接来辨识机会。一个成熟的企业要有敏感的市场感知力，最好的反馈信息员就是客户。当企业的服务和产品不能有效地满足消费者的需求，即出现供需关系不平衡时，企业就会迅速作出反应：发现问题、寻找可支持的资源，从中探索出解决问题的办法，进而识别新的商业机会。

2. 发现型机会

发现型机会是指"目的—手段"任意一方的情况未知，等待创业者去发现、发掘。这类机会通常是市场尚未开发完全，需要创业者深入发掘。例如，无人机最早应用在军事领域，经过70多年的研究和开发，无人机的应用范围愈加广泛，在数据采集、环境监测、电力巡查、农业植保、影像航拍、摄影测量、救援救灾等多个领域中都发挥了重要的作用。未来，随着科技的不断发展，无人机的发展空间也会更加广阔，其中蕴藏的商机值得创业者关注。

3. 创造型机会

创造型机会是指"目的—手段"皆不明确，创业者要比他人更具先见之明，才能创造出有价值的市场机会，发现这类机会的难度大、要求高，这类机会具有突破性、颠覆性的特点。突破性、颠覆性的创造型机会包含的内容较为宽泛，它可以是生活习惯，也可以是思维模式等。例如，携程网的出现，改变了人们的出行习惯。它从吃、住、行、游、购、娱六要素入手，满足客户需求，提供"一站式"定制服务，省钱、省力、省心，逐步打造人们出行便捷的空间。

（三）按"空间—地域"上的变化转移划分

创业项目在被转移前，项目本身已经存在，并且在运作、生产上都步入正常轨道，是一个比较成熟的创业项目。创业者只需将项目或者产品转换到另一个"空间—地域"，在另一个"空间—地域"形成产业化链条的闭合环，也可以称作一种创业机会。例如"共享经济"效应在中国迅速铺开后，出现了"共享充电宝""共享衣橱"等新型创业机会。如果将"共享经济"的应用场景由超市再转移到酒店、机场等场所，扩大创业项目应用的情境场所，就属于借鉴性质的创业机会。

总之，在商业实践中，识别型、发现型和创造型三种类型的创业机会可能同时存在。一般来说，识别型机会多半处于供需尚未均衡的市场中，创新程度较低，这类机会并不需要繁杂的辨别过程，反而更加强调拥有较多的资源，可以较快进入市场获利。创造型机会把握起来相对困难一些，它主要依赖于新的"目的—手段"之间的关系，不仅需要创业者具有创造性的资源整合能力，还需要创业者具有承担风险的勇气。发现型机会则最为常见，也是目前大多数创业者乐于研究的对象。

🔍 实训

小组讨论

2022 年全球十大消费者趋势。

第一大趋势：国货潮方兴未艾。

第二大趋势：追求环保。

第三大趋势：年长消费者涉足数字领域。

第四大趋势：金融爱好者群体崛起。

第五大趋势：生活方式迎来剧变。

第六大趋势：元宇宙运动兴起。

第七大趋势：二手消费火爆。

第八大趋势：都市化的田园生活。

第九大趋势：追求自爱。

第十大趋势：新常态的多样回归。

讨论问题：

以 4 ～ 6 人为一组，从十大消费者趋势中选择最感兴趣的一种趋势，从中寻找 1 ～ 2 个创业机会。

第二节　创业机会的来源

导入案例

"宝家丽"杀菌除螨仪

随着工业化程度的提高及环境污染的加剧，过敏性疾病在全球范围内呈逐年增高的态势，已成为世界性的卫生问题。在引起过敏性疾病的众多过敏原中，螨虫是最普遍、危害最大的一种，是引起过敏性鼻炎、过敏性哮喘、过敏性皮炎和过敏性结膜炎的重要原因。因此，居民开始对室内除螨越发重视起来，于是，一场除螨革命开始了。苏州宝家丽智能科技有限公司（以下简称"宝家丽"）紧紧抓住这一商机，于 2012 年 6 月设计生产出中国第一款杀菌除螨吸尘器 M-208，该款产品不仅备受中国消费者的喜爱，还远销到德国、美国和意大利等国家。在国家卫生健康委人口家庭司"健康中国，健康家庭"的倡议下，小家电除螨市场火爆异常。2015—2019 年，中国除螨仪行业市场规模（按零售额计）由 2.8 亿元增加至 17.2 亿元，年复合增长率高达 58.1%。2013 年 6 月 18 日，宝家丽推出"符合中国家庭使用的除螨仪"——TS998，首发当日 24 小时销售突破 5 000 台。同年，"双 11"当天销售突破 6 500 台。2014 年的年货节，全网销售正式迈入日销 10 000 台行列，成为吸尘器类细分、新型健康家电市场最大的亮点之一。

资料来源：2020 年中国除螨仪行业短报告 [R/OL]. （2020-07-16）. http：//www.leadleo. com/report/details？id=5f0e8d445279fa5e75716006.

案例分析

1. 请思考："宝家丽"的创业是基于哪个角度找到的创业机会？

2. 请评价："宝家丽"除螨仪的产品开发是否符合健康家居的发展趋势？

创业机会的来源主要有两个途径：①从问题中寻找创业机会。②从变化中发现创业机会。

一、从问题中寻找创业机会

创业者都应具备一双寻找问题的眼睛，从问题中寻找创业机会。问题的来源可从两个方面进行考量。

（一）从自身的困难和困扰中寻找创业机会

在生活中，创业者既是生产者，同时也是消费者。创业者如果能够站在消费者的角度，结合自身的资源优势，解决遇到的困难和困扰，很容易与消费者产生共情，发现一个成功的创业项目。好利来蛋糕就是基于创业者罗红自身的困扰而诞生的。

当罗红还只是一个仅仅拥有梦想与激情的年轻人时，想在母亲退休后的第一个生日，选购到一个式样新颖、口味馨香的生日蛋糕以表心意，然而他几乎跑遍了全城，仍然没有寻找到可心的蛋糕。于是他想，如果市场上有制作精巧而且美味的生日蛋糕出售该多好，因为这样的蛋糕不仅仅是商品，还寄托了人们对亲人和朋友的爱心与祝福。

似乎只是一个不起眼的小小想法，却在当时的罗红心中生根发芽，推动他开始了艺术蛋糕的事业。也正是因为这样一个温馨而富于感情色彩的开始，决定了好利来永久的品牌内涵——甜蜜的事业、快乐与爱心的使者。

1991年，罗红在四川雅安开办了第一家蛋糕店，正式开始踏入创业之路。1992年9月13日，罗红携技西进，又在兰州开设了第一家蛋糕专卖店，以前店后厂、现订现卖为经营模式，推出了琳琅满目、样式新颖的蛋糕，在兰州一炮打响。这是中国烘焙行业第一家大型的西饼专营店。他给自己的蛋糕专卖店起了一个吉祥如意的名字——"好利来"，这是他对自己刚刚起步的蛋糕事业的美好期盼，也是送给每一位客户的一份美好祝福。之后，全国各地也纷纷成立了好利来蛋糕分店。好利来蛋糕店既解决了罗红自身的困扰，也成就了他的甜蜜事业。

（二）从他人遇到的问题中寻找创业机会

当他人遇到了问题，恰恰说明需求并未得到满足，而创业者就是帮助消费者解决问题的。解决他人问题的创业机会主要来源于以下四个方面。

1. 从市场的"缝隙"中寻找

缝隙市场是指在充盈的市场中找到盲点或者盲区，沿着缝隙切入的市场。随着市场的不断完善，客户的消费理念日趋理性，越来越多的行业都已是红海一片，对于初创企业而言，想进入竞争如此激烈的市场显得十分困难。但尽管如此，每一个被占满的市场中也会有一定的缝隙，只要善于发现缝隙市场，就能开拓新的商机。例如，过去，人们可选择的饮品种类较少，茶成为家中招待客人的必备饮品，所以，当时茶的消费量非常高，茶商们基本没有太大的竞争压力。现在，人们生活水平日益提高，不同口味、种类繁多的饮品纷纷上架，导致茶品使用次数和用量不断减少，老百姓家中攒茶的习惯也发生了改变。于是，精品的小罐茶产品出现了。再如，电商行业迅速崛起，但大多数网店的店铺装饰和商品描述效果做得还不太理想，吸引客户的能力较弱，在这种情况下，缝隙市场中的"电商代运营业务"又应运而生。可见，缝隙市场还是无处不在的。

2. 从供需"矛盾"中寻找

供给和需求是市场经济内在关系的两个基本方面，是对立统一的辩证关系。供求矛盾是指买卖双方由于自身利益的需要，导致需求并不总能得到与之相适应的供给，供给也不能有效保证消费者的需求。于是，供给与需求就产生了矛盾。例如，创业者陈良的"左撇子专卖店"，产品针对的就是占世界总人口的9%的左撇子人群的需求。店里的东西琳琅满目，"左手剪刀""左手鼠标""左手吉他"等，看似生活中常见的物品，透露着几分"别扭"。在91%的右手人群中，左撇子的需求就与供给方发生了矛盾，创业机会就这样出现了。当前和今后的一个时期，我国经济发展面临的问题，供给和需求两侧都有，但矛盾的主要方面在供给侧。事实证明，我国不是需求不足，或没有需求，而是需求变了，供给的产品却没有太大改变，质量、服务跟不上。有效供给能力不足带来大量的"需求外溢"，消费能力严重外流。供给侧结构性改革的根本，就是要使我国供给能力能更好地满足广大人民日益增长的美好生活需要，这也是催生创业者的内在驱动力。

3. 从"负面"事件中寻找

"负面"事件的暴露是放大了事件中存在的问题，如果抓住问题的关键并将其解决，也不失为一个好的创业机会。"负面"事件的出口主要体现在以下两点。

（1）客户的抱怨和建议。常言道，说者无心，听者有意。一个好的创业机会，也许就隐藏在客户的抱怨和建议当中，如果客户的需求没有得到满足，往往就会基于对自己的需求认知提出抱怨，并将抱怨告知给周围的朋友。商家可以设立客户反馈信息通道来获取更有价值的建议，满足并解决客户的这些抱怨和建议，其实也是发现创业机会并不断完善产品的过程。例如，洗拖一体机的发明，就是解决客户在打扫中，吸尘以后还要拖地的需求。客户已经从最开始的只需要吸尘的需求，变成了希望能够洗拖一起"二合一"的需求，满足了这一需求，就意味着发现了新的创业机会。

（2）媒体曝光事件。以前，有相当一部分人外地出行时都曾经有过这样的经历，因"人生地不熟"，被"司机绕路""问路收费"等。这种负面事件经媒体曝光后，也促使了人们迫切需要一款不求人的"向导"App。于是，百度地图、高德地图便成了当下出行人士必备的"固定软件"。自此，"你知我知"的出行路线再也不会给外地客人带来不安全的感觉了。

4.从偶发灵感中寻找

灵感是人们突然间迸发出来的，不是每天都有的。很多偶发灵感，源于创业者的"不安分"，这种"不安分"是集头脑风暴、创造力和创新力于一身的。例如，过去拍照通常是固定姿势的摆拍，随着客户需求的不断提升，针对客户需求的套系拍、主题拍、街拍等多元素化的拍照形式出现了。孩子满月的"月照"拍、记录孕妈妈幸福的"孕妇"照、二次元的青春记录拍、毕业典礼的跟拍等多样化的摄影产品满足了人们个性化的需求。所以说，灵感通常来源于偶发，但也是创业者经常不断思考的必然结果。

二、从变化中发现创业机会

"变化"对创业者来说，是唯一不变的事物。从古至今，每一个创业者都要经历创业中面临的机遇和变化。创业者只有始终保持创新变革的初心，才能够使企业立于较为领先的位置。谢恩教授曾提出产生创业机会的四种变革，即政治和制度变革、社会和人口结构变革、产业结构变革、技术变革，如图3-1所示。

（一）政治和制度变革

政治和制度的变革是要随着时代变化和经济发展的实际情况，革除过去的禁区和障碍，或者是填补或改进政治和制度的内容，其最终目的是促进国民经济和

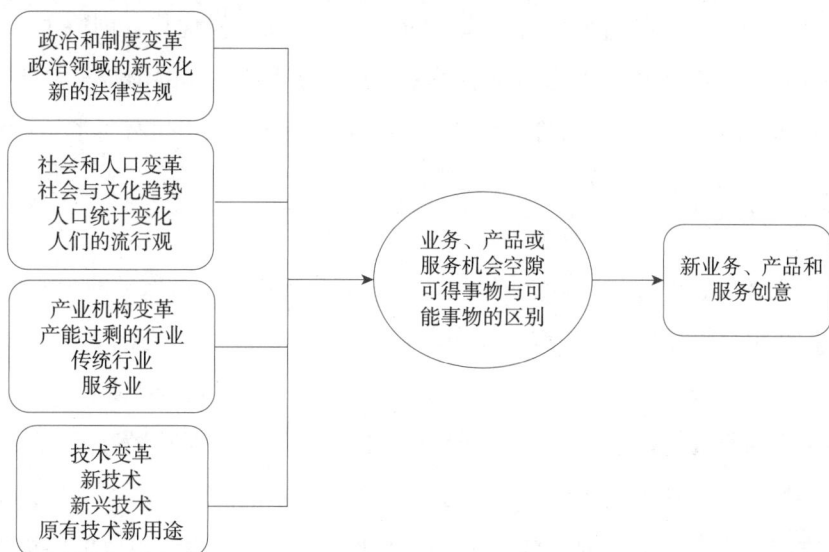

图 3-1 寻找创业机会的四种变革模式

地方经济的发展，通过企业创造更大的价值。我国发展的重要战略机遇期具有新的内涵。初创者们应该用心解读国家相关政策，调动和运用好国内外形势变化带来的一切积极因素，在符合国家的政策和制度改革要求下，选择"小而美"的创业项目，争取获取国家政策的支持，抢占未来发展制高点。从社会发展趋势上看，环境保护和治理政策出台，为加快绿色发展带来新机遇，那些污染严重、对环境破坏大的企业资源，将转移到推进生态文明建设的创业机会上来。国家推进的一系列发展经济的国际化进程政策，为经济发展营造了更好的外部环境，必然会给国际贸易、海外投资、国际文化交流、旅游等方面带来重大的商机。

（二）社会和人口变革

社会和人口变革就是通过改变人们的偏好，创造以前并不存在的需求来创造机会。习近平总书记指出："让老百姓过上好日子是我们一切工作的出发点和落脚点。"民生是人民的幸福之基、社会和谐之本。离开经济发展谈改善民生是无源之水、无本之木。创业者在挖掘创业机会时，应以人民为中心，回应人民的期待，这样的创业项目才更有意义，也才能更好地得以持续。2021 年，国家开放了"三孩"政策，随之而来，在医疗、教育、就业、工作、育婴、家政等方面都会带来很多机遇，创业者如果从中作出准确判断和预测，就能抓住创业的风口。当前，社会已进入互联网时代，电商平台通过强大的宣传效应和价格优势，创造了"双11"和"6·18"等网络购物狂欢节，缔造了一个只有在中国才有的消费需求节，这是从无到有的、创造性的、突破性的商业机会，很多创业者从中也分得了一杯羹。

（三）产业结构变革

产业结构变革是指因其他企业或者为主体客户提供产品或服务的企业的消亡、吞并或者互相合并等原因而引起的改变行业竞争状态的变化。创业者应当注意到：目前，新一轮科技革命和产业变革正在同我国经济结构优化升级交汇融合，势必会衍生很多创业机会。过去，粗放型经济发展方式虽然也在我国发挥了很大作用，但现在再按照过去那种粗放型经济发展方式来做，不仅国内条件不支持，国际条件也不支持，是不可持续的。自工业革命以来，线性经济成为主要发展模式，这种模式并不注重资源的效益，无法有效地缓解资源压力，线性思维还会给企业带来潜在的商业风险。为了应对日益增长的需求、资源压力、气候和生态环境问题，我们更加需要新的发展模式——循环经济。这种模式可以帮助企业降低潜在风险、提高发展韧性，推动企业不断发掘新的利润增长点。预计到2025年，我国将基本建立资源循环型产业体系，资源循环利用产业产值将达5万亿元人民币，同比2015年我国的循环业务总产值将提升178%的幅度。循环经济将引发新一轮产业结构调整，其中蕴藏着巨大的市场商机和商业效益，创业者要努力抓住这一发展机遇，开发更多有价值的创业项目。

（四）技术变革

突破性的技术变革能够撼动整个时代，是时代的风向标。巨大的技术变革可以改变人们的生活习惯、消费领域和思维模式，可以帮助人们做到以前不可能做到的事情，可以使人们用更有效的方法去做以前费时又费力的事情。可以说，技术的更新迭代，是社会和时代的必然要求。例如，从有线电话到智能手机的时代变迁中，人们可以深刻感受到技术革新带来的全新变化。而这种变化正在改革人们的生活行为习惯，人们对闹钟、相机、计算器、手电筒、收音机、地图（导航仪）、记事本、随身听的使用频率逐渐降低。再如，数码科技的出现，冲洗胶卷相纸的公司已经宣布破产了。手机、计算器的出现，使得算盘消失在人们的视野中。过去，以准确计时为主要卖点的手表，其营销切入点也转移到个性需求的象征上来了。

所以说，技术变革可以带来新机遇，但同时也给创业者带来极大的挑战。创业者一定要知晓：核心技术受制于人是最大的隐患。所以，创业者在条件具备时，要坚持自主创新、自力更生，争取在关键核心技术创新方面取得重大突破，为我国经济发展增添新的动能和优势。

实训

利用痛点发现创业机会的训练

1. 利用头脑风暴法，从自身或他人角度，寻找 2 ～ 3 个痛点问题。

2. 通过组内研究讨论，确定一个主题，运用逆向思维（即如何"不"？），尝试为这一痛点寻找不少于两个解决对策。（可暂不考虑技术的可行性问题）

第三节　创业机会识别的过程与方法

导入案例

创业课上的一段师生小对话

创业课上，一名学生神秘地走到老师跟前说："老师，我有一个特别好的创业机会，但是不能说，说了就被大家都知道了。"

老师问道："那你需要我帮助你什么呢？"

学生说："老师，我没钱，我的项目需要有人投资，但是又怕别人先知道了，就不带我了。"

老师又问："同学，你用什么方法断定这是你一个不容错过的创业机会呢？"

学生说："我，我就是感觉。"

老师耐心地引导说："只凭感觉去创业是不行的，如果你愿意，我可以帮你分析一下。"

学生稍作停顿说道："老师，我想养蟑螂。"

老师："哦？为什么呢？这是一个什么项目呢？"

学生："老师，我看报纸上有个蝇蛆鸡蛋项目，是用蝇蛆做饲料供给鸡吃。可是养蝇蛆需要用红糖和牛奶，这个造价太高了，我觉得蟑螂好养，不挑食，想用蟑螂替代蝇蛆。"

老师："不错呀！是一个大胆的想法。找到了市场的缝隙，但我还需要你回答我几个问题。"

学生自信满满："老师，您说。"

老师："第一，你对蝇蛆鸡蛋项目的市场了解多少？这是一片红海还是蓝海呢？第二，你如何证明蟑螂具有营养价值的？怎么确定蟑螂是否具有可替代性呢？"

学生："这……"

🔍 **案例分析**

1. 请思考：该名同学想出的这个创业机会是否能成功？

2. 请分析：创业机会识别的方法有哪些？

创业者在寻找创业机会时，应该依据市场环境、自身拥有的资源条件等因素，进行认真分析，作出理性决策，不能仅靠直觉或运气选择创业项目。许多创业者"慧眼识珠"的能力并不是与生俱来的，通常与前期的创业经验、认知的提升、自身积累的社会关系网络和创造力有直接或间接的关联。在创业机会的识别过程中，创业者可以通过一些常见方法筛选和选择较为合适的创业项目。

一、影响创业识别的因素

正确地识别和筛选创业机会是创业者走向成功的必备能力之一。创业者在创业过程中，影响创业者识别创业机会的因素主要有以下几个。

（一）前期创业经验

人们对创业经验的积累往往有误解，认为只有成功的创业经验才值得分享，失败的创业经验没有价值，这其实是不对的。失败的创业经验于创业者来说，有时会显得更加宝贵。俗话说：成功是 99% 失败的结果。这也就是大家常说的"失败是成功之母"。前期的创业经验会给创业者带来很多好处：①有助于创业者更加准确地识别创业机会，规避前期创业中遇到的困难和风险。②更容易让创业者发现未被满足的市场需求空间，依据产品、服务、业务的特点，能够较为准确地预估熟悉产业的未来发展前景，总结经验，从中发掘新的创业机会。③提醒创业者在做投资决策时，逻辑更加清晰，将前期创业中没有注意到的细节和漏洞补足。同时，做事更加谨慎，将创业中可能带来失败的因素降至最低。所以说，前期创业经验能够帮助创业者成为一个更加成熟、稳重的商人。

（二）认知的提升

认知，是指人们获得知识或应用知识的过程，或信息加工的过程，这是人的最基本的心理过程，它包括感觉、知觉、记忆、思维、想象和语言等。人脑接受外界输入的信息，经过大脑的加工处理，转换成内在的心理活动，进而支配人的行为，这个过程就是信息加工的过程，也是认知过程。换句话说，认知是人们经过大脑的信息加工和处理，反映出客观世界的认识活动。所以，创业者见识到的"东西"越多，接近客观世界真实样貌的概率就会越大，比其他人在创业过程中出现的"警觉性"也会更高，提出来的想法也更符合市场的需求。创业者要能通过"读万卷书"来丰富自己的理论知识，当然也要通过"行万里路"来践行真理。创业者在不断提升认知的过程中，可以不断提高寻找有价值的创业机会的概率。

（三）社会关系网络

成功的创业者通常能够从社会关系网络中发现和捕捉创业机会，创造出凭借创业者显性资源所无法实现的价值。创业者拥有社会关系网络的深度和广度，不仅能够增强投资者的信心，同时也能提升识别创业机会的准确度。大量的创业实践表明，社会关系网络是创业者的重要隐形资源，对创业者有着重要的推动和促进作用。具有一定丰富社会关系网络的创业者要比拥有少量社会关系网络的创业者更容易捕获到创业机会。有一部以创业故事为原型的电影《中国合伙人》，向我们展示的就是创业者社会关系网络的重要资源。故事中讲述的是怀揣梦想的大学生从毕业到创业的整个过程。在这个过程中，主人公得到了拥有雄厚资金和商海经验的大学同学的帮助，也得到了室友在教学上的全力支持，最终创业成功了。

（四）创造力

创造力是指产生新思想，发现和创造新事物的能力，是成功地完成某种创造性活动所必需的心理品质，是知识、智力、能力及优良的个性品质等复杂的多因素综合优化构成的。通过跨类别、跨领域的认知思维加工，将原先毫无关联的信息或领域经验整合在一起，从而得到一种创造性的解决思路，这是创业机会具有创造力的主要表现形式之一。

从现实角度来看，企业是否具有把握创业机会的能力，最直接的体现就是看企业是否能够形成新的"增长点"。如旧的"增长点"已经停止增长，而新的"增长点"始终无法形成，则企业会面临发展停滞甚至退出市场的困境。新的"增长点"可以通过创造力来实现。持久的创造力，能够帮助创业者不断地发掘新的创业机会，寻找到让企业可持续发展的创业项目。

二、识别创业机会的一般过程

创业机会识别是创业者与外部环境（机会来源）互动的过程。在这个过程中，创业者利用各种渠道和各种方式掌握并获取到有关环境变化的信息，从而发现产品、服务、原材料和组织方式等与其他同类产品之间存在的差距或缺陷，并努力找出改进或创造"目的—手段"关系的可能性，最终识别出可能带来新产品、新服务、新原料和新组织方式的创业机会，如图 3-2 所示。

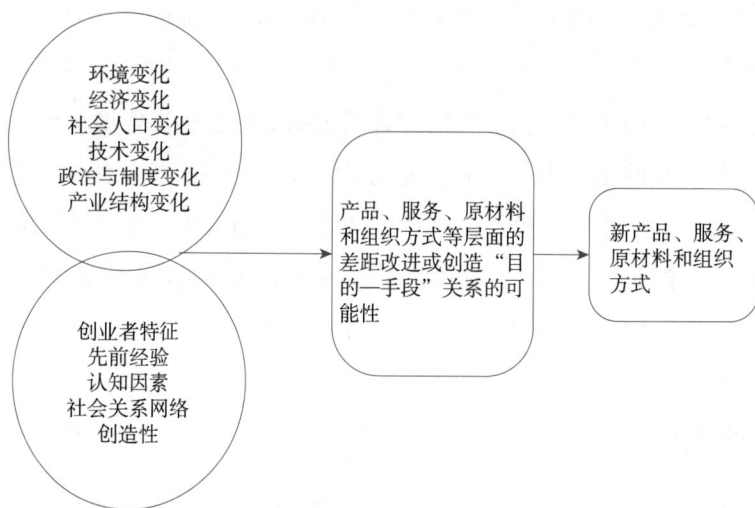

图 3-2　识别创业机会的一般过程

三、识别创业机会的方法

创业者从无想法到有创意，再从多个创意中识别出更好的创业机会，可以分阶段地尝试采用以下几种方法来实现。

（一）头脑风暴法

头脑风暴法又称智力激励法、BS 法、自由思考法，是由美国创造学家 A.F. 奥斯本于 1939 年首次提出，1953 年在其公开发表的文章中指出，头脑风暴法是一种激发思维的方法。头脑风暴法要求创业者要打开思路，沿着不同方向、角度，提出各种创业设想，并寻求解决具体问题的途径。头脑风暴法在使用时应遵循以下四点要求。

（1）小组成员畅所欲言。参加者不应该受任何条框限制，放松思想，让思维自由驰骋。从不同角度、不同层次、不同方位，大胆地展开想象。每位成员在预设的情境条件下，运用独特的思维，尽可能地使想法标新立异、与众不同。

（2）组织者不要过早下结论，且要做到延迟评判。也就是说，在成员发表自己的想法时，其他成员既不应当场肯定某个设想，也不应马上否定某个设想，尤其不能对某个设想作出引领性的、倾向性的评价。一切判断和评价都要延迟到头脑风暴结束以后才能进行。这样做是为了更好地防止评判约束与会者的积极思维，使所有成员都能集中精力先开发设想，避免把应该在后阶段做的工作提前进行，影响创造性设想的大量产生。

（3）成员之间切忌互相严厉批评，这是头脑风暴法应该遵循的一个重要原则。与赞扬相比，批评对创造性思维而言是抑制的、消极的，容易抑制小组成员思维的畅想空间。参加头脑风暴的每个人都是基于自身的知识领域及切身经历有感而发产生的创意想法，其解决问题的方式、途径具有一定的存在意义。所以，对成员提出的创意想法要客观看待，不要妄加批评。

（4）以追求创意数量为终极目标。头脑风暴法的目标是自由、充分发挥每位成员的思维，获得尽可能多的设想。所以，参加头脑风暴的每个人都要抓紧时间多思考、多提设想。至于设想能否转化为有价值的创业机会，可以留到设想的处理阶段再进行进一步的分析与判断。在某种意义上，设想的效果和数量密切相关，产生的设想越多，挖掘出有创造性设想的概率就会越大。

（二）小组攻关法

小组攻关法就是通过小组讨论，对头脑风暴出来的所有创意进行重点筛选，同时结合生活或行业领域中的痛点或难点问题，找到解决对策，进一步探讨创意的价值和可行性。小组攻关应紧紧围绕思维创新、项目可落地、逻辑严谨、时空开放性四个维度进行。

维度一：思维创新。思维创新是创造性思维的本质，往往需创造者在思维的某些方面有所突破。一是要突破原有的思维框架；二是突破已有的思维定式，特别要突破思维上的习惯性。例如，在之前采用纸版货币完成交易的时候，人们要根据自己手里拥有的资金进行有计划的消费。随着信用卡业务的出现，人们可以根据自身信贷的偿还能力实现提前或超前消费。这意味着信用卡将个人"资金池"的范围扩大了，打破了原有"挣多少，花多少"的消费思维框架，突破了货币即时消费的思维定式。

维度二：项目可落地。项目可落地是指项目的可实施性，也就是创业者要确认项目与当前政策、制度、技术力量、人员配备等条件是否相匹配，并能够逐步实现和落实。例如，从蜂窝技术到数字语音传输、从移动梦网到无线漫游、通信从1G发展到5G，每一次科技的不断进步，不仅是社会发展的需求，也是与政策支持、技术能力达标和人员配备齐全等因素共同作用的结果。因此，创业项目的选择是在项目可实施、可落地、可逐步实现的基础上完成的。

维度三：逻辑严谨。逻辑严谨是指创业者思维逻辑能力的周全与完善程度。在头脑风暴法中，我们排除了技术、人员等客观因素的制约，最大限度地挖掘思维创新产生的创意想法，目的是从中寻找创业灵感，进而发现好的创业机会。在头脑风暴过后，项目小组对项目进行逻辑思维的梳理和完善，将项目落地之前可能出现的逻辑问题，进行完善，排除可能出现的问题，确保项目可落地。

维度四：时空开放性。时空开放性表现为时间和空间上敢于突破思维框架，使思维像阳光一样向外放射。换句话说，就是创业者要用发展的眼光看问题，要以未知的预判性来思考问题、处理问题。

例如：生活中，许多父母都喜欢给自己的孩子出这样的智力题：树上10只鸟，被人用枪打死1只，还剩几只？孩子一般都把它当作算术题做：10-1=9（只）。这是一个常规的逻辑问题。此时，父母往往哈哈大笑地说："打死的1只掉了下来，其余的全飞走啦！"

这其实是一个时空开放性的问题。如果将时空开放后就可以有无数多个答案，如下：

第一个答案：可能还剩1只，因为树大，打死的1只在树上，其余飞走了。

第二个答案：可能还剩2只，打死的1只在树上，又吓死1只患心脏病的也在树上，其余的飞走了。

第三个答案：可能还剩 3 只，打死的 1 只掉下来，飞走了 6 只，还有 3 只耳朵不好的，在树上唾觉。

第四个答案：可能还剩 9 只，因为枪可能是无声手枪，打死 1 只掉了下来，其余 9 只没有感觉也没飞走。

第五个答案：可能还有 100 只，因为有可能被打死的是鸟王国中德高望重的国王，它的臣民从四周的树上飞来向国王表示哀悼。

……

小组攻关法可以帮助创业者及其团队从众多创意中初筛出相对合理、可行的创业想法，并聚焦研究创业想法是否可以成为创业机会。

（三）决策树分析法

决策树分析法是指以树形图的方式进行各种方案期望收益的计算和比较的方法。主要是通过一定的概率比率，选择最佳的创业方案枝，帮助创业者从经济效果的角度出发，判断创业机会是否是个好的创业机会。

例如，某创业者现在面临 A、B、C 三个创业机会（暂不考虑货币的时间价值）。预测：A 创业机会需要投资 30 万元，销路好时可获利 200 万元，销路不好时亏损 40 万元；B 创业机会需要投资 20 万元，销路好时可获利 40 万元，销路不好时仍可获利 30 万元；C 创业机会需要投资 60 万元，销路好时可获利 100 万元，销路不好时亏损 50 万元。假设新产品的销路好的概率为 0.7，销路不好的概率为 0.3。根据这些信息，用决策树法可以找出更有价值的创业机会。决策树分析法的具体应用，如图 3-3 所示。

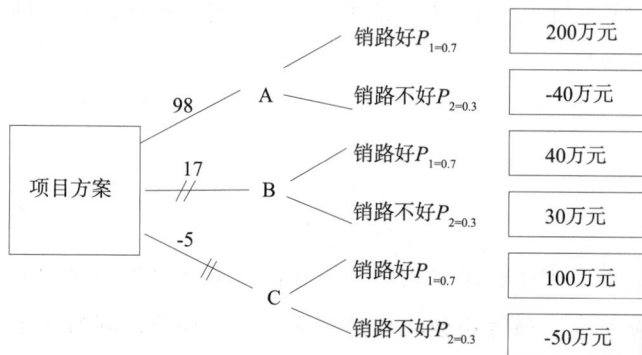

图 3-3　决策树法识别创业机会

在图 3-3 中，由项目方案的点引出两条及两条以上的一级树枝叫作方案枝，它表示项目方案有几种可选的创业机会，分别用 A、B、C 表示。从 A、B、C 节点向右引出的枝条叫作方案的状态枝，将每一个状态出现的概率标注出来，状态枝的右端需要标注出该状态下方案执行所带来的损益值。

用决策树的方法比较不同方案的经济效果，需要进行以下几个步骤的工作。

（1）根据决策备案的数目对未来环境的状态进行预测，绘出决策树图形。

（2）计算各个创业机会的期望收益值。首先是计算方案各状态枝的期望值，即用该创业机会在各种自然状态下的损益值，分别乘以概率（P_1，P_2），然后将期望收益值进行累加，就可以得出每个创业机会的期望收益值，将结果分别标记在 A、B、C 的节点上方。

（3）例题的具体计算方法如下：

A 创业机会方案的期望收益 $=200 \times 0.7+（-40）\times 0.3=128$（万元）

A 创业机会方案的预期净收益 $=128-30=98$（万元）

B 创业机会方案的期望收益 $=40 \times 0.7+30 \times 0.3=37$（万元）

B 创业机会方案的预期净收益 $=37-20=17$（万元）

C 创业机会方案的期望收益 $=100 \times 0.7+（-50）\times 0.3=55$（万元）

C 创业机会方案的预期净收益 $=55-60=-5$（万元）

因为 -5（万元）< 17（万元）< 98（万元）

所以通过决策树分析法，可以得出结论：A 创业机会获利的经济效果最佳。

其中，未被选中的创业机会以"//（剪断）"的符号来表示。

需要提醒创业者注意的是：决策树分析法更加关注创业机会的获利能力，其实创业者在识别创业机会的时候，有些机会表面上看似是"赚钱"的，但是运用决策树分析法计算出来后的结果，实际上是亏本的，那么，这个创业机会很有可能是一个"伪机会"。

综合实训

识别创业机会

同学们分成若干小组，组建成创业团队，运用创业机会识别的方法，在不同行业中寻找创业机会。通过小组之间的相互鉴别、评价，判断哪个创业项目更加适合大学生创业。

即测即练

思考题

1. 简述创业机会的含义。

2. 创业机会的类型有哪些？

3. 创意一定是创业机会吗？

4. 简要阐述创业机会的来源途径。

5. 二手书市场有潜在的商机吗？

拓展案例

智慧菜市场

近年来，中国生鲜零售市场始终保持稳步增长，菜市场作为政府大力扶持的"民生工程"，是社区零售的主流业态之一。当下，全国有近 4 万个菜市场，菜市场总价值超 3 万亿元。2020 年，中国生鲜零售市场总价值超 5 万亿元，市场发展前景十分可观。在"互联网 +"时代下，人们对美好生活的向往越来越强烈，不仅在工作中要求"智慧化"，在生活中也有较高的品质要求。因此，"智慧菜市场"也成为"互联"时代下的必然要求。

智慧菜市场是指通过物联网、云计算、大数据、人工智能等技术，通过"互联网 +"实现智能化的经营和管理的模式，对传统的菜市场进行升级改造，使菜市场具备信息实时化、具体化、可视化，以及智能支付、计量监管、食品溯源（含追溯电子秤、二维码溯源）、数据分析及信息发布等功能。截至 2021 年，中国智慧菜市场行业链图谱已搭建完成，形成了以平台为中心，消费者、运营商、供应商的产业链网络。京东、美团等互联网平台，通过数字化方式，对末端销售环节供应链、菜场代运营及整包进行了改造。连锁商超如华冠超市、永辉超市、超市发等线下商超，通过打造"社区新型市集"的新业态布局，深度挖掘智慧菜场业务。此外，还有一些区域/地方性数字化菜场商家也纷纷加入，如万有集市、中溴市集、中原老集市等，依靠其地域优势打造数字化菜场。

2019 年 1 月,"美团买菜"上线测试,线下服务站于上海市虹口区周家嘴路开通。美团买菜的"App+ 前置仓"模式率先在上海启动。同年 3 月和 7 月,"美团买菜"分别在北京、武汉开设站点,服务站周边 2 千米之内的社区,形成居民通过美团买菜 App"手机下单、送菜上门",即"即时下单即时送"的配送模式。

运营一段时间后,"美团买菜"在武汉又推出了"今日下单,次日取货"的自提服务,并逐步向其他试点城市扩散。"美团买菜"的运作模式与京东家园不同,美团侧重于自我管理模式,基于丰富的送货经验和离线乘客的完整性,提出了"零元送货、免费送货、最早 30 分钟送货"等极具吸引力的口号。"美团买菜"主打的卖点为"三餐"饮食,为用户提供日常采购服务,如新鲜水果、肉类和家禽等产品。目前,该平台与"今天吃什么"栏目合作,深入挖掘用户价值,帮助用户找食谱、选美食、做美食,增强客户黏性。从市场客户细分角度分析,"美团买菜"的核心客户是高消费水平的白领,这群人追求产品的质量和品牌,对产品分销的及时性有很高要求,而美团的零售模式恰恰符合当代人快节奏的工作和生活,满足了家庭消费和高品质食品消费需求。"App+ 前置仓"的运输储存模式,可以确保新鲜产品得到及时配送,"美团买菜"的预仓储模式具有选址简单、低成本投入的特点,从入口上更加容易贴近客户,达到最佳配送效率。

资料来源:艾睿咨询 . 中国智慧菜场行业研究报告 [R/OL].（2019-12-01）. https：//www.renrendoc.com/paper/216461508.html.

第四章　创业机会评价

创业在某种意义上可以说是创业者和机会的匹配过程，许多看似有价值的机会不一定真的有价值，即使真有价值的机会也不一定能被某个具体的创业者开发出价值，对创业项目进行评价最主要的目的就是分析创业的可行性，其评价过程具有一定的挑战性，只有符合创业者能力和目标的创业机会才能成为更好的创业项目。本章主要讲述了有价值的创业机会的特征、评估创业机会的内容和方法、创业风险的含义和分类等相关知识。

【创业名言】

人类常犯的基本错误就是忽略前提。他不知道，一旦忽略了前提，在不同前提下所做的貌似正确的一切结论都是荒唐可笑的。

——刘东华，正和岛创始人

第一节   创业机会的价值特征

🔍 导入案例

把牲畜搬到网上

杜星朗，一名普普通通的"90后"，2015年毕业于西安外事学院新闻专业。他善于思考，善于捕捉机会，一旦想法成立，便马上付诸实践。在校期间，他办过宿舍小卖部、成立星朗工作室、创办以大学生活为主题的校园鲜花店等。此间，他一直关注着家乡的牲畜交易，发现陕西这个传统的畜牧大省养殖场与屠宰公司的信息并不对称，导致广大农村地区的农民在选择养殖什么、在哪出售等方面并不清楚。2014年，互联网时代的来临让杜星朗看到了商机，既然互联网能"+"，何不把中国最传统的牲畜交易也来个"互联网+"？就这样，他创办了陕北牲畜交易中心，一个牲畜线上交易平台出现了，创造了行业内的第一。通过大力宣传，平台吸引了来自全国大牲畜贸易客商10 000多人次，带动陕北多个县区5 000多名农民实现了再就业。到目前为止，这个平台已发展为西北五省第一个规模化的、线上线下相结合的大牲畜交易平台。当然，牲口是一个特殊的活体，想让畜牧交易走上"互联网+"，还需要一个摸索的过程，但杜星朗对此信心十足，他相信只要能制定好可行的发展计划，未来就一定能成功。

资料来源：为自己代言的杜星朗要让传统畜牧交易走上互联网[EB/OL].（2016-01-06）. https://www.sohu.com/a/52590956_119877.

🔍 案例分析

1.请思考：案例中的创业项目有哪些价值特征？

2.请评价：该创业项目未来有推广价值吗？

一、有价值的创业机会的特征辨析

创业机会不是简单的主观臆断，其自身体现的特征是影响创业者对其进行正确评价的基本因素。只有创业者率先认识到创业机会的商业价值，牢牢把握住被别人视而不见的创业机会，创业成功才能指日可待。创业机会的价值特征主要体现在以下四个方面。

（一）要具备使创业者产生冲动的吸引力

好的创业机会要具有吸引力，这是辨别有价值的创业机会的首要特征。创业机会的吸引力主要包括：①创业机会要有一定的市场需求空间和利润空间，如果一个创业机会不具备一定的营利性，就不足以促使创业者产生创业的冲动，也不足以得到投资者的青睐。②创业机会对创业而言是可实现的，即一旦项目投入运行后，获利的实现方式要相对容易一些。例如，在信息经济下，物流网络让遥不可及的"创业梦"变成现实，并成为经济增长的新引擎，"中国梦"迎来了"众享""众智""众创"的"三众"时代。创业投资逐渐呈现资本前移，为创业者提供了更多机会，创业者在种子轮到 A 轮生存率较高。目前，高估值的电子商务创业公司数量最多，其次是大众高频需求的泛生活领域。

我国改革开放以来，共出现过 6 次创业浪潮，每一次都各具特色。第一次创业浪潮的起点是 1978 年，改革开放开启了中国剧变的历史进程，个体户相继出现，激活了一个封闭已久的经济体对物质的渴望。第二次创业浪潮的起点是 1984 年，党的十二届三中全会召开，一致通过《中共中央关于经济体制改革的决定》，拉开了深化经济体制改革的序幕。一批在中国现代企业史上具有代表性的企业纷纷成立，如联想、海尔、万科、四通、科龙等。第三次创业浪潮的起点是 1992 年，邓小平在南方谈话中提出：改革开放要敢于试验，大胆地闯。全国掀起一股全民经商潮，其中最为典型的是"国企员工下海"。第四次创业浪潮的起点是 1997 年，也是中国的"互联网元年"，随着互联网在全球范围内的快速普及，互联网创业在发达国家蔚然成风，带动了一大批海归和本土互联网精英的创业热情。第五次创业浪潮的起点是 2008 年，这一年爆发了全球金融危机，推动了海外精英大规模归国就业或创业，形成新一轮海归创业潮。第六次创业浪潮的起点是 2014 年，中国社会正式进入"众创时代"。众创时代，是全民释放创造力的时代，与前五次创业浪潮相比，这一次是最大的一次，在中国改革发展的道路上具有里程碑式意义。时下，以云计算、大数据、移动互联网为核心的创业，显现出"小微化""生态化""低门槛""敏捷创新"等特点。

对于市场经验和社会经验都不足的大学生而言，在辨别创业机会是否具有吸引力时，应侧重关注创业项目所在行业的吸引力和目标市场的吸引这两个点。

（二）要具备给客户带来利益的实用价值

创业机会的实用价值也可以理解为商业价值，即创业机会要能在你的商业环境中行得通，要能转化为市场上有真正需求的产品或服务，为客户带来实实在在的利益。客户对产品的需求度有助于分析创业机会的原始市场规模。一般来说，原始市场规模越大越好，但初创企业因进入市场时间比较短，产品在市场上的占有份额很小，影响了企业的成长速度。不过，只要企业始终不移地把客户需求作为出发点，不断潜心研究产品性能，努力提升产品品质，产品市场占有率便有上升空间。

当前资本市场比较关注睡眠经济。睡眠经济是指睡眠质量差或失眠等人群所造就的需求经济。作为中国大都市代表的北上广无一例外都属于睡眠指数不高的城市。"有危就有机。"当人们发现自己为"睡眠债"付出惨痛代价时，各种与睡眠相关的产业也逐渐兴起，其中比较受欢迎的是睡眠经济中的"硬科技"和"床垫"等细分赛道。2020年，中国睡眠经济相关企业的注册量达到了462家，乳胶床垫与记忆棉床垫近几年来都备受中国消费者的追捧，比较有代表性的乳胶床垫品牌有穗宝、雅兰、慕思等。

因此，大学生在决定创业前一定要充分做好市场调研，对目标市场进行精准分析，在此基础上再作出有见识的判断，这样才能使创业项目提供的产品或服务与目标市场有效对接，将商业价值体现得更加显著。

（三）要具备与市场能同步的时效性

随着市场环境的不断变化，消费者需求也在不断发生转移，创业者如果能敏锐地抓住这些需求的变化，挖掘有价值的创业机会并加以利用，就可以快速地满足客户某项重大的需要或愿望。不过，任何创业机会都有时限，一旦超过这个时限，创业机会将不存在。这个时限称之为"机会之窗"，也即企业实际进入新市场的时间期限。如果竞争者有了同样的思想，并已经把产品推向市场，那么"机会之窗"也就关闭了。不同行业的创业机会存在的时间跨度是不一样的，同一行业不同时期的创业机会存在的时间跨度也不一样。创业者要准确把握"机会之窗"的开启、关闭时间，一定要确保创业机会在"机会之窗"敞开期间被实施，才能使创业机会与市场保持同步，取得良好的经济效益。

中国正在步入数字化转型时代，催生了农业、工业、服务业三大产业提速发展。例如，截至 2021 年 6 月，我国网上外卖、在线旅行预订用户的规模分别达到 4.69 亿和 3.67 亿。在线办公、在线教育、在线医疗用户规模分别达到 3.81 亿、3.25 亿、2.39 亿，各类服务市场因数字化赋能实现了线上线下共融。

因此，大学生应重点关注互联网应用和服务潜移默化构建起来的数字社会的新形态，从中挖掘网民的数字化消费需求点。在数字消费者中，20 ～ 29 岁的群体心中互联网应用的价值最高，在数字消费能力和意识方面均较强，他们在生活类需求（如网络购物）、精神类需求（如网络社交）、发展类需求（如在线教育）方面都能通过互联网得到满足。

（四）要具备可持续发展的竞争优势

好的创业机会不能只是昙花一现，而应具有可持久开发的潜力，并且能够为企业带来持续发展的竞争优势。现实中，一旦某个创业机会在市场上凸显其价值，就会有不少的创业者、竞争者蜂拥而至。企业只有不断保持竞争优势，才能有实力应对来自各方的竞争与挑战，从初创期向成长型、成熟型企业发展壮大。竞争优势可以来源于多个方面，如较低的生产运营成本可以给初创企业带来较大的价格竞争优势，使自有产品相对于竞争对手有更大的利润空间。低成本的优势主要来自技术和工艺的改进以及管理的优化。

Workday 创立于 2005 年 3 月，现发展成为金融和人力资源企业云应用程序的领先提供商。该企业成立十几年来不断挖掘行业痛点，坚持以用户需求为导向深化产品应用，致力于帮助中大型企业提供数字化转型解决方案，帮助客户在不断变化的世界中适应和发展。该企业将"The Power of One"的理念融入产品设计中，使得财务人员、分析人员和 HR（人力资源）均可以随时获取同一数据库中的数据，节约了使用人员的时间成本和沟通成本，大幅提升了部门之间的协同合作次序，而这种理念也成为 Workday 的核心竞争优势，使其赢得了软件服务行业内超过 98% 的客户满意度。

因此，创业者要以"客户至上"的理念，对选择的创业项目作出短期目标和长远发展规划，使创业项目具有远景的、可创造的市场，以持续保持企业活力，延长企业的生命周期。

二、创业者与创业机会的匹配辨析

创业活动是创业者与创业机会的高度结合。创业者尽管发现了有价值的机会，但不意味着就一定能下定决心去创业，且能成功创业。因为，并非所有机会都适合每个创业者。换句话说，创业者虽然识别并开发了有价值的创业机会，但创业机会同样也在选择创业者。如果创业者不具备与创业机会相匹配的技能、知识、关系等条件，那么，即使选择了创业机会，最终也很难成功。创业者如何辨析这一有价值的创业机会是否能成为自己可以利用的机会，可以从下面三个维度作出理性判断。

（一）是否具备与创业机会相匹配的知识或经验

创业者在决定是否利用创业机会之前，应根据自身的背景、经验和知识，做好科学合理的自我评价。研究表明，50% ~ 90% 的创业者来自个人的先前工作经验。在个人经验层面，创业者要考虑清楚自己曾经的工作、生活经历，是否能够支撑后续开发创业机会所必需的知识和技能，其经验的广度和深度对其下定创业决心起着至关重要的作用。经验的广度主要指涉猎的行业范围。经验的深度主要指对某一行业的了解程度。另外，创业者还需从两个方面评估自己和团队的管理才能：一是创业者或管理团队对创业机会所持有的信心和激情，二是创业者或团队对即将进驻市场的相关信息的掌握情况。鉴于此，创业者通常会选择与自身能力可以互补的团队成员加入创业团队。

（二）是否具备推动创业机会变现的关键资源

创业者能否顺利将创业机会投入市场，还取决于其是否拥有利用该机会所需要的关键资源，诸如技术资源、资本资源、人力资源、资讯资源、企业运作能力、公共关系等。多数情况下，创业者不可能拥有所需的全部资源，但他必须有能力在资源的拥有者与自身之间架起连接的桥梁，让创业机会拥有能变现的关键资源，以弥补资源缺口。否则，创业起步就会很困难。不过，在创业过程中，创业者如果过于依赖于外来力量，也容易会在创业中陷入被牵制的状态。对于初创企业，如果能拥有属于自己的产品专利权或专业技能员工，则企业会在竞争中占有一定的先期优势。所以，为获取关键资源，创业者可以考虑从自己身边认识、熟悉的人中，寻找能够支撑后续开发创业机会所必需的资源。有研究表明，社会关系网络在创业活动中起着很重要的作用，创业者的社会关系网络越广，就越容易把握住创业机会、实施创业活动。因为，在创业过程中，社会关系网络不仅能为创业者提供信息、知识和资源，还能为创业者提供必要的情感支持和心理支持。创业绝非易事，这些情感支持和心理支持也是支撑创业者走向成功的重要的动力之源。

（三）是否具备支撑创业活动的财力保障

很多有较大潜力的创业机会都需要相当大数量的启动资金，不需要启动资金的创业项目几乎不存在。在创业之初，大部分创业者并没有充足的自有资金用于创业，如果创业机会需要过多的资金，会影响创业者投身创业的决心。因此，需要较少或者中等程度启动资金的创业机会是比较有吸引力的，创业者可根据自身的资金实力情况和可以动用的资源，来判断该创业机会是否超出自己的预期能力，若超出掌控范围，则不建议考虑选择该创业机会。另外，优秀的创业者在创业前一般都有报酬丰厚的工作机会，所以，还要重点考虑自己能否承受从事创业活动而带来的机会成本，也就是说，要考虑好创业机会的价值潜力能否在长期内弥补因放弃工作而承担的损失。创业者在创业前的收入水平越高，就越不愿意放弃当前的工作机会去创业。但是一旦作出创业决定，则其创业活动的价值和利润创造潜力，通常会比那些创业前机会成本较低的创业者更高。

🔍 实训

请同学们以当下大学生的真实创业项目为例，辨析该创业项目的价值特征是如何体现出来的。

第二节 评价创业机会的内容和方法

🔍 **导入案例**

我国小家电市场的发展机遇

从 2021 年小家电行业的研究报告中可以看出，在全球家电品类中，小家电的增长速度是最快的。按零售额统计，全球小家电的市场规模从 2014 年的 779 亿美元增至 2018 年的 983 亿美元，年复合增长率为 6.0%，增速高于主要家电，且接近于精选厨房家电的增速。中国 2018 年小家电零售额计的市场份额为 24.1%，排在世界第二位。预计 2023 年，全球小家电的销售额将达到 1 466 亿美元。我国目前小家电中市场规模最大的是烹饪电器，主要有电饭煲和压力锅等产品。第二是家居环境电器市场，主要有吸尘器和扫地机器人等产品。排在第三的是食物料理电器市场，主要产品是破壁机。排在第四位的是个人护理市场，主要有吹风机和电动牙刷等产品。分析小家电增速快的原因主要体现在三个方面：①智能手机及互联网的普及，数字营销及社交媒体让更多的消费者熟知了小家电。②线上购买的便捷性激发了消费者的购买欲望。③小家电产品更新换代速度快，性价比较高，具有"高颜值""精致感"等特点，深得消费者的喜爱。当下小家电行业发展的空间依然很大，尤其我国小家电产品的渗透率还较低，小家电市场尚处于发展初期，这也会给小家电公司带来很多发展机遇。

资料来源：安信国际 . 小家电行业研究报告 [R].2021.

🔍 **案例分析**

1. 请思考：我国小家电行业的市场发展前景如何？

2. 请评价：如果想进驻小家电领域进行创业，可能遇到怎样的外来威胁？

一、评估创业机会的内容框架

对创业机会评价实质就是对创业项目可行性的分析。基于"个体—创业机会"适配度角度建立的评价指标框架，旨在判断创业者是否能有效把握并实现创业机会的价值。基于"成本—收益"角度建立的评价指标框架，旨在判断创业机会是否值得变现。

（一）基于"个体 – 创业机会"的评价指标框架

美国百森商学院的蒂蒙斯教授提出的创业机会评价指标基本框架相对比较全面，覆盖了行业和市场、经济因素、收获条件、竞争优势、管理团队、致命缺陷问题、个人标准、理想与现实的战略差异 8 个方面共 53 项指标，见表 4-1。

表 4-1　"个体—创业机会"评价指标框架

评价方面	具体指标	评价内容
行业和市场	1. 市场容易识别，可以带来持续收入	主要评价创业项目的获利情况
	2. 客户可以接受产品或服务，愿意为此付费	
	3. 产品的附加价值高	
	4. 产品对市场的影响力大	
	5. 将要开发的产品生命长久	主要评价创业项目的市场竞争情况
	6. 项目所在的行业是新兴行业，竞争不完善	
	7. 市场规模大，销售额达到 1 000 万 ~ 10 亿元	主要评价创业项目的发展潜力
	8. 市场成长率在 30% ~ 50% 甚至更高	
	9. 现有厂商的生产能力几乎完全饱和	
	10. 在 5 年内能占据市场的领导地位，达到 20% 以上	
	11. 拥有低成本的供应商，具有成本优势	
经济因素	12. 达到盈亏平衡点所需要的时间在 1.5 ~ 2 年	主要评价创业项目的可行性
	13. 盈亏平衡点不会逐渐提高	
	14. 投资回报率在 25% 以上	
	15. 项目对资金的要求不是很大，能够获得融资	
	16. 销售额的年增长率高于 15%	主要评价创业项目的财务情况
	17. 有良好的现金流量，能占到销售额的 20% 以上	
	18. 能获得持久的毛利，毛利率要达到 40% 以上	
	19. 能获得持久的税后利润，税后利润率要超过 10%	
	20. 资产集中程度低	主要评价创业项目运营成本及后期投入压力
	21. 运营资金不多，需求量是逐渐增加的	
	22. 研发工作对资金的要求不高	

续表

评价方面	具体指标	评价内容
收获条件	23. 项目带来的附加价值具有较高的战略意义	主要评价创业项目抵御风险的能力
	24. 存在现有的或可预料的退出方式	
	25. 资本市场环境有利,可以实现资本的流动	
竞争优势	26. 固定成本和可变成本低	主要评价创业项目自身拥有的实力与优势
	27. 对成本、价格和销售的控制较高	
	28. 已经获得或可以获得对专利所有权的保护	
	29. 竞争对手尚未觉醒,竞争较弱	
	30. 拥有专利或具有某种独占性	
	31. 拥有发展良好的网络关系,容易获得合同	
	32. 拥有杰出的关键人员和管理团队	
管理团队	33. 创业者团队是一个优秀管理者的组合	主要评价创业项目的人力资源管理水平
	34. 行业和技术经验达到了本行业内的最高水平	
	35. 管理团队的正直廉洁程度能达到最高水准	
	36. 管理团队知道自己缺乏哪方面的知识	
致命缺陷问题	37. 不存在任何致命缺陷问题	主要评价项目是否在产品设计方面存在不可控的缺陷
个人标准	38. 个人目标与创业活动相符合	主要评价创业者素质与能力
	39. 创业家可以做到在有限的风险下实现成功	
	40. 创业家能接受薪水减少等损失	
	41. 创业家渴望进行创业这种生活方式,而不只是为了赚大钱	
	42. 创业家可以承受适当的风险	
	43. 创业家在压力下状态依然良好	
理想与现实的战略差异	44. 理想与现实情况相吻合	主要评价创业项目是否具备可持续发展的潜力
	45. 管理团队已经是最好的	
	46. 在客户服务管理方面有很好的服务理念	
	47. 所创办的事业顺应时代潮流	
	48. 所采取的技术具有突破性,不存在许多替代品或竞争对手	
	49. 具备灵活的适应能力,能快速进行取舍	
	50. 始终在寻找新的机会	
	51. 定价与市场领先者几乎持平	
	52. 能够获得销售渠道,或已经拥有现在的网络	
	53. 能够允许失败	

资料来源:姜彦福,邱琼.创业机会评价重要指标序列的实证研究 [J].科学学研究,2004(1):62-63.

（二）基于"成本—收益"的评价指标框架

基于"成本—收益"角度提出创业项目的评价指标框架主要围绕市场和回报两个层面展开，比较有代表性的是刘常勇教授提出的观点，见表 4-2。

表 4-2　"成本—收益"评价指标框架

评价方面	具体指标	评价内容
市场	1. 是否具有市场定位，专注于具体客户需求，能为客户带来新的价值	可通过 SWOT 分析，评价创业项目的优势、劣势、机会、威胁
	2. 依据波特的五力模型进行创业机会的市场结构评价	
	3. 分析创业机会所面临市场的规模大小	
	4. 评价创业机会的市场渗透力	
	5. 预测可能取得的市场占有率	
	6. 分析产品成本结构	
回报	7. 税后利润至少高于 5%	可通过主要的财务指标，评价创业项目的财务状况
	8. 达到盈亏平衡的时间应该低于 2 年	
	9. 投资回报率应高于 25%	
	10. 资本需求量较低	
	11. 毛利率应该高于 40%	
	12. 能否创造新公司在市场上的战略价值	可通过融资难易程度，评价创业项目的战略价值
	13. 资本市场的活跃程度	
	14. 退出和收获回报的难易程度	

资料来源：刘常勇 . 创业管理的 12 堂课 [M]. 北京：中信出版社，2002：64-70.

二、评价创业机会的方法

（一）定性评价方法

创业机会面临很多不确定性的因素，创业者可以通过 SWOT 分析法分析初创企业自身的优势与劣势、外部环境面临的机会与威胁，进而评估创业项目的竞争优势。SWOT 分析采用定性方法，通过罗列 SWOT 的各种表现，形成一种模糊的企业竞争地位描述，以此为依据作出战略判断。这其中可能会产生一定程度的主观臆断，所以，要注意这种方法在使用过程中的局限性。SWOT 分析法见表 4-3 和表 4-4。

表 4-3　SWOT 模型各要素的含义

要素	要素全称	要素含义
S	strengths（优势）	优势是企业的内部因素，主要包括有利的竞争态势、充足的财政来源、良好的企业形象、雄厚的技术力量、规模经济、优良的产品质量、较大的市场份额、成本优势和强大的广告攻势等
W	weaknesses（劣势）	劣势是企业的内部因素，主要包括设备老化、管理混乱、缺少关键技术、研究开发落后、资金短缺、经营不善、产品积压和竞争力差等
O	opportunities（机会）	机会是企业的外部因素，主要包括新产品、新市场、新需求、国际市场壁垒解除和竞争对手失误等
T	threats（威胁）	威胁是企业的外部因素，主要包括新的竞争对手、替代产品增多、市场紧缩、行业政策变化、经济衰退、客户偏好改变和突发事件等

表 4-4　SWOT 分析模型

	优势—S	劣势—W
机会—O	SO 外部有机会，内部有优势	WO 外部有机会，内部优势不足
威胁—T	ST 外部有威胁，内部有优势	WT 外部有威胁，内部优势不足

SWOT 模型是一种重要的环境分析和战略选择工具，创业者在使用这种方法时要注意以下两点。

1. 区分主客观因素

外部环境因素包括机会因素和威胁因素，是对企业的发展产生直接或间接影响的有利因素和不利因素，属于客观因素。内部环境因素包括优势因素和劣势因素，是企业自身存在的积极因素和消极因素，属于主观因素。创业者在调查与分析这些因素时，不仅要考虑历史与现状，更要考虑未来发展趋势等方面的问题。

2. 区分轻重缓急

创业者及团队应将调查得出的各种因素根据轻重缓急或影响程度进行排序，将那些对创业过程有直接的、重大的、迫切的影响因素优先排列出来，而将那些间接的、次要的、不急的或短暂的影响因素排列在后面。在罗列作为判断依据的事实时，要尽量真实、客观、准确，并要提供一定的定量数据来弥补 SWOT 定性分析的不足，构造高层定性分析的基础。

（二）定量评价方法

评价创业机会比较常用的定量方法是"量－本－利"分析法。

量：对市场需求量的预测，这是对创业项目进行经济效益分析的基础。市场需求量的预测可以运用一定的数学方法来进行，主要方法有趋势预测法、因果预测分析法、市场调查分析法、判断分析法等。

本：成本分析，主要研究利用该机会所需付出的代价。应从投资成本、生产成本、营销成本三个方面分析，可采用专门的成本预测方法，如直线回归法、趋势预测法等。

利：利润分析，是在市场需求量、成本预测的基础上进行利润预算，一般可采用损益平衡模型、现金流量模型、简单市场营销组合模型、投资收益率等分析方法。

创业者通过这种方法，可以初步判断创业项目的可行性。量、本、利之间的关系如图 4-1 所示。

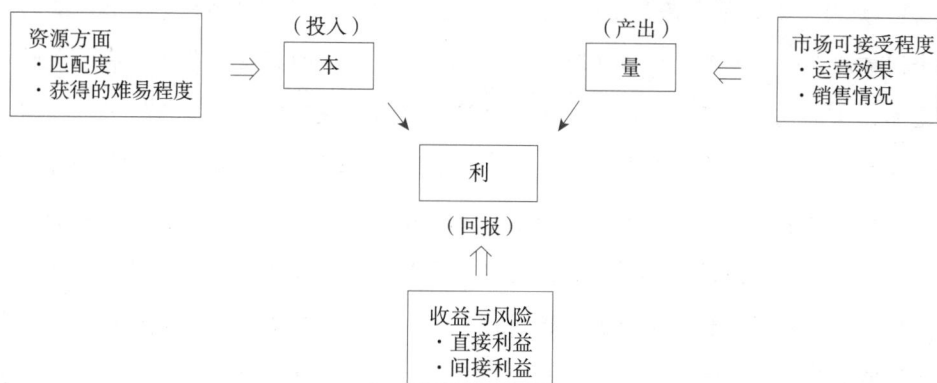

图 4-1　量、本、利之间的关系

（三）阶段性决策方法

创业机会在开发的过程中是由一系列活动构成的，这些互不相同又相互联系的创业活动，共同构成了一个创造价值的动态过程。根据活动所在的位置，创业活动可以分为上游价值链活动和下游价值链活动。其中，上游价值链活动主要是与创业准备相关的活动，下游价值链活动主要是与市场相关的营销和服务等相关活动。整个价值链的综合竞争力决定了创业机会的竞争优势。阶段性决策这种方法是指创业者在创业机会开发的每个价值链阶段，都通过循环往复的"识别—评价—开发"步骤，对创业机会进行论证与评价。这一创业机会能否通过每个阶段预先设置的门槛，在很大程度上取决于创业者经常面对的约束或限制，如创业者的目标回报率、风险偏好、金融资源、个人责任心和个人目标等。如果创业机会无法成功通过某一阶段的评价门槛，将被重新修订甚至被放弃。因此，阶段性决策方法可以帮助创业者合理作出"取与舍"的决定。

🔍 **实训**

请同学们结合各自创业团队的创业项目，运用蒂蒙斯教授的创业机会评价指标或"成本—收益"的评价指标框架，分析该创业项目的发展潜力。

第三节　识别创业机会的风险

🔍 **导入案例**

创业失败案例一：创业梦的破碎

"我希望年轻的大学毕业生在即将飞翔的青春岁月里，不要像我一样留下永远的伤痛。"这是一名大学生在自主创业失败后发出的感慨之言。这名大学生在毕业后和几个同学决定一起创业。经过市场分析，他们认为郑州的家政服务行业有很大的利润空间，于是就成立了一家企业，做了上海某环保科技有限公司的二级代理，销售用于家具、石材、皮革和汽车保养的"木质精油"。但企业运营后，上海总部并没有按当时承诺的条件兑现，广告、人力支持、员工培训等全要靠自己来解决。不仅如此，他们当时用现金进货的产品总量，足够整个郑州市地板保养使用两年了，代理公司给他们的授权期限却仅仅5个月。面对这种情况，该创业者和团队成员虽然想尽各种办法找资源、找客户来卖产品，但也已是大江东去、于事无补了。同伴们看到创业无望，无奈之下，纷纷选择离去。就这样，初期看似美好的创业梦想破灭了。

资料来源：大学生创业与就业：短暂创业路 [EB/OL].（2017-05-15）. https://www.xuexila.com/chuangye/3323790.html.

创业失败案例二：成都"第一研究生面馆"

2013年12月24日，成都市一所高校食品科学系的6名研究生自筹资金20万元，在成都著名景观——琴台故径边上开了一家"六味面馆"，正式开始创业。刚开始，大家都信心满满，他们认为"研究生开面馆"会产生很大的社会效应，可以此吸引越来越多的客户光顾。于是，6位合伙人就商量第一年先积累经验打基础，两年内要开20家连锁店。但开业不久，6位合伙人并不能把所有精力投入在面馆上，经营管理也欠佳，加之当时面馆的选址又非繁华商业区，人流有限。面馆每月支出庞大，经常入不敷出，所以，面馆仅仅维持了4个月，投资人就要公开转让了。"第一研究生面馆"不得不草草离场了。

资料来源：关于第一研究生面馆创业失败案例的分析与学习 [EB/OL]. https：//wenku.so.com/d/bo363f36a819542e5a2382469b149e71a.

🔍 **案例分析**

　　1. 请思考：上述两个创业案例失败的原因。

　　2. 请评价：上述两个创业案例遇到的是哪类风险？

一、创业风险的含义及特征

（一）创业风险的含义

　　创业风险是创业者及其团队在创业过程中遇到或发生的风险。当创业机会面临某种损失的可能性时，这种可能性及其引起损失的状态便被称为机会风险。

　　机会风险的要素包括风险因素、风险事件和风险损失。风险因素从形态上可以分为人的因素和物的因素。人的因素指道德、心理的情况和状态，而物的因素属于有形的情况或形态。创业风险事件是指创业风险的可能性变成现实，以致引起损失后果的事件。风险事件是风险因素综合作用的结果，是产生风险损失的原因。创业风险损失是指由于风险事件的出现给创业者或创业企业带来的能够用货币计量的经济损失，包括直接损失和间接损失，是实际结果与预期结果的差异。

　　上述三个要素之间的关系密切相关，风险因素产生或增加会引起风险事件，风险事件会导致风险损失的发生。

（二）创业风险的特征

1. 不确定性

　　创业者在创业过程中，面临着各种各样的不确定性，如市场环境发生变化带来的不可控因素、自然灾害带来的不可预估的风险性、产品技术变化带来的挑战性、资金筹集不足带来的财务风险、创业团队管理不善带来的经营风险等。可以说，不确定性是创业风险的本质特征。创业者及团队成员不一定能够准确预测出风险将在何时发生、在什么地方发生，面临的风险程度有多大，所以，一旦在某个环节出现问题，就可能会影响成功创业的进程，甚至导致创业失败。

2. 可测量性

　　创业是一种高风险的活动，机遇与风险并存。创业风险是创业者最不希望发生的，但它又是一种不以人的意志为转移的客观存在。任何事物的发生都是有其必然性的，也是有规律可循的，创业风险虽有一定的不确定性，但这种不确定性在某种程度上是可以通过定量或定性的方法进行测量和评估的，以此来推断创业风险的性质、可能发生的概率及风险强度。创业者要有识别创业风险的能力，而且要不断提高这种能力，才能在创业过程中做到运筹帷幄、未雨绸缪。

3. 相对性

创业风险是相对变化的。不同的对象有不同的风险，而且随着时间、空间的改变，创业风险也会发生变化。不同的创业主体，面对同一风险事件，会产生不同的风险体验和风险结果，因为他们对风险的认知是有差异的，所拥有的创业资源的数量、质量和结构也不一样，风险承受能力也各不相同，所采取的风险管理决策也不尽一致。创业风险伴随着整个创业过程，具有可变性和相对性的特点。所以，创业者要做好打持久战的准备，对企业未来可能出现的不同状态制定适合的应对方案，提升企业规避风险的能力。

4. 双重性

事物都是有两面性的。创业风险是不可避免的，但创业项目没有风险也意味着没有更好的收益。这与自然灾害、意外事故等带来的风险只会产生损失不同，创业活动所面临的主要风险是和创业的潜在收益共生的。对创业者而言，为了获得潜在的创业收益，必须承担相应的创业风险。创业者如果能够密切关注风险，防范和化解风险带来的不利影响，采取措施减少风险带来的损失，就能更好地增加创业收益。另外，创业者应该意识到风险也是一种机会，需要加以利用，提高它的积极作用，将风险转化为盈利的机会。

二、创业风险的分类

按风险影响程度的范围，风险可分为系统风险和非系统风险两类。

（一）系统风险

系统风险主要指由某种全局性的共同因素引起的，创业者或创业公司本身控制不了或无法施加影响，并难以采取有效方法消除的风险。例如，市场或外部环境带来的风险等均属于这一类范畴。

（二）非系统风险

非系统风险是由特定创业者或创业企业自身因素引起的，只对该创业者或创业企业产生影响，可以通过一定的手段或方法进行预防和分散。例如，团队风险、投资风险等均属于这一类范畴。

（三）系统风险与非系统风险的区别

系统风险主要来源于环境因素、市场因素等，是客观存在的，不受主观意识而发生转移，因此，它是不可控的。

非系统风险主要来源于机会选择风险、人力资源风险、管理风险、财务风险等，是由主观因素导致的，因此，它是可控的。

系统风险和非系统风险的具体分类，见表4-5。

表4-5　风险的分类

风险类别	具体风险分类	风险体现
系统风险	市场风险	新产品市场多是潜在、待开发、待成长的（有无市场）
		很难确定市场接受新产品的具体时间（市场启动时间）
		很难预测新产品的市场需求成长速度（市场爆发时间）
		很难预测未来同行市场竞争的实质态势（市场竞争情况）
	要素风险	资本市场的资金可得性多是不确定的
		技术市场的技术可得性、实用性多是不确定的
		人力资源市场存在高度不确定性
		上下游产品市场供应商往往存在机会主义行为
	法律及政策规制风险	法律或政府政策的出台有可能超出创业者的预期
		政府许可也具有不确定性
	技术风险	新产品研发能否成功是不确定的
		相关行业能否提供技术配套是不确定的
非系统风险	财务风险	新产品研发的资金需求与周期极难判定
		新产品市场开发的资金需求是不确定的
	团队风险	团队成员缺乏共识的利益、目标、规则等
		部分成员的"畏惧心理"和机会主义
		没有形成领袖人物造成的团队风险

在这里，需要额外说明的是技术风险，因之既可以来源于系统风险，也可以来源于非系统风险。创业者可根据其来源的不同，采取不同的应对办法。如果判别技术风险来源于系统风险，那就成了企业不可控的因素，遇到这种情况，企业

只能选择适应技术环境的变化，从中寻找商机，否则就会被市场淘汰。例如 5G 时代的到来，催生了数字经济的快速发展。数字化变革的加剧，带领中国步入新的经济发展周期。新的消费关系重构了人、货、场，给消费市场带来了新的机遇与挑战。所以，企业应从大数据的视角对消费者、消费业态、消费品牌、消费场域进行深入研究，找到新消费时代下的"风口"，御风而行，顺势而变。如果不能及时跟上时代节奏，那么企业必将黯然离场。

如果判别技术风险来源于非系统风险，则企业在某种程度上是可以做到可控的。例如，企业因研发力量薄弱导致产品技术落后而丧失了市场份额，意识到这一风险之后，企业可以通过招聘外来技术人员，或加大内部技术人员的培训力度，或寻求合作等手段来解决技术瓶颈，使企业进入良性循环。

三、创业风险的评估与应对

（一）创业风险的评估

在评估创业风险之前，应对创业风险进行识别，即创业者对创业过程中可能发生的风险进行感知和预测的过程。创业者可以根据创业风险分类表，全面观察创业过程，制作风险清单、建立风险档案，确定影响创业目标达成的各种风险。在此基础上，进行创业风险的评估。评估风险包括风险估计和风险评价。

1. 风险估计

风险估计是通过对所有不确定性和风险要素的充分、系统而有条理的考虑，确定创业过程中各种风险发生的可能性及发生之后的损失程度。风险估计主要是对风险事件发生的可能性大小、可能的结果范围和危害程度、预期发生的时间、风险因素所产生的风险事件的发生概率四个方面进行估计。创业者在进行风险估计时应充分考虑风险因素及其影响，对潜在损失和最大损失作出估计。

2. 风险评价

风险评价是针对风险估计的结果，应用各种风险评价技术来判定风险影响大小、危害程度高低的过程。风险评价可以采用定量的方法，如敏感性分析、决策性分析、影像图分析等，也可以采用定性分析的方法，如专家调查法、层次分析法等。创业者应针对不同的风险选用不同的方法进行评价，并客观对待评价的结果，做好风险预警工作。

（二）创业风险的应对

风险应对是创业者在风险评估的基础上，选择最佳的风险管理技术，采取及时有效的方法进行防范和控制，用最经济合理的方法来综合处理风险，实现最大安全保障的一种科学管理方法。

1. 创业风险的应对方法

（1）风险避免。风险避免是指设法规避损失发生的可能性，从根本上消除特定的风险单位或中途放弃某些既有的风险单位。这种方法是一种消极的风险管理方法，通常当某种特定风险所致损失的频率或者损失的幅度相当高时或者采用其他方法管理风险不符合成本效益原则时才会采用。

（2）风险自留。风险自留是创业者自我承担风险损失的一种方法。风险自留常常在风险所致的损失概率和幅度较低、损失短期内可以预测及最大损失不影响创业活动的正常进行时采用。

（3）风险预防。风险预防是指在风险损失发生前，为消除或减少可能引发损失的各种因素而采取的处理风险的具体措施，其目的在于通过消除或减少风险因素而达到降低损失发生概率的目的。风险预防通常在损失的频率高且损失的幅度低时使用。

（4）风险抑制。风险抑制是指在损失发生时或在损失发生后，为缩小损失幅度而采取的各种应对措施。风险抑制常常在损失幅度高且风险又无法避免或转嫁的情况下采用，如损失发生后的自救和损失处理等。

（5）风险转嫁。风险转嫁是指创业者为避免承担风险损失，有意识地将损失或与损失有关的财务后果转嫁给他人去承担的一种风险管理方法。具体来说，创业者可以采用保险转嫁、转让转嫁和合同转嫁等方式。

2. 风险应对策略

创业者或创业企业需要针对风险评估的结果和具体的评估环境，选择合适的风险应对方法，采用科学的风险应对策略。

对于高频率出现且程度较高的风险，可考虑采取风险避免、风险抑制、风险转嫁的应对策略。

对于高频率出现但程度较低的风险，可考虑采取风险避免、风险预防的应对策略。

对于低频率出现但程度较高的风险，可考虑采取风险避免、风险抑制的应对策略。

对于低频率出现且程度较高的风险，可考虑采取风险自留的应对策略。

🔍 **综合实训**

请同学们基于各自团队的创业项目，将课堂上已布置的实训任务，利用下面的《风险评估表》（表 4-6），对创业项目有可能产生的创业风险再进行深入研讨，尤其要更加关注潜在的创业风险，并形成总结性的材料，供各组之间共享。

表 4-6　风险评估表

评估方面	盈利时间	市场规模	资金需求	毛利率	成本结构	门槛限制	竞争性	缺陷	可控性
评估结果									
结论									

🔍 **即测即练**

🔍 **思考题**

1. 简述影响创业机会与创业者适配度的因素。

2. 简述蒂蒙斯的创业机会评价基本框架的指标内容。

3. 简述机会风险的主要构成要素。

4. 按风险影响的范围可以将机会风险划分为哪几类？

5. 简述创业风险的应对方法。

🔍 **拓展案例**

中国卫生用品国产品牌正在崛起

根据中国造纸协会统计，2019 年，我国吸收性卫生用品市场规模为 1 165.3 亿元，2014—2019 年复合年均增长率（CAGR）为 11.7%，吸收性卫生用品消费量 1 646.1 亿片，2014—2019 年 CAGR 为 4.6%。近几年，吸收性卫生用品单片价值保持稳定，2019 年单片价格为 0.71 元，其中，2016 年单片价格为 0.66 元，出现大幅上涨，同比增长 23.2%，2014—2019 年 CAGR 为 6.7%。

从分品类来看，2019 年女性卫生用品、婴儿卫生用品和成人失禁用品市场规模分别为 572.16 亿元、498.75 亿元和 94.39 亿元，对应占比分别为 49.1%、42.8%

和 8.1%。增速方面，成人失禁用品 > 婴儿卫生用品 > 女性卫生用品，2014—2019年 CAGR 分别为 15.7%、12.5% 和 10.4%。同时，随着 2019 年中国人均 GDP（国内生产总值）达到 8 242.05 美元 / 年，消费者从原来对价格、品质的单一追求发展到对产品舒适性、功能、品质、便利性、安全性等多元化为一体的需求，国货品牌正是抓住了这一机遇，实现崛起。

婴儿卫生用品行业：2020 年，中国婴儿卫生用品市场规模达到 703.39 亿元，婴儿卫生用品量为 369.72 亿片，已成为行业的主要驱动力。外资品牌市场占有率普遍下降，本土市场品牌如 Lelch、Dodie 和 Babycare 因具备高质量产品，树立了高人气的口碑，在市场上表现良好。中国婴儿卫生用品行业正在显现"量价齐升驱动增长，国产品牌崭露头角"的趋势。

女性卫生用品：2020 年，中国女性卫生用品市场规模达到 890.67 亿元，女性卫生用品量为 69.72 亿片，也是行业的主要驱动力。国产品牌表现较为出色，2020年，行业排名前十的公司中，本土公司就占了 6 家，分别为恒安国际、广东景兴、百亚股份、丝宝集团、桂林福桂和福建南安恒利。品牌中表现最出色的是苏菲品牌，市场份额从 2011 年的 4.8% 提高到 2020 年的 12.7%，增幅达到 165%。

成人失禁用品：2020 年，中国成人失禁用品市场规模达到 51.21 亿元，消费量达 20.47 亿片，单片价格 2.5 元，成人失禁用品市场展现出强劲的发展势头。国产品牌在定价方面有很强的竞争优势，同时也非常注意电商渠道的建设，如"可靠"品牌，2020 年的市场占有率达到了 9.4%，目前正在与护理机构合作，构建"互联网＋老年护理"平台，进一步提高品牌知名度，支撑业绩的增长。

此外，随着"它经济"的快速发展，国内宠物用品依托线上渠道也开始异军突起。中国宠物饲养者比较倾向于在宠物专卖店或电商渠道购买宠物用品。《2019 年中国宠物行业白皮书》中数据显示，58.20% 的宠物用品都是从线上购买的。国内宠物用品的品牌正在从 ODM/OEM（原始设计制造商 / 贴牌）模式向 ODM/OEM 为主兼顾自主宠物品牌的发展模式，比较有代表性的品牌如"疯狂小狗""华元宠物"和"宠幸"。

由上而见，中国对卫生用品的需求正在呈现多元化，随着中国渠道结构的变迁、电商平台的出现，国内品牌商贴近消费者的优势越来越明显，加之产品迭代速度的加快等，预计未来我国卫生用品的市场一定会异彩纷呈。不过，商家也要注意原材料木浆价格变动带来的经营风险。

资料来源：天风证券 . 个护行业：拆解行业驱动，国货品牌崛起进行时 [R]. 2021.

第五章 商业模式设计与开发

知识目标

1. 掌握商业模式的含义与特征。

2. 掌握商业模式的形成逻辑。

3. 了解电商创业常见的商业模式。

能力目标

1. 能够有效地运用商业模式的逻辑元素。

2. 能够运用商业模式画布设计商业模式。

素质目标

1. 引导学生建立合法盈利思维，坚信"一分耕耘，一分收获"。

2. 引导学生树立踏实做事、诚信经营的理念。

管理学大师彼得·德鲁克曾说过："当今企业之间的竞争，不是产品之间的竞争，而是商业模式之间的竞争。"随着信息技术和互联网时代的到来，商业模式作为改革创新的源泉，越来越受到创业者的重视。成功的商业模式不仅能够突出企业不同于其他企业的独特性，还能让投资人看到企业的发展潜力。商业模式贯穿于企业经营的整个过程，需要不断去创新。本章主要讲述商业模式的含义与特征、商业模式的形成逻辑、商业模式九要素及画布制作、电商创业常见的商业模式等相关知识。

【创业名言】

决定一个企业发展成败有很多因素，其中创始人对于互联网这项新技术产生的商业模式的把握和理解能力有着巨大的关系。

——张朝阳，搜狐董事长兼 CEO

第一节　商业模式的内涵

🔍 导入案例

数字经济下的生活圈

古今中外，形态在变，但生活圈"让生活更便捷"的初衷和目标从未改变。20世纪 60 年代，人们对生活圈的要求是能够定居，即以家为中心，开展一日所需的生活、购物、通勤、休闲、医疗等活动所形成的空间活动范围，这是组织生活圈的基本空间单位。2018 年，《上海城市总体规划（2017—2035 年）》中提道，城市人口的完美生活圈是 15 分钟步行的可达性，即社区公共服务设施 15 分钟步行可达覆盖率达到 99% 左右。2021 年的数据调研显示，居民对理想生活圈的界定是以社区居民服务对象，服务半径步行 15 分钟左右的范围内，以满足居民日常生活基本消费和品质消费为目标，以多业态集聚形成的社区商圈。近几年，我国外卖配送服务的规模逐年扩大，社区数字化服务水平也日趋成熟，尽管居民对"生活圈"15 分钟的时间标准没有发生变化，但对周边服务的品质要求却更高了。也就是说，居民的居住理念已经从服务的可达性转变为服务的可获取性，服务范围也从周边线下店铺的被动筛选转变为在线对店铺的自由选择。

在数字经济的驱动下，杭州市"圈"经济发展特征明显，线上商服美食类异军突起，占比接近 80%，线下休闲娱乐类占比最高，其他类别逐级递减。单一线上商服以便捷、可送达的类别为主。单一线下商服以体验式、身临其境的类别为主。杭州市中心城区与余杭区的商服线上化程度超过全市平均水平 39.02%，"圈"经济活跃度很高。线下商铺空间布局也悄然发生着变化，传统线下的生活圈以社区为中心，提供均衡性服务和定点服务。线上生活圈，以居民为中心提供个性化服务和移动化服务。从空间布局上看，线下店铺主要集中在上城区、滨江区和江干区，与中心城区的城市功能布局重叠度较高。线上店铺则以未来科技城、大学城为中心进行区域性集聚，呈现出围绕社区的分散发展态势。

依据目前"生活圈"智慧化的发展情况分析，移动互联网时代的未来生活圈，将是对配送服务配套设施的提升和对"生活圈"智能化环境的改善。在提供线上服务较为密集的区域，集中配备电单车充电桩以及多样化、人性化的休憩设施，以满足骑手出行和等餐的需求；针对未来的无人配送服务，可考虑设置分时专用通道，提升路权使用度；针对有外卖配送的高频区域，可优化路网设计，加强交通管理，提升道路承载能力；针对未来可能出现的固定用户群，可设置固定位置的智能取餐"提盒"，通过人脸识别或者取餐码进行订单的收取。

资料来源：阿里新服务研究中心，南京大学空间规划研究中心. 数字经济下的完美生活圈研究——以杭州市为例 [R].2021.

🔍 案例分析

1. 请思考：数字经济生活圈下商家应如何转型？

2. 请评价：相比于 2018 年，人们的生活圈发生了哪些变化？

一、商业模式的含义

（一）商业模式的定义

商业模式是企业实施相关商业活动的一套逻辑化的方式方法，是企业为客户创造并传递价值，使客户感受并享受到企业为其创造价值的系统逻辑，反映的是利益相关者之间的交易关系。通俗上理解商业模式就是"赚钱的方式"，但深层次理解商业模式，则是围绕企业管理方方面面的系统思想，涵盖了企业从资源获取、生产组织、产品销售、售后服务到研究开发、合作伙伴、客户关系、收入方式等系列的活动。

从本质上看，商业模式的核心是企业组织的价值产生机制，商业模式并不存在标准的范式。如果创业者认为只要简单模仿别人的商业模式就可以获得成功，这显然是不客观也不切合实际的想法，因为商业模式主要决定于它控制的资源和拥有的能力，包括围绕产品形成的合作网络，而且企业为了获得长久发展，还要随着时间推移和竞争对手的跟进，不断调整和创新商业模式，才能更好地保持企业生命力。

（二）商业模式的主要特征

1. 持续盈利性

企业是追逐利益的经济体，盈利是对企业正常运营的基本要求，但能否做到长效的可持续性盈利，对企业来说是最大的挑战。持续盈利不仅对企业经济效益提出要求，也对企业生产的产品或提供的服务提出了可持续性的期待。可以说，企业能否做到持续盈利是判断其商业模式是否成功的唯一外在标准。从投资人角度出发，创业项目不仅自身要具有盈利的能力，还要有在其他地域空间能复制盈利的能力。

举个例子，现在同时有两个需要融资支持的创业项目摆在投资人面前，一个项目是开一家连锁经营的川菜馆，一个项目是为某大型公司提供私人定制伴手礼。从短期投资上看，两者盈利差距并不大，但从长远来看，为大型公司私人定制伴手礼的可复制性相对较弱，不容易产生规模效应。投资人基于盈利性和可复制性的角度考虑，会更加倾向于选择投资川菜馆项目。

2. 客户价值最大化

商业模式的持续盈利取决于该模式能够不断实现客户价值的最大化。一个不能有利于实现客户价值最大化的商业模式，即使盈利也是暂时的、偶然的，不会具有持续性。例如，有这样一款记录旅行足迹的 App 软件，其开发的立意是记录客户的旅行足迹，通过云相册上传美好回忆。该项目因为立意比较新颖，所以刚投入市场，就迅速得到年轻人的追捧。但是，企业在随后的发展中，没有把满足客户需求放在首位，而是把工作重点放在了"手账"主页的设计上，忽略了客户对云相册空间存储量的功能性要求，导致企业没有实现可持续盈利，最后宣告创业失败。

"客户至上"不是一句空话，它需要通过产品或服务向客户传送企业为消费者提供的实用价值，同时还要有意向地和客户建立紧密联系，营造良好的客户关系，为企业赢得长久利益。当下，直播带货已成为一种新型的销售方式，且得到众多消费者的认同。这种方式以内容为载体，以直播为依托形式，聚集粉丝之需，通过点赞积累人气，通过直播互动来提升粉丝的存在感，快速推动粉丝向客户进行转化，借以实现客户价值的最大化。相关统计数据显示，通过直播带货这种方式，增加了粉丝的黏性，使粉丝变成客户的转化率可以高达 94%。

3. 资源的战略整合

商业模式可以通过价值链的各个环节资源调整与整合来赋予项目新的价值、实现商业模式的创新。资源的战略整合的目的是企业在环境和竞争约束条件下，以效率最大化为目标，合理优化资源配置，有取有舍，凸显企业的核心竞争力，为企业赢得市场主导权。

例如，瓜子二手车在 2017 年与 58 集团召开战略合作升级发布会，决定在未来的发展中，两大平台在流量、车源、金融风控、大数据等方面开展深入合作，从多渠道打通大数据体系。这一战略合作，给双方企业带来了不可低估的信息共享资源。仅从大数据来看，双方数据平台的打通，将建立起 300 多万车辆信息及 1.5 亿车主和潜在买家的基因库，精准实现客户与商家的流量对接。可见，通过资源的整合和赋能，可以为企业开拓新的创业视角，赋予项目新的商业价值，有力提升了企业的核心竞争力。

二、商业模式的逻辑要素

商业模式是企业创造价值的核心逻辑。这一逻辑性主要表现在三个方面：价值发现、价值匹配和价值获取，如图 5-1 所示。这三个要素是层层递进的关系，通过不同的组合方式可以形成不同的商业模式。

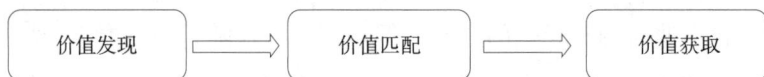

图 5-1　商业模式的逻辑要素

1. 价值发现

价值发现是明确价值创造的来源，这是对机会识别的延伸，也是商业模式开发的重要环节。创业团队在识别创新产品和技术的基础上，需进一步细分客户，明确客户价值，确定命题。许多成功的创业实践主要在于能够发现具有潜力的客户需求，清楚应该向客户传递什么样的价值，帮助客户解决什么样的难题，满足客户什么样的需求。所以说，在价值发现的整个过程中，企业一定要避免陷入"传统营销思维"中，不要只站在企业角度，思考"只要企业生产产品，客户就会来购买"的问题。相反，一定要站在买方市场的角度，思考"客户需要什么，我就来生产什么"的问题。

例如，当下消费者越来越重视家居生活的健康环境，甲醛危害越来越受到消费者的关注，于是"除甲醛"的物理产品喷剂、"除甲醛"的空气净化机、"无甲醛"的家具纷纷进入大众视野。所以，创业者在捕捉到客户的需求之后，就可以以此为依据，进行后续的产品设计与开发了。

2. 价值匹配

价值匹配是指明确合作伙伴，共同实现价值创造。大多数企业都不可能拥有满足客户需要的一切资源和能力，而且在发展过程中随时都要面对各种突发的经营风险。因此，企业要善于同和企业有某种利益关系的个人或组织建立长期的、良好的、互利的关系。这些关系包括企业与客户的关系、企业与上游企业的关系、企业与下游企业的关系、企业内部关系、企业与竞争对手的关系，以及企业与社会组织和政府之间的关系等。掌控好这些关系，有利于企业取得先发优势，并能最大限度地控制机会开发带来的风险。

例如，"白色污染"一直是全球十大困扰问题之一。我国从 2008 年 6 月 1 日起，限塑令开始执行。商场、超市等商品零售场所不得免费提供塑料袋。2020 年 7 月 10 日，国家发改委、生态环境部、商务部等九部委联合下发《关于扎实推进塑料污染治理工作的通知》，要求地方严格落实《关于进一步加强塑料污染治理的意见》，使得限塑令再度升级。据中华环保联合会统计，我国每天消费的塑料袋达到 30 多亿个，其中仅买菜就用掉 10 亿个以上。限塑令的不断升级，给社会、消费者及企业都会带来一系列影响。现在，全社会都在抵制"白色污染"，保护生态环境，消费者不再享受免费使用购物袋的待遇，需要有偿使用环保型购物袋，而作为生产塑料的厂商，必须快速响应，与超市、商场建立良好的关系，为消费者提供可替代的降解塑料袋产品，通过转型寻找企业新的利润增长点，实现价值创造。

3. 价值获取

在市场经济中，竞争是基本特征，优胜劣汰是基本法则。价值获取是指通过制定竞争策略，占有创新价值带来的效益。许多初创企业尽管是新技术或新产品的开拓者，却因忽视了对创新价值的获取与实现，而并不一定能够成为创新价值的占有者。

价值实现主要来源于两个途径：①企业应选择处在价值链中的核心角色或者拥有核心技术，可以保证企业有足够的决策权和话语权。例如，喜临门国潮床垫品牌，在多年深耕睡眠科学的基础上，坚持推进行业科技迭代，在产品开发上始终保持着自有的核心专利技术，截至 2022 年 2 月 15 日，共持有全球有效专利 812 项，在激烈的行业竞争中，不断用技术创新实现价值获取。②商业模式的不断创新。只有这样，才能使企业在较长的时间里占有创新效益带来的优先权。

综上，价值发现、价值匹配和价值获取是企业商业模式的核心内容。在商业模式开发过程中，每一个要素都不能忽略。初创企业应认真梳理并掌握三者之间逻辑关系，不断创新商业模式，持续为客户、企业、合作伙伴带来经济价值。

实训

寻找成功的商业模式案例

以 5 ～ 6 人为一个小组，收集成功商业模式的案例，分析其成功的原因，进行课上分享。

第二节　商业模式的设计与开发

导入案例

中国新鲜冰淇淋蜜雪冰城

1997 年，蜜雪冰城正式创立，这是一家面向年轻消费群体的专业餐饮机构，其创始人是一名河南财经学院的学生，名叫张红超。产品以新鲜冰淇淋—茶饮为主打，通过研发生产、仓储物流、运营管理三大产业链共同协作，致力打造全新的连锁新业态。经过多年的运营发展，蜜雪冰城将高品质低价格与健康新鲜融合一体，为消费者提供健康、好吃的特色产品，在国内饮品行业逐渐崭露头角。2008年 4 月，蜜雪冰城正式注册为郑州蜜雪冰城商贸有限公司，凭借人气爆款产品冰鲜柠檬水、爆品新鲜冰淇淋、网红摇摇奶昔，成为中国新鲜冰淇淋—茶饮第一品牌。

目前，蜜雪冰城是线下门店最受欢迎的新鲜冰淇淋—茶饮品牌。与喜茶、奈雪相比，蜜雪冰城的 SKU（最小存货单位）仅有 30 多种，除了少部分新品，蜜雪冰城的产品基本采用原料混搭模式，即通过较少品种的原料的互相搭配，产出较多品种的成品。SKU 的减少，不仅提高了门店的生产效率，而且有效地降低了原料的成本。在盈利方式上，蜜雪冰城舍弃了收取高额加盟费、管理费、营收分成等商业手段，降低了加盟商的门槛，加快了门店加盟速度。另外，密集开店集约了蜜雪冰城的配送效率，减少了配送成本。2016 年以后，蜜雪冰城依托物流中心的建立及密集开店的优势，率先减免了加盟店铺的物流费用，以零配送费用的姿态向全国加盟商供货，其配送模式成为全国首创。

资料来源："万店小目标"完成后，蜜雪冰城如何发展？[EB/OL].（2020-10-04）. https://www.sohu.com/a/422598867_100195788.

🔍 **案例分析**

　　1.请思考：蜜雪冰城为什么能成为中国新鲜冰淇淋—茶饮第一品牌？

　　2.请评价：蜜雪冰城的商业模式对你有哪些启示？

一、商业模式九要素

　　瑞士学者奥斯特瓦德（Osterwalder）等在《商业模式新生代》一书中，提出了商业模式九要素的分析模型，如图5-2所示。商业模式是由系列要素的组合或新要素的增加组合而成的。商业模式是商业战略生成的基础，商业战略是商业模式基础上的行为选择。

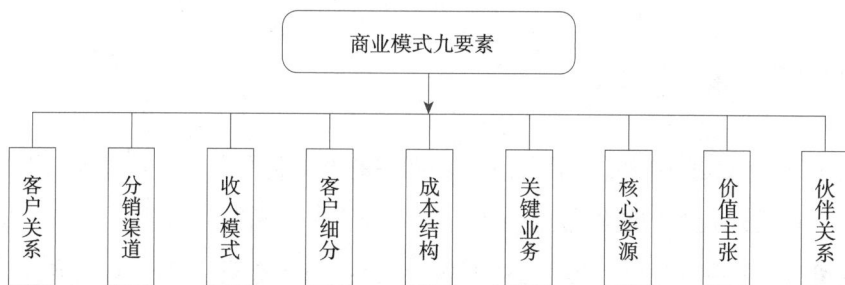

图 5-2　商业模式的九要素

　　为了更好地厘清初创企业的商业模式，创业者要认真领悟商业模式九要素的内在含义，具体如下。

　　客户关系：企业同其客户群体之间建立联系的方式，是用来描述企业与客户细分群体建立的关系类型。良好的客户关系是维系客户、挖掘客户的基础。

　　分销渠道：企业用来接触消费者群体的各种途径，是用来描述企业如何沟通接触其细分客户且传递其价值主张。

　　收入模式：用来描述企业如何从每个客户群体中获取收入。

　　客户细分：对目标消费群体的定义，用来描述一个企业想要接触和服务的不同人群或组织。

　　成本结构：用来描述运营一个商业模式所引发的费用构成方式。

　　关键业务：用来描述企业为了确保商业模式可行，必须做的最重要事情。

核心资源：企业具备市场相对稀缺的资源，也是未来增值性高的资源，用来描述让商业模式有效运转所必需的各类重要因素。不同的商业模式所需要的核心资源会有所不同。

价值主张：用来描述为特定的细分客户创造价值的产品和服务，是企业通过其产品和服务向消费者提供的独特价值，价值主张确认了企业对客户的实际意义。

伙伴关系：用来描述企业为实现商业模式有效运作而建立的非竞争关系的商业联盟范围。

商业模式九要素能够帮助创业者识别自身优势与不足。任何一个要素的增加或减少，都会形成不同的组合状态，进而创造出新的商业模式。商业模式的九个要素之间并没有严格的顺序之分，其重要性程度受企业的性质、发展阶段、资源约束等诸多因素的影响。

二、商业模式设计方法

基于商业模式九要素，可以用文字和图解的方式制作商业模式画布，如图 5-3 所示。商业模式画布是能够帮助创业者与企业管理者理解、描述、思考、构建商业模式可视化的一种分析工具。通过对客户关系、分销渠道、收入模式、细分客户、成本结构、关键业务、核心资源、价值主张、伙伴关系、成本结构 9 个标准化模块和它们之间的相互关系进行思考、分析和评估，设计出能让创业项目商业化的商业模式。这种方法具有很强的可操作性，有利于帮助创业者对商业模式的可行性进行系统且全面的分析。

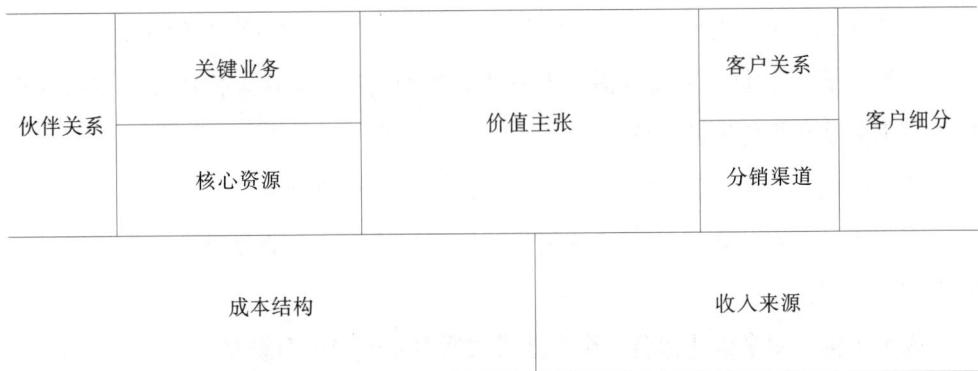

伙伴关系	关键业务	价值主张	客户关系	客户细分
	核心资源		分销渠道	
成本结构			收入来源	

图 5-3　商业模式画布

以"价值主张"为界，伙伴关系、关键业务、核心资源，主要是通过提高生产效率、提升产品竞争力来进行价值传递的。客户关系、分销渠道、细分客户，主要是通过价值创造而产生的，通常由人们的思维习惯决定。

商业模式各要素的位置可以依据企业发展的实际情况进行调整，建议在创建商业模式画布时，以客户为中心的理念为上，从右边要素开始，回答与创业项目相关的问题，见表 5-1。

表 5-1　商业模式画布各要素需要回答的问题

价值主张（核心要素） 我们该向客户传递什么样的价值？ 我们正在帮助客户解决哪一类难题？ 我们正在满足哪些客户需求？ 我们正在提供给客户细分群体哪些系列的产品和服务？	
关键业务 哪些业务行为能够最有效地实现我们的价值主张？ 哪些业务行为能够扩大和提高我们分销渠道的效力？ 哪些业务行为能最有效地建立并良好地维系我们的客户关系？ 哪些业务行为能扩大我们的收入来源或优化我们的收入结构？	客户关系 每个客户细分群体希望我们与之建立和保持何种关系？ 哪些关系我们已经建立了？ 这些关系成本如何？效力如何？ 这种客户关系与商业模式的其他要素如何相互作用？ 如何在客户中提升企业产品和服务认知？如何协助客户认同我们的价值主张，购买产品和服务？ 如何提供售后支持并挖掘客户价值？
核心资源 哪些资源能够最有效地支持我们的价值主张？ 哪些资源能够扩大和提高我们分销渠道的效力？ 哪些资源能最有效地建立并维系我们的客户关系？ 哪些资源能扩大我们的收入来源并优化我们的收入结构？	分销渠道 通过哪些渠道可以接触到我们的客户细分群体？ 我们如何接触他们？我们的渠道如何整合？ 哪些渠道最有效？ 哪些渠道成本效益最好？ 如何把我们的渠道与客户的例行程序进行整合？
重要伙伴 我们的重要伙伴有哪些？ 我们的重要供应商有哪些？ 合作伙伴给我们输送了哪些核心资源？ 关键业务与哪些合作伙伴相关？	客户细分 我们正在为谁创造价值？ 谁是我们最重要的客户？
成本结构 为实现我们的商业模式，必须支出哪些常规费用？ 哪些核心资源花费最多？ 哪些关键业务花费最多？	收入来源 客户愿意为什么样的价值付费？ 在同类的产品和服务中，客户在买什么？ 他们是如何支付费用的？他们更愿意如何支付费用？ 他们愿意支付多少费用？ 各类收入来源占总收入的比例是多少？

因为商业模式并不是一成不变的，所以创业者在回答商业模式画布中的问题时，可以根据创业项目的实际特点，有选择性地回答。同时，创业者还要具备从

长计议的前瞻思维，关注各个要素的变化趋势，有意识地通过要素之间的调整与组合方式，实现商业模式的不断创新。

三、商业模式的开发

（一）基于价值链的角度

价值链强调企业的价值创造是通过一系列活动构成的，主要包括基本活动和辅助活动，共同构成了一个创造价值的动态过程，如图 5-4 所示。

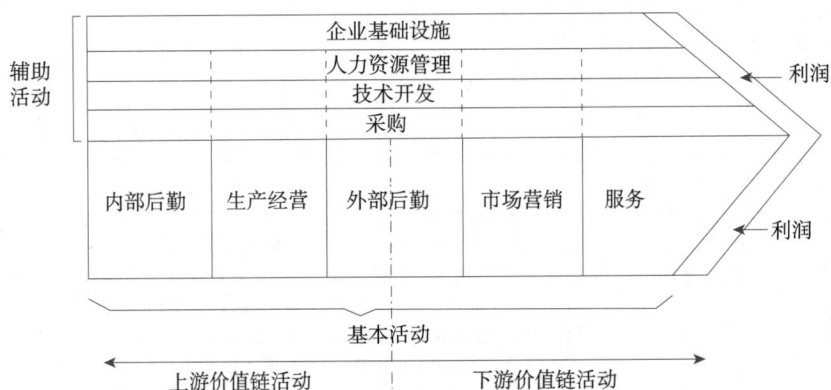

图 5-4　价值链示意图

价值链分析是由企业内部价值链分析、企业纵向价值链分析和企业横向价值链分析组成的。

1. 企业内部价值链分析

企业内部价值链分析是指对企业内部设计、开发、生产、销售及服务等互相影响的价值活动进行分析，寻找企业成本发生动因和价值增值的分布情况。旨在找出企业在内部价值链各个环节中不增值的作业，以及成本与价值不适配的作业，并予以消除和改进，达到降低成本的目的。企业内部的二次创业基本是基于这种方式展开的。

2. 企业纵向价值链分析

企业纵向价值链分析是指通过前向整合和后向整合，将企业价值生产作业活动和企业的供应商及购买商联系起来，明确企业在整个行业中的价值链地位。同时，基于自身所具备的优势选择适合自己的领域，进行合理定位，达到扩大企业竞争优势的目的。对供应商和购买商的价值链分析，可以帮助企业与其上下游企业建立起战略合作伙伴关系，形成稳定的供应和销售渠道。

3. 企业横向价值链分析

企业横向价值链分析是指对同行业竞争对手的价值链进行分析。企业通过了解竞争对手在生产价值链的每一环节上是如何完成任务，以及在成本和收益等方面的情况，将获取结果同本企业的价值链分析结果进行比较，利用定性分析的方法明确企业的相对成本地位，进而采取一定的战略行动来消除成本劣势、提升成本优势。

总之，不管集中在价值链中哪一环节的活动，创业者都需要确定自己在整个价值链中的地位和角色，在知己知彼的基础上，调整竞争战略，开发出更具竞争力的商业模式。目前，中国的小家电市场主要有三类品牌，一类是以飞利浦、戴森为代表的外资品牌。一类是以美的、海尔等为代表的本土综合家电品牌。一类是以小狗电器、德尔玛为代表的本土专业品牌。以本土品牌德尔玛为例，该企业面临来自外资品牌和本土综合家电品牌的竞争压力，尤其是竞争对手在生产价值链环节的成本和收益均占有较大优势，获客速度也比德尔玛快。在这种情况下，德尔玛没有急于追求产品的广而全，而是将目光投放在小型化、智能化的专业发展领域。为了不断提升产品竞争力，德尔玛在科研团队建设环节投资份额较大，拥有 200 多人的工程师研发团队、1 800 平方米产品测试中心和 11 个专业实验室，获批了 156 项产品专利。正是在核心技术上的不断投入和创新，德尔玛品牌得到了大众的喜爱，该企业用符合自身发展的商业模式，创造了小商品家电的销售奇迹。

（二）基于过程角度

商业模式的创新逻辑也是一种循环逻辑，这个过程主要包括环境分析、商业模式创新、组织设计和商业模式执行，如图 5-5 所示。

1. 环境分析

商业模式创新的第一步是建立一个包含不同知识结构的商业模式创新的设计团队，这个团队的成员最好来自不同的部门，如销售、研发、人力资源、财务、物流等。通过研讨，使团队成员对影响商业模式开发的内部、外部环境因素达成共识，然后规划出商业模式的设计框架。

2. 商业模式创新

商业模式创新是在既定的商业模式框架下，依据初创企业的实际情况，突破

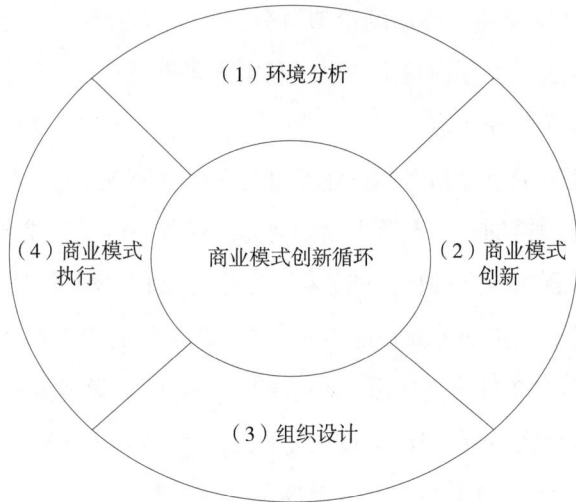

图 5-5　商业模式创新循环

商业模式的原型，进行再设计。在这个过程中，设计团队可以借鉴一些成功的商业模式，并将其有选择性地移植到自己所在的产业领域，也可以全部放弃原有的商业模式，尝试创造全新的商业模式。

3. 组织设计

在确定合适的商业模式组合的基础上，企业应该思考怎样才能将商业模式分解为业务单元和具体流程，完成组织设计的相关工作。同时，对支持商业模式执行的基础信息系统进行有效规划，然后选择合适的人来执行。

4. 商业模式执行

商业模式执行是一个循环中的最后步骤，是将设计好的模式付诸实践的阶段。在实施过程中经常会遇到一些不可控因素，有相当一部分创业者在进入商业模式的实施阶段时，因风险意识不强，很容易使创业项目陷入困境。另外，还需要指出的是，商业模式创新是个不断循环的过程，即使这一轮的商业模式已经取得成功，也要对现有商业模式进行再分析、再评估、再创新。

例如，58 同城最初是专业的分类信息服务网站，其商业模式在当时来说是很成功的。但是，随着移动互联网时代的到来，58 同城意识到必须不断进行模式创新，才能适应外部环境的变化。在经过几轮的战略调整后，58 集团为商家建立了全方位的市场营销解决方案，提供网站、直投杂志《生活圈》和《好生活》、杂志展架、LED 广告屏、"社区快告"等精准定向推广服务。尤其是"名店推荐"产品，首次在行业内针对网络商户一直面临的信用体系问题，推出了"万元先行赔付计划"，在行业内开了先河，赢得了网络商户的一致好评。

（三）基于客户角度

客户满意是指客户通过对产品的可感知效果与他的期望值相比较后，所形成的愉悦或失望的感觉状态。其中客户感知效果是指客户在获取或使用产品后所能感知到的利益，与其在获取产品或服务过程中所付出的成本进行权衡后，对产品或服务效果的总体评价。客户预期是指客户在购买前对所购买的产品或服务所寄予的期待和希望，通常是在以往的购买经验、朋友、同事或亲戚的建议，企业和竞争对手所提供的信息等基础上形成的。在客户购买产品后，如果产品的可感知效果低于客户的期望，则客户会失望；如果产品的可感知效果符合客户的期望，则客户会满意；如果产品的可感知效果超过客户的期望，则客户会非常满意。

可见，客户对所购产品或服务是否满意对企业至关重要。创业者可以从客户满意的角度出发，关注如何提升客户总价值和降低客户总成本，设计或开发商业模式，这对企业吸引潜在客户、稳定客户群有很大的推动作用。客户总价值包括产品价值、服务价值、人员价值和形象价值。客户总成本主要是考虑客户在购买产品或服务时所付出的货币成本、时间成本、精神成本和体力成本，如图 5-6 所示。初创企业可以从这些要素中寻找让客户满意的价值增长点。

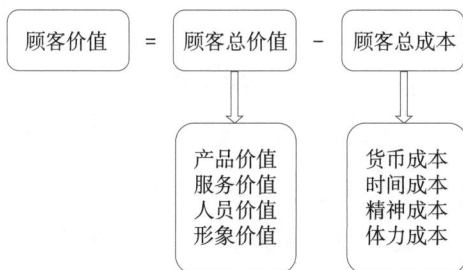

图 5-6　客户价值模型

国家统计局第七次人口普查数据显示，2020 年，中国劳动力人口数量占人口比重为 63.4%，中国劳动年龄人口的数量和比重自 2012 年起连续 8 年出现双降。按照 16～59 岁的劳动人口计算，我国人口自然增长率和出生率总体呈现下滑趋势，人口老龄化也进一步加深，这将导致我国劳动力总量整体下降。企业在面临劳动力缺失和更高的人力成本等情况下，可以从行业痛点出发，选择适合的商业模式，寻求创业先机。以餐饮行业为例，当前，在餐饮行业，送餐、回收、迎宾等一线员工人数最多，占比超八成。这些工作简单重复、技术含量低、可替性强，使得招工难、人员流动性大成为餐饮业长期面临的痛点。为解决人员缺口问题并降低餐厅运营成本，送餐机器人得以规模化应用。特别是在疫情影响下，送餐机器人行业凭借无接触配送的优势，迎来爆发式增长。2021 年我国送餐机器人市场规模达到约 24.3 亿元，比 2019 年增长 10 倍。从商业模式来看，目前送餐机器人主要有租和售两种模式。其中"以租代售"模式尤为受欢迎，其优势主要体现在成本压力较小及其他增值服务上。从应用效果来看，送餐机器人通过标准化连续作用，每日送餐数可达 300 ~ 400 盘，一个机器人可以顶替 1 ~ 2 名服务员，能够极大提高餐厅的运营效率。

🔍 实训

学会制作商业模式画布

请以各自团队的创业项目为例，制作商业模式画布，并描述创业项目的盈利方式。

第三节　电商创业常见的商业模式

🔍 导入案例

良品铺子的电商之路

良品铺子股份有限公司（以下简称"良品铺子"）成立于 2006 年，是一个集休闲食品研发、加工分装、零售服务为一体的专业品牌。市场公开数据和上市公司财报信息显示，2016 年，良品铺子在休闲零食行业年销售额排名第一。在商业模式的设计上，良品铺子也颇为用心。

以客户价值最大化为导向，良品铺子主打"健康""营养""多品类"的休闲零食的产品。产业链设计以上游偏重、中游偏轻、下游较重为指导思想，即在产业链上游重视研发、品控环节，保证产品品质；在产业链中游通过跨地区合作，打造全产业链信息系统；在产业链下游通过线上线下协同管理，打造全域内容系统，使得良品铺子线上线下遍地开花。良品铺子通过一系列的商业模式探索，在成为休闲零食行业领先者的同时，也对行业内其他同类公司产生借鉴和推广效应，进一步推动了休闲零食行业的产业升级。

资料来源：深度分析：成为新零售典范,良品铺子的商业模式探索 [EB/OL].（2017-09-21）. https：//baijiahao.baidu.com/s？id=1579080645902236161.

案例分析

1. 请思考：电商创业的商业模式有哪几种？
2. 请评价：良品铺子的电商创业模式有哪些特点？

互联网时代给人们的生产和生活带来了巨大的便利，甚至改变了人们创业的形式。线下实体店和线上网店成为人们创业的两大阵营。作为初期创业者，通常会选择投资小、利润高的"网店"小试牛刀。在这里，介绍几种常见的电商创业的商业模式。

一、B2B——企业与企业之间的电子商务

（一）B2B 的概念

B2B 是指以企业为主体，企业与企业之间进行数据信息的交换、传递，开展交易活动的商业模式。B2B 主要是针对企业内部及企业与上下游厂商之间的资讯整合，并在互联网上进行的企业与企业间的交易。

B2B 可以分为两个方向：上游和下游，即指生产商或商业零售商可以与上游的供应商之间形成供货关系，也可以与下游的经销商形成销货关系。简单地说，这种模式下的 B2B 网站类似于企业的在线商店，企业在网上开设虚拟商店，通过网站既能大力宣传自己的产品，又能快捷、全面地让更多的客户了解产品，进而促进交易达成。

（二）典型模式

1688 批发网是全球企业之间（B2B）电子商务的著名品牌，创立于 1999 年，是中国领先的网上批发平台，覆盖普通商品、服装、电子产品、原材料、工业部件、农产品和化工产品等多个行业。1688 批发网是为零售商家提供上游服务的平台，发展初期主要为网店客户提供货源，针对的销售对象并不是单体的消

费者，所以主要采取计件走量的销售模式，销售价格也不是以单件计件，而是以3~500件起拍的批量价格作为定价依据。但随着直播带货和店家数量的激增，批发商之间的竞争也越发激烈，1688批发网也开始提供"一件代发"的销售模式，大大减轻了网店批发商的囤货压力，也衍生了很多个体代卖商。不过，1688批发网的主营业务仍是以为商家提供上游服务为主。

二、B2C——企业与消费者之间的电子商务

（一）B2C的概念

B2C是指企业通过网络，向个人消费者销售商品或服务的电子商务模式。其特点是消费者可以利用网络直接参与商品交易，类同于商业电子化的零售交易。它与线下实体店的最大不同是买卖双方要有一个第三方担保，以保证卖方准时收到货款、买方收到货物。它的优势性主要表现在：①明码标价，消费明白。②店家节约开店成本，商品价格便宜，消费者得到实惠。③网络信息庞大，消费者选择范围广。B2C商业模式的出现，对中国消费市场的影响是巨大的，主要产生以下三点变化：①改变了人们的交易模式，因为有了第三方担保的存在，买卖双方愿意把资金存入第三方平台保管。②改变了人们的消费习惯，人们逐步由传统的到线下实体店购买商品，变成习惯于从网络购物的消费行为。③改变了人们的就业思维，开网店已经成为很多初创者先期选择的创业形式。

（二）典型模式

B2C网站非常多，比较典型的有天猫、京东、凡客等。

1. 天猫——为品牌商家服务的平台

天猫商城与淘宝网最大的不同在于商品的品牌化。这种模式类似于现实生活中的购物商场，主要是为有实力的品牌商家提供卖东西的平台，品牌商家类似于线下店铺的"专卖店"。天猫商城不直接参与商品买卖，也不承担投资的风险。但是，商家在做生意的时候要遵守天猫商城的相关规定，不能违规。

这种模式的优势是平台足够大，品牌商家在合法经营的前提下，可以享有充分的自主权。天猫商城负责维护平台秩序，保证商家和消费者的既得利益，维护

好平台形象，通过管理、营销等手段吸引消费者。商家只负责搞好店铺经营，盈亏自负，经营利润与商城没有任何关系。但商户需要向天猫商城递交一定的场地费用，如果商家想做店面推广，还需向天猫商城支付推广费用。

2. 京东——自主经营卖产品

京东商城的模式与天猫商城有所不同，它是自主经营卖产品，即京东商城参与了商品的买卖经营，因此要承担经营风险和投资风险。京东商城类似于线下实体的沃尔玛、乐购、家乐福等大型综合超市，引进各种货源进行自主经营和完成交易。京东以大"代理商"的身份与厂家交易，将虚拟产品在商城上销售，通过货仓发货、京东快递等环节，为消费者提供一站式采购服务。当消费者购买的商品出现问题时，可以直接与京东商城对接解决。

这种模式的优点在于平台经营的产品品种类别很多，且综合利润较高。商城可以根据市场情况、企业战略对自己销售的产品作出相应调整。商城握有自主经营权，具有内部竞争小、对外统一度高的特点。

3. 凡客——自产自销做品牌

"凡客诚品，爱生活、爱自由，我是凡客。"2011年，凡客体广告语红遍大街小巷，也将凡客带入人们的视野中。凡客诚品的模式类似于现实生活中的美特斯邦威、特步等服装专卖店，主要是自产自销的经营模式。凡客靠卖服装类产品起家，又陆续推出家居、化妆品等产品。凡客所销售的产品基本上都是凡客自己生产，然后自己再负责销售，从生产到销售的整个过程都是由凡客依据市场变化情况来定，不受其他因素限制。

这种模式的优势在于产品的整个产业链都处于可控状态，在某种程度上降低了与供应商、经销商、消费者之间的摩擦。

三、C2C——消费者与消费者之间的电子商务

（一）C2C 的概念

C2C 是指消费者与消费者之间的电子商务。这种模式是通过为买卖双方提供一个在线交易平台，使卖方可以提供商品到网上拍卖，而买方可以自行选择商品进行竞价。其最大优势是交易价格可以发生变动，即买卖双方可以通过讲价达成交易。因买卖双方都是消费者，所以，这种互动的交易方式经常是多变的。

（二）典型模式

1. 分销模式

分销模式是拥有多年经营经验和信誉的卖家才能够选择的一种销售模式，这种模式可行性高，不需要仓库，不需要发货，货源稳定，商家只负责销售这一个环节即可。但作为分销模式上游的商家，压力是很大的，主要体现在回款方式要等待卖家网络交易成功后才能分配。淘宝网、拼多多以及抖音直播，大多是采用以后台大数据为信誉参考值，从而获得上游商家的优惠，达成网上交易。

2. 虚拟产品体验模式

虚拟产品，顾名思义是在互联网中看不见、摸不到，但是会让客户有体验感觉的商业模式。例如 QQ 币、有声图书、远程电脑维修等，这些产品并没有发货的需求，而是通过虚拟货币、声音、远程操控等方式，完成客户的体验感觉。这种虚拟产品的体验模式具有成交快速、短期获益等特点。也有些产品售卖的是客户的共情性。例如，抖音直播流浪小动物在收容所的生活日常，小动物的玩闹、吃饭、睡觉等活动都能收获到粉丝的关注。每天粉丝观看数量基本都在 500 人以上，消费者通过送礼物等方式让主播获得一定收益。

3. 批发销售运营模式

批发销售是最经典的传统网店运营模式。这种运营模式利润较为可观，不仅要求商家有稳定的进货渠道，且在运营前期还有相对稳定的客户源。例如，直播带货的明星和大 V 网红等，因个人魅力、才艺等原因拥有大批量的粉丝群，通过流量带动上游商家给予价格优惠，再用低价格来吸引客户。

四、O2O——线上对线下的电子商务

O2O 是线上对线下的电子商务模式，是最早的电商创业的商业模式之一，特点是通过互联网平台把线下实体店的商务交易与互联网紧密结合，实现线下交易的前台。让消费者在享受线上优惠价格的同时，又可享受线下贴心的服务。美团外卖、携程网等就是通过搜索引擎和社交平台，建立海量的网站入口，将网络上的美食消费者、旅行爱好者吸引到自己的平台，引流到当地的实体店中，线下的实体店则承担商品展示与体验的功能。这种平台汲取的是商家和消费者双重利润。

一方面，商家为了扩大宣传，需要向平台支付一定的宣传费用，平台也会依据强大的数据资源，要求商家给予最大限度的价格优惠；另一方面，消费者线上下单，线下享受服务，但同时也要向平台支付一定费用。

 **综合实训**

寻找电商创业的商业模式

请同学们以电商创业为例，收集典型的商业模式，并进行利与弊的分析。

 **即测即练**

 **思考题**

1. 简述商业模式的含义。

2. 简述商业模式九要素的含义。

3. 简述商业模式的开发方法。

4. 简述电商创业有哪几种常见的商业模式。

5. 请分析互联网时代下商业模式创新呈现哪些特点？

 **拓展案例**

抖音电商的内容推荐技术

2021 年 1 月，抖音电商的商品交易总额比去年同期增长了 50 倍，这条全新的线上零售赛道已经初具规模，抖音电商已经成为商家重要的电商阵地。通过丰富的内容生态，配合基于兴趣的内容推荐技术，抖音将商品内容与海量潜在的兴趣用户互相连接，开辟了崭新的"兴趣电商"形态。从消费者、商家、达人到服务商和 MCN（多频道网络）机构，每一个加入抖音电商的角色都实现了快速成长，助力抖音电商的生意模式逐步完善。

抖音电商回答了三个关键问题：抖音电商的增长逻辑是什么？如何在抖音电商布局生意？商家的组织能力如何匹配？

首先，只有理解了新的增长逻辑，才能把握新的增长机遇。在传统电商中，"流量—转化—沉淀"三者呈现单向的漏斗逻辑，生意的增长源于站外引流的增长。而在抖音电商的增长逻辑中，基于兴趣的内容推荐技术让账号与店铺的组合拥有了"成长性"，通过推荐技术，用户规模和交易数据的持续积累能够撬动更多的流量分发，获取更大量的潜在消费者，从而让生意进入"增长循环"。人们把这种增长模式称为"雪球式增长"。白皮书中指出，通过引导商家以"内容运营 + 兴趣推荐"的经营逻辑，去做好"汇流量—促转化—聚沉淀"，实现生意的雪球式滚动增长。

其次，通过对大量成熟商家的经验总结、平台数据的论证分析及生态资源的优势整合，可以得出抖音电商的"FACT 经营矩阵"，详细拆解了抖音电商生意的四大组成阵地：商家自播、达人矩阵、营销活动、头部大 V，为商家描绘出抖音电商经营的生意全景图，并通过详解每一个经营阵地的价值及核心运营动作，为商家梳理出生意增长路径，让商家可以结合自身的生意目标围绕 FACT 四大经营矩阵来布局抖音电商生意。

目前，我国互联网用户增长已经步入成熟阶段，2017—2019 年，全网日活跃用户数年新增率为 2%，在用户整体增长放缓的同时，短视频 / 直播平台用户仍然保持快速增长。以抖音为例，日活跃用户数从 2019 年的 2.5 亿增长到 2020 年的 6个亿，用户数的飞速增长带动了直播电商的快速增长，市场规模从 2018 年的 1 400亿上升至近万亿，年均增速达到了 174%。全新的线上零售赛道已经初具规模。

在使用习惯上，一方面，新触网人群作为数字化时代的原生居民，更习惯从短视频和直播中获取信息。另一方面，随着 5G 时代的到来，短视频和直播内容的质量与规模也获得了爆发式增长。相较于 2019 年增长的 9%，用户黏性进一步增加。新的内容形式激发了新的体验，已经有越来越多的消费者习惯通过短视频 / 直播平台"发现商品"和"产生兴趣"。

推荐技术以内容为载体，帮助商品触达潜在消费者，并针对用户对内容及商品产生的互动、加粉、购买、复购等正向反馈，让商品内容可以被推荐给更多拥有相同兴趣的用户，从而促成发现式的消费。

资料来源：2021 中国短视频和直播电商行业人才发展报告 [EB/OL].（2021–10–14）. https：//www.sohu.com/a/495086239_121124366.

第六章　营销策略

知识目标

1. 掌握 STP 战略的含义。
2. 掌握 6P 营销组合策略的含义。
3. 了解服务营销组合策略的含义。

能力目标

1. 能够对企业的 6P 策略进行分析、判断和决策。
2. 能够通过分析产品生命周期各阶段的特点，制定相应的产品策略、定价策略、渠道策略、促销策略和服务营销策略。

素质目标

1. 培养学生在竞争激烈的市场环境中应对困难、接受挑战的心理素质。
2. 引导学生站在客户的角度，不断提升换位思考和为他人着想的品质。

市场营销理论自 19 世纪末创立以来，已发展成集经济学、管理学、社会学、心理学和行为科学等多学科的综合理论。营销活动贯穿于企业经营的全过程，对企业发展起着至关重要的推动作用。营销策略是企业以客户需要为出发点，根据经验获得客户需求量以及购买力的信息、商业界的期望值，有计划地在产品、价格、渠道、促销等方面开展的各项经营活动。如何使潜在客户转变为现实客户并成为忠诚客户，保证企业稳定的销售量，是初创企业必须认真面对的问题。本章主要讲述 STP 战略、6P 营销组合策略、服务营销管理等相关知识。

【创业名言】

营销是没有专家的，唯一的专家是消费者，就是你只要能打动消费者就行了。

——史玉柱，巨人高科技集团创始人

第一节　STP 营销战略

🔍 导入案例

"新消费"下休闲食品的"消费观"

"新消费"是数字转型技术创新时代下，新商业模式、新消费媒介、新消费关系催生的，与消费者具体需求呈现高度匹配度的新消费行为。"新消费"的发展依赖于消费端的"新变化"。当前，中国的消费升级是消费结构、消费品类、消费逻辑的升级——越来越多的人有能力且愿意在可选领域、优质品类中消费，他们更加看重商品在满足基本功能之外的质量、健康、认同感、个性化等要素。

消费市场的繁荣需要供给和需求双方共同推动，是由消费升级和产业升级推动下的必然结果。传统印象中，零食都代表着不健康的饮食习惯，且传统的休闲零食品牌在知名度、产品包装以及价格定位上都没有太大的差异，使得消费者对坚果产品的品牌记忆度低于 5%。互联网时代，用户掌握着绝对的市场话语权。因此，食品的品质至关重要。例如，三只松鼠、百草味和良品铺子引领了休闲食品行业的创新、颠覆了普通消费者的零食消费习惯。休闲食品企业非常注重带动品牌知名度和社会影响力的提升。同时，三只松鼠依靠着互联网的各种手段深挖直播电商的潜力，通过直播、短视频等新兴工具扩大电商引流入口，以领先其他品牌的速度迅速占据直播带货的风口。为扩张线上业务模块，企业紧紧围绕"线上造货、引领消费、聚焦需求"的核心方向全速前进。经过几年的发展，三只松鼠成功实现了翻盘逆转，扩大了品牌知名度，塑造了品牌信誉度，成为休闲食品领域的国货品牌，成为"国民零食第一股"。

资料来源：中国银河证券股份有限公司．策略专题：理解"新变化"．顺应"新趋势"把握"新消费"发展机遇 [R/OL]．（2020–12–31）．http：//stock.finance.sina.com.cn/stock/go.php/vReport_Show/kind/lastest/rptid/662731443674/index.phtml.

案例分析：

1. 请思考：如何理解"新消费"下的"消费观"？

2. 请评价：三只松鼠为何能成为"国民零食第一股"？

STP 战略是指企业在精准把握目标市场需求的情况下，结合市场环境和企业实力所制定的营销战略，包括市场细分、目标市场选择和市场定位。

一、市场细分

市场细分是指企业通过市场调查，根据特定变量把某一产品的整体市场分割成若干个需求不同的子市场的过程。市场细分可以基于一个或若干个变量，变量的选择随着产品、企业、市场、客户、行业等的不同而采取不同的细分标准。对于初创企业，企业实力有限，市场细分可有助于企业及时发现市场机会，利用有限资源，有针对性地制定营销方案。

市场细分标准主要包括地理细分标准、人口细分标准、心理细分标准、行业细分标准等。

（一）地理细分标准

地理细分标准是根据某些地理变量把市场划分为不同的地理区域单位的过程。常用的地理变量有行政区域、城镇规模、人口密度和气候条件等，见表 6-1。

表 6-1　按地理细分标准划分市场

细分子变量	划分说明
行政区域	可划分为东北、华北、华东、华南、西南、西北等市场
城镇规模	可划分为特大型城市、大型城市、中小型城市、农村等市场
人口密度	可划分为高密度、中密度、低密度等市场或都市、郊区、乡村等市场
气候条件	可划分为南方市场和北方市场

（二）人口细分标准

人口细分标准是根据某些人口变量把市场划分成不同客户群体的过程。常用的人口细分变量主要有性别、年龄、家庭生命周期、家庭规模、收入水平、职业、受教育程度、宗教等，见表6-2。

表6-2　按人口细分标准划分市场

细分子变量	划分说明	重要关注点
性别	可划分为男性市场和女性市场	男性和女性在产品需求与偏好上有很大不同，尤其近几年女性市场消费增速非常快
年龄	可划分为婴儿、幼儿、少年、青年、中年、老年等市场	儿童市场、银发市场未来的发展趋势非常好
家庭生命周期	可划分为青年-单身、青年-已婚、较年长-已婚、较年长-单身等市场	在家庭生命周期的不同阶段，家庭购买力、家庭成员对商品的兴趣与偏好会有很大不同
家庭规模	可划分为1～2人、3～4人和5人以上的市场	国家放开"三孩"政策，会给商家带来很多潜在的市场机会
收入水平	可划分为高端市场、中端市场和低端市场	大多数消费品行业都倾向于采取该变量细分市场
职业	可划分为学生、家庭主妇、管理人员、技术人员等市场	应重点关注满足学生群体和高收入人群的个性化需求
受教育程度	可划分为硕士研究生、本科生、专科生、高中生及以下等市场	处于同一阶层的成员具有类似的价值观、兴趣爱好和行为方式
宗教	可划分为佛教、伊斯兰教、基督教等市场	宗教不同，客户的消费偏好、习惯等都不一样

（三）心理细分标准

心理细分标准是根据购买者所处的社会阶层、生活方式、个性特点等心理因素对市场进行划分。

1. 社会阶层

社会阶层是指在某一社会中具有相对同质性和持久性的群体。目前，中国已经形成了十大社会阶层：国家与社会管理者，经理人员，私营业主，专业技术人员，办事人员，个体工商户，商业服务人员，产业工人，农业劳动者，城乡无业、失业、半失业者。处于同一阶层的成员具有类似的价值观、兴趣爱好和行为方式，不同阶层的成员对产品的需求各不相同。高端消费品因面向高收入群体，所以一般不会追求高市场占有率，其核心价值主要体现在稀缺性上，在某些消费场景中会有不可替代性，甚至潜移默化地成为某些消费场景的传统惯例。例如，茅台就是高端宴请中不可替代的标志和象征。随着人们生活水平的不断提高，大众消费中的"快消品"也正在向"品牌效应"方向升级，例如，云南白药牙膏是典型的大众"快消品"知名品牌,虽然价格比一般的牙膏要高一些,但也在消费者认可的范围内,所以并未引起消费者的价格敏感度。对于初创企业,应关注近几年不同阶层的消费变化,尤其是快速上升的新中产阶层。

2. 生活方式

生活方式是指来自相同的亚文化群、社会阶层和职业的人,他们都可能有各自的生活方式。例如,在众多消费者中,有的追求传统型,有的追求新潮型、奢华型、严肃型、活泼型、乐于社交型,有的追求刺激、冒险,有的追求稳定、安逸。生活方式的不同会直接影响消费者购买行为,从而影响他们对产品的最终选择。另外,不同消费者的价值取向也有差别,具体分为理性型、追求完美型、服务型、无私奉献型、利益至上型、信仰至上型、追求权力地位型。当下,互联网使消费者变得越来越多元化,他们中的很多人都已成为互联网的原住民,平时大量的时间都在网上,在网上挑选商品时,经常会在不同的平台之间货比三家,这无形当中给零售企业带来很大的竞争压力。随着消费者的购买行为不断地发生变化,企业如果再依靠原来"一招鲜吃遍天"的策略,则很难再抢占市场先机。所以,初创企业应加速线上线下全渠道的有效整合,利用线上、线下流量的相互导入,找出更加适合新一代消费者行为的销售模式。

3. 个性特点

个性特点是指一个人的特点、态度和习惯。比较稳定的心理倾向与心理特征,会使一个人对其所处环境作出相对一致和持续不断的反应。个性会通过活泼好动型、沉默寡言型、传统保守型、优雅型、追求时尚型等特点表现出来。因此,可以按这些性格特征对个性进行分类,为进一步细分市场提供依据。例如,"小红书"平台善用社区运营的方式,采用"社会+电商"引导用户阅读笔记,通过短视频、图文等形式记录生活,实现用户引流,创造了由用户到客户,再到账户的转化路径,成为一个广受欢迎的平台。现在,"00"后已经成为比较有潜力的消费主体之一,他们凸显了独特个性,追求美好生活,实现个人价值及寻求"圈层"归属感的心理诉求,时下,二次元衍生了爱好者的创作行为,形成了不同的"圈层"。所谓"二次元"是指人类幻想出来的唯美世界,用各种憧憬的体现冲击观赏者的视觉体验,比较有代表性的有bilibili、网易LOFTER、刺猬猫等。初创企业要注意充分把握消费者的个性特点,依此有针对性地细分子市场,为不同类型的消费者制定适合他们的营销组合策略。

（四）行为细分标准

行为细分标准是指根据某些行为变量将购买者划分成不同群体的过程。常用的行为细分变量有使用时机、所追求的利益、使用者情况、使用率、客户所处的准备购买阶段等。初创企业可以根据消费者对产品的了解程度、态度、使用情况及反应等，将他们划分成不同的目标客户群体。因为行为变量能更加直接地反映消费者的需求差异，通常被作为市场细分的最佳起点，见表6-3。

表6-3　按行为细分标准划分市场

细分子变量	划分说明	重要关注点
使用时机	可通过消费者购买和使用的特殊时段划分目标子市场	注意关注季节变化、气候变化、时间变化、节日变化、家庭生命周期和客户情绪变化等
所追求的利益	可通过消费者对产品中寻求不同的利益划分目标子市场	关注消费者购买行为习惯和消费心理的变化
使用者情况	可划分为从未使用者、曾经使用者、潜在使用者、第一次使用者、经常使用者等市场	重点关注客户对产品的认知程度等
使用率	可划分为少量使用者、中量使用者、大量使用者等市场	重点关注消费者一次性购买数量和累计购买数量
客户所处的待购阶段	可划分为不了解阶段、不知道产品阶段，已知道产品阶段，产生兴趣阶段、有购买的欲望阶段和决定购买阶段等市场	重点关注客户的忠诚度情况

二、目标市场选择

目标市场是指在市场细分之后，企业决定要进入的、具有共同需求的子市场。目标市场选择应符合企业的发展目标和总体战略，选择一个还是多个作为目标市场，还要取决于企业内部资源及各市场细分片的情况。

目标市场选择战略主要包括密集单一市场战略、有选择的专门化战略、产品专门化战略、市场专门化战略、完全覆盖市场战略，如图6-1所示。

（一）密集单一市场战略

密集单一市场战略是最简单的一种模式，是指企业仅选择一个细分市场集中营销。这种战略的好处是通过密集营销，可以增进企业对目标市场需求的深入了解。另外，产品的专业化程度较高，有利于企业在细分市场上建立稳定的

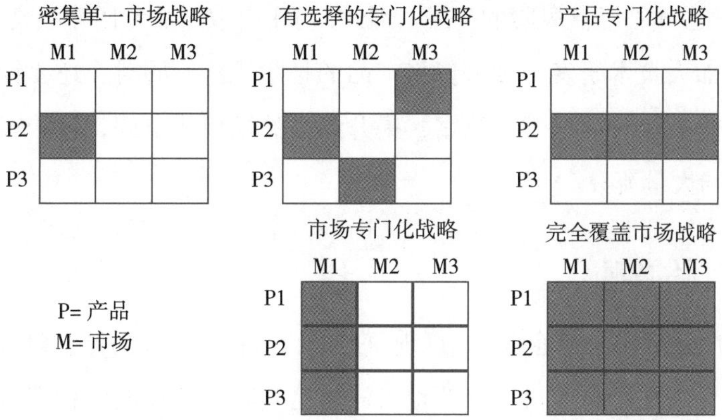

图 6-1　目标市场选择战略

市场地位。但是密集单一市场战略风险也较大，一旦所选择的市场需求发生变化，如目标市场内大多数客户不愿意再购买该产品，或者是细分市场进入一个更加强劲的竞争对手，都会给企业带来很大的威胁与压力，甚至可能使企业陷入破产的险境。因此，资源有限的中小型初创企业可以考虑采用密集单一市场战略，但同时也要注意这种策略因产品品种有限，目标市场又很单一，企业市场份额上升空间会很有限。

（二）有选择的专门化战略

企业有选择地进入几个不同的细分子市场，其中每个细分子市场在客观上都有一定的吸引力和可营利性，而且符合企业的发展目标定位和资源水平配置。各个细分子市场之间很少或根本不发生任何联系，在每一个细分子市场上，企业都可以独立实现盈利，企业的经营风险通过有选择的专门化战略被有效地分散了。对于初创企业，如果采取这种战略，针对不同使用者需求推出不同的产品，即使在某一细分市场失去吸引力，企业仍可继续在其他细分子市场中获取利润。

（三）产品专门化战略

产品专门化战略是指企业专门生产某一种产品，把这个产品分销给不同的细分子市场，去满足不同消费者对该产品的需求。采取这种战略的企业只生产一类商品，专业化程度较高，企业可以通过这种目标市场选择模式帮助企业树立良好的产品品牌声誉。但当竞争对手推出更先进的技术或者推出企业现有产品的替代品时，企业就会面临经营风险的挑战。因此，对于采取产品专门化战略的初创企业，应通过不断加大技术研发力度来保持产品的技术优势，同时，还要针对消费者需求的变化趋势，及时调整营销策略，提升产品的性价比空间，稳定客户源，尽可能减少客户的大量流失。

（四）市场专门化战略

市场专门化战略是指企业集中有限的力量去满足某一类特定客户群体的需求。这种战略的优势在于企业可以更好地去满足这类客户群体的各种需求，进而在这部分特定的客户群体中，树立起企业良好的形象。此外，采用市场专门化战略，企业还可以向这类客户群体推销自己的新产品，使之成为便利的、有效的新产品销售渠道。只想针对单一目标客户群体的初创企业，可以采取市场专门化战略，针对某个特定行业这个专门的市场，推出各种该行业需求的产品，更好地去满足这类客户群体的需求。

（五）完全覆盖市场战略

完全覆盖市场战略是指企业为所有客户群体提供他们需要的产品，进入所有的细分市场，生产多种产品以满足各类目标群体的需要。完全覆盖市场战略包括无差异市场营销战略和差异市场营销战略。

1. 无差异市场营销战略

无差异市场营销战略，也称标准化市场营销战略，是指企业在市场细分后，把整个市场当成一个子市场，忽略子市场的差异性，只关注子市场的共性，对于所有的细分市场，企业仅推出一种产品，制定一种营销战略。采用这种方法，企业强调的是客户需求的相同之处，而非不同之处。这种营销战略的最大优势之一是获取规模经济，即企业通过实施规模化生产和标准化生产，降低单位产品的生产成本、存货成本、运输成本和促销成本。不足之处是单一的产品类型不能满足消费者多样化的需求，容易受到竞争对手的威胁。

2. 差异市场营销战略

差异市场营销战略是指对于不同的目标市场，企业推出不同的产品，制定不同的定价策略、分销渠道策略和促销策略，并相应地制定不同的营销组合策略，以满足不同细分子市场的需要。采用这种营销战略，企业强调的重点是客户需求的不同之处，而非相同之处。其优势是可以适应不同消费者的不同需求，有利于企业多渠道扩大销售量，提高市场占有率。不过这种营销战略的不足之处是给企业带来了更高的研发、生产、促销等运营成本。

可以说，完全覆盖市场战略对企业资源、企业实力要求很高，不适合刚起步的中小型企业。现实中，只有那些实力雄厚、资源丰富的大企业才有能力采用这种战略，而且也只是在某一行业或某一领域内做到完全覆盖市场。

三、市场定位

（一）市场定位的含义

市场定位是根据竞争者现有产品在市场上所处的位置，针对消费者对该产品某种特征的认知，要求企业塑造出来的产品或者服务有与众不同、给人印象深刻的特点，这样在消费者心目中才会形成与竞争对手相区别的、特殊的印象。对于初创企业，可以通过市场定位来塑造企业有别于竞争对手的差异化形象，进而助力企业形成核心竞争优势。

（二）市场定位战略

1.迎头定位战略

迎头定位战略是指企业在产品、定价、分销渠道和促销等方面与竞争者之间，选择靠近于现有竞争者或与现有竞争者重合的市场位置，也就是与主要竞争者对抗的定位战略。采用这种战略的企业应和竞争对手实力相当，或者比竞争对手有更强的实力。迎头定位战略可能引发激烈的市场竞争，因此具有较大的风险性，更适合实力相对雄厚的大企业，不太适合初创企业。

2.避强定位战略

避强定位战略是指避免与竞争者正面对抗，而将本企业的产品定位于某处市场的"空白点"或薄弱环节，称之为"缝隙市场"，即开发并提供市场上还没有的新产品或开拓新的市场领域。对于初创企业来说，通过避强定位能够较快速地在市场上站稳脚跟，避开主流竞争，并能在消费者或用户心中树立起一种形象。但从长远的角度看，避强定位战略有一定的局限性，即市场增长速度缓慢，发展空间小。

3. 重新定位战略

重新定位战略是指企业营销环境发生变化，产品特色发生变化，目标客户发生变化，提供的产品不能给企业带来预期收益时，企业就应考虑对现有产品或品牌进行重新定位，从而吸引目标客户重新认识产品。当下，消费者的需求变化很快，且日趋理性，重新定位战略已成为企业较为常态化的决策工作之一。

（三）市场定位的方法

企业在进行市场定位时有多种方法可供选择，见表 6-4。

表 6-4　企业市场定位的方法

基于角度	含义
产品属性和利益	公司根据消费者购买该产品可以获得的性价比进行市场定位
产品档次	企业把产品分为高档、中档和低档，根据企业实力和产品特点选择某一个或某几个档次进行市场定位的行为
使用者	企业以某些特定的目标客户群体为依据进行市场定位，这种定位相对来说更加精准
竞争对手	企业将自己企业的产品和竞争对手的产品进行比较，通过强调与竞争产品相同或差异的特点来进行市场定位
产品质量或价格	企业把自己定位成能够给客户提供最好的质量或者最优的价格的市场定位方式
多重因素	企业把产品定位在多个层次上，即依据多重因素对产品进行市场定位

实训

每一个创业团队，根据各自的创业项目，对其进行市场细分，针对不同需求的细分子市场选择适合的目标市场战略，并进行合理的市场定位。

第二节　营销组合策略

导入案例

苏宁的全渠道变革

2020 年，对于国内整个家电行业来说可谓是遭遇了滑铁卢。一方面突发的疫情使家电需求量萎缩，另一方面行业渠道正在经历着物联网时代变革带来的阵痛。如果跟不上这个时代的变化节奏，不论是制造供应商，还是渠道流通商，都难以在这变革的时代中独善其身。不难发现，像空调第一品牌格力，原本是多么注重和依赖线下渠道，现在不仅开始在线上卖货，而且把线上直播带货做成常态。虽说这不能代表放弃传统渠道，但这对线下渠道产生了巨大的冲击力。

　　作为国内家电连锁十大品牌之一的苏宁，在互联网时代移动支付渐行之初，就嗅到变革的味道，在完成拥抱互联网之后，苏宁渠道变革并没有停下步伐。30 年间，苏宁成为家电渠道变革创新的活样板，每一次都能抓住时代的基本特征，将时代的元素深深注入变革节点之中。由此可以看出，苏宁在家电渠道创新上，既展现出苏宁独到的敏锐视角，又能体现苏宁敢于变革的决心，这也是苏宁在国内外家电市场上纵横捭阖之根本。苏宁的 30 年，在行业的贡献居功至伟，给用户提供了超过 20 亿台家电品，这意味着国内平均每个家庭就有 4 台家电购自苏宁，享受着来自苏宁周到的专业服务。苏宁已成为业界公认的线上线下渠道并举的典范。

　　资料来源：从零售商到零售服务商的进阶 苏宁易购全渠道第一地位稳如磐石 [EB/OL].（2020-08-06）. https：//baijiahao.baidu.com/s？id=1674240620827233496&wfr=spider&for=pc.

🔍 **案例分析**

　　1. 请思考：影响渠道选择的因素主要有哪些？

　　2. 请评价：苏宁的全渠道变革给我们带来哪些启示？

　　20 世纪 60 年代，杰罗姆·麦卡锡提出了 4P 营销组合策略，主要考虑的是企业内部可以控制的因素。但在企业所面临的经济环境发生变化时，企业的发展往往依赖于外部环境，如竞争者和宏观政策的变化等。20 世纪 80 年代中期，菲利普·科特勒在 4P 理论的基础上，创立了"大市场营销"理论，即 6P 营销策略。6P 分别代表产品（product）、价格（price）、渠道（place）、促销（promotion）、公共关系（public relationship）、政治权力（political power），与 4P 相比，6P 具有时代性。6P 策略讲的是国际化、全球化，了解政治、经济政策的规定和变动，也是企业在营销中应给予重视的内容。本文从初创者角度出发，主要介绍 4P 的含义。

一、产品策略

（一）产品整体概念

　　产品是指一切能满足消费者某种利益和欲望的物质产品和非物质的服务、信息等。简言之，产品 = 有形产品 + 无形产品。

有形产品包括产品实体及其质量、款式、特色、品牌和包装。无形产品包括可以给买主带来附加利益和心理上的满足感及信任感的售中及售后服务、保证、产品形象、销售者声誉等，这就是"产品整体概念"，即现代营销意义上的产品。

产品整体概念包括五个层次，如图 6-2 所示。

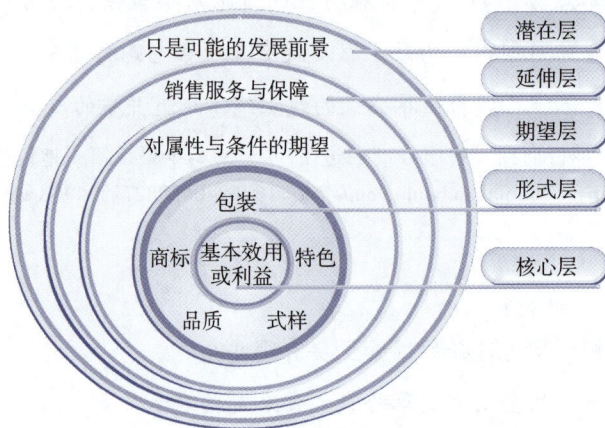

图 6-2　产品整体概念的层次

核心层是产品最基本和最实质的层次，是消费者购买商品的最基本功能和效用，也是消费者购买过程中追求的核心价值。通常来讲，产品的核心层是企业核心竞争力的最主要体现，也是竞争对手最难模仿和超越的。例如，作为全球领先的以视频为核心的智慧物联解决方案提供商和运营服务商——大华股份，其前身是傅利泉于 1993 年创办的杭州大华电子有限公司，2001 年更名为浙江大华技术股份有限公司，长期专注于安防领域。公司每年将销售收入的 10% 左右投入研发创新当中，50% 以上的员工在从事技术研发工作。大华一直发扬"社会的安全，我们的责任"的精神，坚持自主创新，提高产品核心竞争力，顺应市场发展规律，走出了一条属于自己的康庄大道。因此，创业者在创业之初应树立自主创新意识，这是企业发展的重要原动力。

形式层是消费者在购买产品过程中，最能直接看得见的内容，如品牌、产品的外形、型号、颜色等。产品的形式层是消费者在购买时最直观接触到且很容易被竞争对手模仿和突破的一层。初创企业在资源条件制约的情况下，可以结合企业自身特点，先从形式层上吸引消费者。不过，这种方式利用好了，也只能为企业保持短暂的竞争优势，从长远角度看，还是建议初创企业把目光聚焦在产品的核心层上，早日研发出属于自己的产品技术专利。

期望层是消费者在购买产品时期望得到的与产品密切相关的一整套属性和条件。近年来，在数字经济时代的驱动下，消费者对产品的期望发生了很大变化，对产品传统功能的期望正在向高科技产品的需求进行转化。数字经济的发展和产业变革的创新需求也在不断倒逼突破式创新的有效供给，市场更加热切期待那些基于突破性技术形成的具有全新体验的产品和服务。对于初创企业，应紧紧抓住时代的节奏，努力成为新一轮数字技术革命和数字创新发展的重要参与者甚至是塑造者。

延伸层是指客户因购买产品所得到的全部附加服务与利益，包括咨询、送货上门、安装和维修等一系列服务，能够给客户带来更多的利益和更大的满足感。当前，有相当一部分企业提供的产品在功能和形式上都趋于同质化，延伸产品则可以有力推动企业提高竞争实力。初创企业可以通过打造个性化的服务来赢得市场份额，通过完善延伸层来提升产品的差异化特点及附加价值，这一点值得创业者深入思考。

潜在层指出了现有产品可能的演变趋势和前景，即指现有产品包括所有附加产品在内的、可能发展成未来最终产品的潜在状态的产品。现在，以5G、大数据、云计算、万物互联与人工智能等为代表的新一代科学技术正在加快渗透到实体经济的多个方面。截至2021年底，我国累计建成并开通5G基站142.5万个，总量占全球60%以上。创业者应意识到赋能数字经济的创业已成为未来企业的发展方向之一，在此背景下，可以深入挖掘消费者的需求变化，生产出有技术含量的高赋能产品。

（二）产品生命周期

产品生命周期是指产品从开发成功，经过筛选创意、商业分析、试制、试销、批量上市，到最后被市场淘汰的全过程。通常情况下，产品生命周期分为引入期、成长期、成熟期和衰退期。产品生命周期示意图如图6-3所示。产品生命周期不同阶段的营销策略见表6-5。

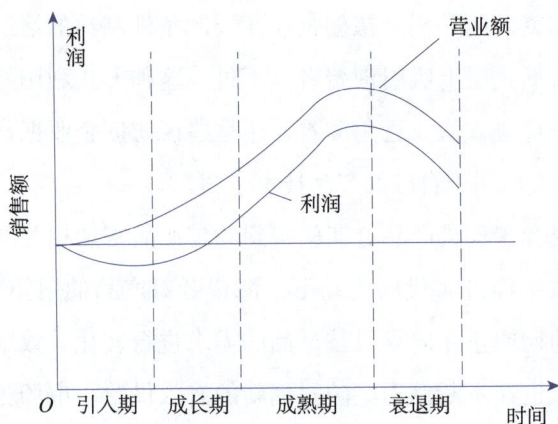

图 6-3　产品生命周期示意图

表 6-5　产品生命周期不同阶段的营销策略

生命周期阶段	特点	营销策略侧重点
引入期	产品生产批量小，制造成本高，广告费用大，产品销售价格偏高，销售量极为有限，企业通常不能获利	应侧重产品的知名度，提高产品试用率。营销策略有快速取脂、缓慢取脂、快速渗透、缓慢渗透等策略
成长期	生产成本大幅度下降，利润得到快速增长	应尽可能维持高速的市场增长率。主要通过改进产品、开辟新的销售渠道、进行新的市场细分、适当调节价格等策略
成熟期	销售增长速度缓慢直至转而下降，由于竞争的加剧，导致广告费用再度提高，利润逐渐下降	应尽量延长产品的成熟期以获取更多的利润。主要通过开发产品的新用途、开辟新市场、改良产品等策略
衰退期	成本较高的企业由于无利可图而停止生产，该类产品的生命周期也随之结束，直至最后完全撤出市场	应尽可能运用一些方法延长其衰退期。常用方法有放弃策略、逐步放弃策略和自然淘汰策略等

二、定价策略

当企业产品投放市场后，或者开辟一个新市场，或者进入一个新的领域，这就需要给企业提供的产品制定一个合理的价格，价格的制定是一个非常复杂的过程，价格定得是否合理直接影响着企业的利润空间和经营状况。定价策略是指企业为了实现预期的经营目标，把产品定价与企业市场营销组合的其他要素有效结合起来，制定最有利的产品价格，实现企业盈利的目的。

（一）折扣定价策略

折扣定价策略是一种减价策略，即在原来定价的基础上减少一定比例的货款。

折扣定价策略主要包含以下几种方式。

1. 数量折扣

数量折扣是指按购买产品数量的多少，分别给予不同的折扣。购买产品的数量越多，获得的折扣相对越大。给予客户提供数量折扣优惠的目的是鼓励其大量购买或一次性地集中向本企业购买产品。数量折扣包括累计数量折扣和一次性数量折扣两种形式。

2. 现金折扣

现金折扣是对在规定的付款时间内，提前付款或用现金付款者所给予的一种价格折扣。其目的是鼓励客户尽早付款，加速企业的资金周转，降低销售费用，减少财务风险。采用现金折扣一般要考虑三个因素：折扣比例、给予折扣的时间限制和付清全部货款的期限。

由于现金折扣的前提是商品的销售方式为赊销或分期付款。因此，可以采用附加风险费用、治理费用的方式，避免可能发生的经营风险。同时，为了扩大销售，分期付款条件下买者支付的货款总额不宜高于现款交易价太多，否则就起不到"折扣"促销的效果。另外，提供现金折扣等于降低价格。所以，在运用这种策略时要考虑商品是否有足够的需求弹性，以保证通过需求量的增加使企业获得足够利润。

3. 功能折扣

功能折扣，又称贸易折扣、交易折扣，是生产商提供给分销渠道成员的一种折扣方式。中间商在产品分销过程中所处的环节不同，所承担的功能、责任和风险也不同，企业据此给予不同的折扣。功能折扣的比例，主要受中间商在分销渠道中的地位高低、对生产企业产品销售的重要性、购买批量多少、完成的促销功能效率、承担的风险、服务水平高低和履行的商业责任大小等因素的影响。

4. 季节折扣

季节折扣是对淡季购买商品或服务的客户提供的一种折扣形式。例如，啤酒生产厂家对在冬季进货的单位给予大幅度让利，冰箱生产商在冬季向零售商提供折扣，羽绒服生产企业则为夏季购买其产品的客户提供大幅度的折扣。季节折扣比例的确定，应考虑成本、储存费用和资金利息等因素。季节折扣有利于减少商品库存，加速商品流通，收回流动资金，充分发挥企业生产和销售潜力，避免因季节需求变化所带来的市场风险。但初创企业要注意这种折扣方式并不适用于所有产品。

（二）心理定价策略

心理定价策略是从分析消费者购买心理的角度进行定价，主要包括以下几种方式。

1. 尾数定价策略

尾数定价，也称零头定价，是指企业在制定产品价格时以零头数结尾。大多数消费者在购买产品时，尤其是购买一般的日用消费品时，比较容易接受尾数价格，如 0.99 元、9.98 元等。消费者会认为这种价格是经过精确计算的，进而增强对商家的信任感和安全感。同时，对于价格较低的商品，特别是日常消费品，以尾数定价符合消费者求廉的心理愿望。

2. 整数定价策略

整数定价与尾数定价正好相反，是指企业在定价时把商品的价格定成整数，不带尾数，容易使消费者产生一种"一分价钱一分货"的感觉。整数定价多用于价格较贵的耐用品或礼品。对于价格较贵的高档产品，客户对质量较为重视，整数定价有利于提高产品形象。

3. 声望定价策略

声望定价是对在消费者心目中享有一定声望、具有较高信誉的产品制定高价。不少高级名牌产品和稀缺产品，如高档手表、名牌服装、名人字画、珠宝古董等，包括一些高端产品以及定制品，在消费者心目中享有极高的声望价值。购买这些产品的消费者，往往不在乎产品价格，而最关心产品能否彰显其身份和地位，价格越高，其心理满足的程度也就越大。

4. 习惯定价策略

有些产品在长期的市场交换过程中已经形成消费者习惯的价格，称为习惯价格。对消费者已经习惯了的价格，商家不宜轻易变动。因为一旦降低价格，会使消费者怀疑产品质量有问题。而一旦提高价格，又会使消费者产生不满情绪和抵触心理。因此，对这类产品定价时，一定要充分考虑消费者的习惯倾向，建议采用"习惯成自然"的定价策略。

5. 招徕定价策略

招徕定价，又称特价品定价，是企业将商品的价格定得低于市场价格，通过广泛宣传，吸引消费者的注意力，引起消费者的兴趣，满足消费者"求廉"的心理，以吸引客户、扩大销售的一种定价策略。采用这种策略，虽然做特价的产品赚的利润较少，甚至低于成本销售，但从总的经济效益看，由于低价产品带动了其他产品的销售，企业还是有利可图的。

　　6.分档定价策略

　　分档定价，是指把同类商品进行比较，简单分成几个等级或档次，不同等级或档次的商品，其价格有所不同。采取这种定价策略可以简化交易手续，节省客户时间，使消费者产生一种"货真价实""按照质量论价格"的感觉，因而比较容易被消费者接受。

三、分销渠道策略

（一）分销渠道的含义

　　分销渠道是指帮助产品或者服务从生产者转移到消费者过程的所有中间环节。在这个过程中，分销渠道帮助实现了企业所有权的转移，承担了提供关于产品的说服性沟通，寻找可能的购买者与其进行沟通，帮助企业和消费者收集产品的信息，为了所有权的成功转移进行协议，而且还承担了产品的运输和储存。分销渠道不是由单一渠道构成的，而是由若干条相互补充、相互配合的渠道共同形成的系统。分销渠道具有关联性、外部性和动态性等主要特征。

（二）分销渠道的类型

　　1.按中间环节多少进行渠道划分

　　按分销渠道含有的中间环节的多少，渠道可分为长渠道模式和短渠道模式。分销渠道主要包括四层：零层渠道、一层渠道、二层渠道和三层渠道。分销渠道中间层数为三层及以上的称为长渠道，否则称为短渠道。零层渠道是指产品或服务直接由生产商到消费者的分销渠道过程，也称为直销。技术性复杂、贵重物品、需要定制的专门服务的产品通常采取零层渠道。一层渠道是指产品或服务的分销仅仅经过一个中间环节的分销渠道模式。通常在消费品的营销分销渠道中，这一中间环节就是零售商。一些家用电器、轮胎、品牌产品通常采取这种分销渠道模式。二层渠道是指经过两个中间环节的分销渠道模式，这两个中间层指的是批发商和零售商，也可以是代理商和零售商。一些零食、肉制品、五金制品、药品通常采取这种分销渠道模式。三层渠道是指经过三个中间层的分销渠道模式。这三个中间层是指批发商、二级批发商和零售商，或者代理商、批发商和零售商。一些小商品经常采取这种分销渠道模式，或者客户较分散的地区也会采取这种分销渠道模式。

2. 按同一层中间商数量进行渠道划分

按分销渠道同一层中间商数量多少，渠道可分为宽渠道模式和窄渠道模式。渠道的宽与窄是通过产品或服务由生产商分销到消费者的过程中，同一层中间商数量的多少来界定，同一层中间商的数量多，则称这个渠道为宽渠道；同一层中间商的个数少，则称为窄渠道。由于宽渠道同一层中间商的数量多，可以使商品迅速进入消费领域，市场覆盖面较大。相反地，窄渠道因为含有的同一层中间商的个数少，分销渠道范围有限，市场铺货速度也会受一定影响，通常技术性强的产品比较适合采取这种分销渠道模式。

3. 按有无中间环节进行渠道划分

按分销渠道是否有中间环节，渠道可分为直接渠道模式和间接渠道模式。直接渠道是指产品或服务直接由生产商分销到消费者，没有中间商参与的分销渠道模式，也是之前讲到的零层渠道模式。这种模式没有中间环节，为企业节省了流通环节和流通成本，有利于企业将产品以相对较低的价格呈现给消费者，更好地满足消费者需求。间接渠道是指产品或服务从生产者流向最终消费者或用户过程中经过若干个中间商分销的分销渠道模式。这种渠道模式的优势是将分销工作交给专业的中间环节去做，简化了企业的管理工作，使企业可以有足够的精力放在产品的生产和研发方面。

四、促销策略

促销策略是指经营者如何通过人员促销、广告、公共关系和营业推广等各种促销方式，向消费者或用户传递产品信息，引起他们的注意和兴趣，激发他们的购买欲望和购买行为，以达到扩大销售的目的。

促销策略一般有两种方式：一种是人员促销，即推销员和客户面对面地进行推销；另一种是非人员促销，即通过大众传播媒介传递信息，主要包括广告、公共关系和营业推广等多种方式。这两种促销方式各有利弊、相互补充。促销组合策略包括四个工具：人员促销、广告、营业推广和公共关系。

（一）人员促销

人员促销是企业通过人员向消费者介绍产品、推广、宣传和销售产品的过程，与消费者面对面的双向沟通的方式。人员促销最大的优点是销售人员可以通过与客户的沟通，更加准确地传递产品信息，了解消费者的真实想法。如果销售人员发现消费者对产品的促销方案有任何疑义，可以及时在销售过程中调整促销方案，促使交易有效达成。

人员促销是一种有效的直接促销方法，有其他促销方式不可替代的优势。促销人员主要有两个来源：①来自企业内部，即把本企业内部德才兼备、热爱并适合促销工作的人员选拔到促销部门工作。②从企业外部招聘，即从大中专院校的应届毕业生、其他企业或单位等群体中物色合适人选。无论哪种来源，都需经过严格的考核择优录用。

（二）广告

广告是指由广告主投资给一定的广告媒体，通过广告媒体将商品信息传达给消费者的一种过程和促销工具。

广告是现代企业中使用最广泛和最有效的促销工具，能广泛迅速地把企业产品的信息传递给消费者。在新产品上市的时候，企业通常采取这种促销方式，快速、广泛地把产品信息传递出去，使客户在短时间内提高对产品的认知度。

传统的广告使用工具主要有报纸、杂志、电视机、收音机、网络广告和车体广告等。随着互联网、移动互联网的发展，出现了全媒体、自媒体、新媒体等广告宣传方式。全媒体包含线下传统媒体、线上新媒体、自媒体等所有媒体。新媒体是与传统媒体相对应的，是利用数字技术，通过计算机网络、无线通信网、卫星等渠道，以及电脑、手机、数字电视机等终端，向用户提供信息和服务的传播状态。新媒体包括自媒体。自媒体则是指普通大众通过网络等途径向外发布他们本身的事实和新闻的传播方式。自媒体的门槛是最低的，人人都可以做自媒体。创业者可以利用这些新兴传播手段吸引消费者的眼球，达到快速宣传产品的目的。

（三）营业推广

营业推广又称销售促进，是企业促销产品或者服务采取的一种短期的、立竿见影的促销方式。营业推广的方式多种多样，这里主要介绍以消费者为对象和以中间商为对象的两种不同的营业推广方式。

1. 以消费者为对象的营业推广方式

以消费者为对象的营业推广方式促销的对象是最终购买者，因此是最直接的促销方式，使用频率也很高。其具体的推广方式及主要营销目的，见表6-6。

表6-6　以消费者为对象的营业推广方式

序号	具体推广方式	主要营销目的
1	赠送样品	有利于介绍、推销新产品
2	赠送代价券	有利于刺激消费者使用老产品，也可以鼓励消费者认购新产品
3	包装兑现	有利于推行企业的绿色营销理念，树立良好的企业社会形象
4	提供赠品	有利于刺激高价商品的销售
5	商品展销	有利于集中消费者的注意力，刺激消费者的购买欲望
6	有奖销售	有利于吸引消费者的注意与参与
7	降价销售	有利于维系与企业关系密切的老客户，并吸引一定的新客户

2. 以中间商为对象的营业推广方式

把产品卖给消费者的是中间商，在终端逐渐下沉的渠道发展趋势下，生产商应通过各种促销策略提高中间商的积极性，带动终端消费的提升。其具体的推广方式及主要营销目的，见表6-7。

表6-7　以中间商为对象的营业推广方式

序号	具体推广方式	主要营销目的
1	购买折扣	有利于刺激、鼓励中间商大批量购买本企业产品
2	促销资助	有利于刺激中间商为本企业产品进行广告宣传，带动终端消费
3	经销奖励	有利于刺激中间商中业绩突出者加倍努力，更加积极主动地经销本企业产品
4	推销竞赛	有利于在中间商中形成竞争氛围，刺激其帮助企业完成销售目标
5	特许经销	有利于培养与企业志同道合的经销商

（四）公共关系

公共关系不同于其他促销工具的一点是，公共关系是一项长期的、企业为了树立企业正面形象和在公众心目中的名誉的、正面的宣传报道。公共关系这种促销方式，可以宣传报道企业的产品、服务、企业的创始人等，提高企业产品的知名度和美誉度。这种促销方式不能够通过一次行为建立和积累起来，而是一个循序渐进的过程，可以帮助企业提升产品在社会公众心目中的形象和地位，使企业长期收益。公共关系的活动方式有很多种，具体见表6-8。

表6-8　公共关系的促销方式

公共关系	特点
宣传性公关	是利用报纸、杂志、广播、电视等各种宣传途径向社会传播企业相关信息，形成有利的社会舆论，提高企业知名度
征询性公关	是各种咨询业务、调查问卷、民意测验、热线电话、吸引社会各界参与企业发展的讨论
交际性公关	是指企业不借助其他媒介，而只在人际交往中开展公关活动，达到建立良好关系的目的。采取座谈会、招待会、茶话会、专访、慰问、节日祝贺等形式
服务性公关	是指企业向社会公众提供各种附加服务和优质服务的公共关系活动，增加社会各界对企业信誉的深刻体验
赞助性公关	是指通过赞助文化、教育、体育、卫生等形式，表达企业对社会的一份责任和一片爱心，扩大企业的社会影响力

实训

结合每个创业团队的创业项目，制定适合的产品策略、定价策略、渠道策略和促销策略。另外，请各团队预测一下月度、季度和年度销售量和销售额。

第三节　服务营销策略

导入案例

以客户为中心

案例一：招商银行以用户为核心评估标准，从客户视角优化服务流程

2018年初，招商银行提出"打造最佳客户体验银行"的口号，基于客户旅程地图整理和提升端到端的流程，从客户视角重新审视、优化服务全流程。该行以内建平台、外拓场景、流量经营的理念，将场景和App作为业务的发展立足点，完善客户旅程，最终达到客户体验、业务效率、风险管控、运营成本的最优平衡。

案例二：友邦人寿打造移动健康管理平台

友邦人寿于2017年开创性推出"健康友行"移动健康管理平台，为会员提供专业的健康知识、全面的健康服务，以及生动趣味性的健康习惯养成方式，助力会员获得长期、优质的健康生活。

在友邦"健康友行"移动健康管理平台中，用户需要先通过购买友邦的寿险产品获得服务资格，然后下载"健康友行"App享受相应的健康管理服务。"健康友行"服务内容主要包括健康互动任务、健康主题会员活动、健康评估、每日健康管理、健康医疗管理、运动训练课程和健康资讯。

在友邦"健康友行"的生态模式下，运动健康管理服务为用户和保险公司带来了双赢。对于用户而言，通过运动健康管理服务，可以建立良好的生活习惯，降低慢性病的发病率。通过完成健康活动任务，用户可以获得会员等级的晋升和奖励积分。不同等级的会员和积分，在购买寿险产品时可以享受不同的优惠折扣。

而对于保险公司而言，寿险客户的健康状况提升、发病率的降低，可以带来赔付率的降低。减少寿险赔付就是获得更多利润。

资料来源：普华永道：寿险行业——数字化客户经营转型报告[R/OL]．（2021-09-29）．https：//www.51paper.net/jjxx/jrtz/2021-09-29/10782.html.

🔍 案例分析

1. 请思考：上述两个案例都采取了哪些营销策略来迎合消费者需求？

2. 请评价：服务营销方式与传统营销方式有何不同？

20世纪80年代后期，营销理念发生了新变化，企业从原先给消费者单纯提供物质产品开始转向为消费者提供非物质层面的服务，服务营销开始受到人们的关注。

一、服务营销的含义

（一）服务的含义与特征

1. 服务的含义

服务是不可感知和不涉及实物所有权转移却可给人带来某种利益或满足感的一种或一系列活动。服务是过程消费与结果消费的有机统一，其本质就是一种过程。

2. 服务的特征

（1）无形性。无形性是服务最基本的特征。服务在被购买之前，客户不能触摸或凭视觉感到其存在。在被购买之后，客户所获得的服务利益也很难被觉察，或经过一段时间才能感觉出其利益的存在，服务的无形性和不可储存性给服务营销带来很大挑战。

（2）同步性。同步性是指服务的生产过程和消费过程同时进行，服务人员为客户提供服务时，也正是客户消费、享用服务的过程。这一特征使服务营销面临服务的互动管理和服务规模化困难的挑战。服务员工作是服务重要的有形物证之一，其服务质量的好坏直接会给客户带来正面效应或负面效应。

（3）差异性。差异性是指服务的构成成分及其质量水平经常变化，很难控制。服务的主体和对象均是人，人是服务的中心，又是具有个性的个体，服务生产与消费的同步性使服务受许多不可控因素的影响和制约，因而服务的差异性在所难免。

（4）不可储存性。不可储存性是指服务不能像实体产品那样储存。服务的不可储存性是由服务的无形性和生产消费的不可分离性决定的。服务不能储存，如不能及时消费，就会造成服务的损失。这一特征引发的关键问题是如何调节服务供给和需求的平衡，以应对服务产能最大化及服务不能退货的挑战。

（二）服务营销的含义与特征

1.服务营销的含义

服务营销是企业在充分认识满足消费者需求的前提下，为充分满足消费者需要在营销过程中所采取的一系列活动。它源于企业对消费者需求的深刻认识，是企业市场营销观的质的飞跃。

2.服务营销的特征

（1）供求分散性。在服务营销活动中，服务产品的供求具有分散性。由于服务企业一般占地小、资金少、经营灵活，往往分散在社会的各个角落。

（2）营销对象复杂多变。服务市场的购买者是多元的、广泛的、复杂的。营销对象的多变性表现为不同的购买者对服务产品需求的种类、内容、方式经常变化。

（3）服务消费者需求弹性大。需求弹性随着社会的进步和个人生活环境的改变而不断向高层次变化。对高层次上的精神文化的需求属继发性需求，需求者会因各自所处的社会环境和各自具备的条件不同而形成较大的需求弹性，需求的弹性是服务业要研究的永恒课题。

二、服务营销组合策略

传统的营销要素一般是指4P组合，即产品、价格、渠道和促销，主要适合于制造业。由于服务产品具有不同于有形产品的特征，且服务消费者的行为特征又有别于有形产品消费者，传统的4P组合的不适应性日益凸显。布姆斯（Booms）和比特纳（Bitner）于1981年提出了7P服务营销要素组合，在原来的4P的基础上，增加了人员、有形展示和过程三个要素。7P组合策略服务的核心宗旨是向市场提供符合客户需要的产品。

（一）人员策略

1.人员策略的含义

人员策略也称内部营销，是指企业培训员工及为促使员工更好地向客户提供服务所进行的各项工作。内部营销是企业管理阶层发起的一种类似营销的途径激励员工，使员工具有服务意识与客户导向。

实际上，服务业营销是由三部分组成的，即内部营销、外部营销和互动营销，如图6-4所示。其中内部营销即上述所讲，外部营销包括企业服务提供的准备、服务定价、促销、分销等内容，而互动营销则主要强调员工向顾客提供服务的技能。这三者互为支撑、互为补充，在企业、员工与顾客之间形成一条紧密的连接纽带。

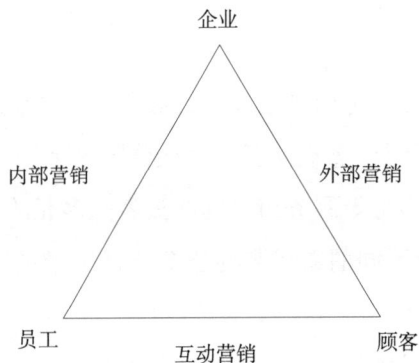

图6-4 服务业营销的三个组成部分

2.人员策略的实施方法

内部营销的实施方法包括开展内部调研、进行内部市场细分、制订内部营销计划和建立以人为本的企业文化。首先，企业要准确了解员工的情感、需求，以及他们在工作中可能遇到的实际困难或问题，这样才能更好地关注员工、培养员工，为员工营造良好的服务环境。其次，进行内部市场细分。在前期内部调研的基础上，企业要根据员工不同的需求及情感特征将其划分为不同的细分群体，然后有针对性地开展培训、使用、沟通、激励等工作，以更好地提高员工的满意度，发挥管理的最大效用。再次，制订内部营销计划。企业要制订合理的内部营销计划，有计划、有步骤、有层次地训练员工和客户相互接触，力图使员工和客户能够更好地沟通与交流，最终达成买卖交易。最后，建立以人为本的企业文化。以人为本的企业文化，更加强调以为人中心，尊重人、理解人、关心人、依靠人、发展人和服务人。通过对人的有效激励来充分发挥人的主观能动性和潜在能力，使企业目标和个人发展目标得到有效结合。

（二）有形展示策略

1.有形展示的含义和类型

有形展示策略是指在服务消费决策中，消费者往往根据其能够感知的有形因素的状况来判断无形服务的质量，从而作出是否消费的决策。服务是无形的，企业需要通过有形因素向消费者展示无形服务的特点、层次等。因此，有形展示的好坏会影响消费者和客户对一家服务企业的评价。从构成要素看，有形展示可以分为三种类型：实体环境展示、信息沟通展示和价格展示。

2.有形展示策略重点关注内容

（1）服务有形化。服务有形化就是使服务的内涵尽可能地附着在某些实物上得以体现。信用卡就是典型的服务有形化。虽然信用卡本身没有价值，但它代表着银行为客户所提供的各种服务，以至于只要"一卡在手，便可世界通行"。

（2）采用易于让客户接受的有形物体。有形展示越容易理解，服务就越容易被客户所接受。同时，在选择有形展示时，还应该注意到这些有形展示要对客户有意义，使客户能够从中领会和感受到某种东西。

（3）发展和维护企业同客户的关系。使用有形展示的最终目的是建立企业同客户之间的长久关系，而这方面服务员工的作用至关重要。除此之外，其他一些有形展示也能帮助企业发展同客户的关系。

（4）注重管理服务场景。在实施有形展示策略的过程中，服务场景的设计是有形展示必须努力关注的重点。因为客户在接触服务之前，最先感受到的就是来自服务场景的营销，尤其是对于那些易于"先入为主"的客户而言，服务场景的影响至关重要。

（三）服务过程策略

产品的性能和服务人员的行为在企业中很重要，而过程即服务的传递过程也同样重要。这里所说的"过程"，是指与服务生产、交易和消费有关的程序、操作方针、组织机制、人员处置权的使用规则，对客户参与的规定，对客户的指导，活动的流程等，也就是服务的生产工艺、交易手续和消费规程的总和。

服务具有不可分离性，服务交易和服务生产、服务消费之间是融为一体的，服务营销不可能脱离这一整体"过程"。在服务过程中，愉悦的服务表情、专注的工作态度，可以缓解客户等待服务的焦急心情，也可以在一定程度上减少客户因产品质量问题产生的抱怨和不满。因此，企业在营销过程中，不仅要明确向哪些目标客户提供服务、提供哪些服务，还要明确怎样提供目标客户所需要的服务，即合理设计服务提供的过程。例如，小雨伞保险为客户提供的闭环服务，覆盖了从"产品定制—用户咨询—购买—核保—理赔"的全服务流程。

🔍 综合实训

结合本章讲述内容，以各自创业团队的创业项目为依据，制定一份市场营销战略计划。

🔍 即测即练

🔍 思考题

1. 选取生活中最熟悉的三个品牌，分析其市场细分的变量，并说明原因。

2. 学校附近要经营一家蛋糕店，请为其制定合理的产品组合策略。

3. 阐述 4P 营销组合策略的内在含义。

4. 在采取"天天低价"这一策略时，应注意哪些事项？

5. 初创企业在选择分销渠道时应侧重考虑哪些因素？

🔍 拓展案例

元气森林为何能成功"出圈"

元气森林于2018年推出气泡水产品，开启风味气泡水行业0糖0卡健康化浪潮。近两年，可口可乐、百事可乐、农夫山泉等大厂商入局，推动该行业进入快速扩容阶段。新式风味气泡水定位横跨包装水及碳酸饮料两大子行业，凭借健康化定位和在风味—触感间的良好平衡，成为近年来快速增长的饮品品类。2019年，元气森林开始国际化，已进入美、加、英、法、德、澳、新、日、韩等40多个国家市场。2020年，元气森林的销售规模增加高达27亿元，同比增长309%。在2020年10月的销售大会上，唐彬森把元气森林2021年的销售目标定在了75亿元上。这个数字是2020年销售收入的两倍有余。

是什么原因，让元气森林成立五年就能成功"出圈"？在入市前，元气森林就做好了充分的市场调查，洞悉到年轻一代消费者开始关注健康与身材，而消费需求的升级与现有的市场产品供给存在一定的不匹配性，传统的饮料正在被年轻一代的消费主力军抛弃，而茶饮市场正缺少一个如同可口可乐这样国民性品牌的崛起。结合当下年轻消费群体的需求特征和行业痛点，元气森林决心做年轻人喜爱的健康好喝的饮料品牌。进军茶饮市场初期，元气森林推出"燃茶"，以"无糖、解腻"的健康茶概念敲开茶饮市场的大门。碳酸饮料一直受大众所爱，但是"好喝"之上少了"健康"，元气森林再次抓住年轻消费者"既要口感的劲爽，又要健康的安心"这一特点，创新原有气泡水，推出"0糖0卡0脂"的健康果味气泡水，正式"出圈"。奶茶作为目前绝对火热的茶饮产品，元气森林自然不会错过商机，于是"无蔗糖、低脂肪"的乳茶切入奶茶饮料行业……元气森林在原有茶饮种类的基础上，还在不断创新，不断丰富产品组合，但始终不离"健康"的核心标签，紧抓年轻消费者的消费心理，创造着不菲的销售业绩。

由此而见，元气森林的定位非常精准，在前期充分的市场调查基础上，将自身定位置于健康之上，作为"无糖专门家"向消费者传递健康的理念，为实现可持续发展做了良好铺垫。除了抓住目前年轻消费群体对"健康"追求这一关键点外，元气森林在产品营销上更是具有重要的现实指导意义。元气森林气泡水的目标客户群体为都市年轻白领女性，受众范围小但该群体消费能力强，愿意接受新事物，而气泡水的包装风格则更加创新地采用"和风"——在包装上选用日语中的"気"来增加产品标识度，并对于消费者尤为注重的健康信息予以突出显示，建立起清晰的品牌形象。元气森林凭借健康化定位精准切入，并通过在产品、消费者沟通、渠道网络搭建等方面的独特策略和不断进化，掀起了碳酸饮料和包装水行业的革新浪潮。

资料来源："气泡水"出圈——由元气森林带头打响的"健康战"[EB/OL].（2021-09-10）. https://www.sohu.com/a/489092513_563928.

第七章 创业资源整合

　　创业资源是企业在创业及成长过程中所需要的各种生产要素和支撑条件。创业资源整合就是通过组织和协调，把企业内外部资源整合成一个为客户服务的系统，通过优化创业资源配置，不断释放和放大资源价值。党的十九大明确提出，我国经济已由高速增长阶段转向高质量发展阶段。更明确地说，高质量发展，就是经济发展从"有没有"转向"好不好"。因此，初创企业要以"高质量""高效率"为导向，有效地获取、配置和整合资源，抓住市场战略机遇，为成功创业提供坚实的资源保障。本章主要讲述创业资源的概念、类别，以及创业资源的获取渠道和开发整合的方法等相关知识。

【创业名言】

股东投资求回报、银行注资图利息、员工参与为收入、合作伙伴需赚钱、父老乡亲盼税收。只有消费者、股东、银行、员工、社会、合作伙伴六者的"均衡收益",才是真正意义的"可持续收益"。

——牛根生,内蒙古蒙牛乳业集团创始人

第一节　创业资源的内涵及种类

导入案例

李笑借力盖房子

20世纪90年代,正在读大学的李笑回到了位于四川省广安市的老家,当时他的父亲正在一条交通要道旁建造房子。父亲拿出多年的积蓄,雇了几名工人,但因为资金估算不准确,房子建了一半就没钱了。"等攒够了钱再继续施工。"他的父亲无奈地说。李笑里里外外地仔细看了看后说:"虽然我们自己没钱了,但是可以用别人的钱来盖这栋房子的房顶。""你是说去借?不行,能借到的在之前都借过了。"父亲显得很沮丧。"不用去借。"李笑到镇上的影楼里找到自己的摄影师朋友,为自己家没盖好的房子拍了几张照片,然后拿着这些照片,跑到城里参加了一场由政府组织的"文化产业博览会",博览会的信息是李笑这几天在网上搜索发现的。在博览会上,李笑找到一些企业主,他对那些企业主说:"这幢房子处在一个非常好的广告位置,我准备用来出租!"

因为这幢房子地处交通要道的旁边,企业主们都认为房顶和墙壁是广告宣传的理想位置,于是纷纷出高价竞争。几天后,出价最高的两家企业分别获得李笑家的房顶和墙壁商品广告宣传使用权。一年5万元的收入,不仅让李笑家的房子顺利盖上房顶,而且还让他家每年有一笔稳定的收入。

资料来源:张丹鹤,康潇珊,白江涛.我的事业我做主[M].上海:上海交通大学出版社,2020:91-92.

案例分析

1.请思考:李笑盖房子的过程中整合了哪些资源?

2.请评价:李笑借力盖房子给创业者带来怎样的启示?

一、创业资源的内涵

（一）创业资源的定义

资源是任何一个主体在向社会提供产品或服务的过程中，所拥有的能够实现其自身目标的各种要素及要素的组合。创业资源是初创企业在创造价值的过程中需要的特定资产，包括有形资产和无形资产。对于创业者来说，只要是对其创业项目和初创企业发展有所帮助的要素，都可以归入创业资源的范畴。

（二）创业资源的特点

1. 价值性

价值性是指创业资源能够为初创企业经营的效率和效果带来一定的价值。从价值创造的角度进一步分析：创业者不要一味地追求资源占有的数量，因为资源获取本身是需要承担成本的，占有太多的资源但却没有为企业创造价值，不仅是一种资源浪费，而且也会让企业为之付出不必要的成本与代价。当下，有一些初创企业为了快速筹集资金，想尽办法去上市，但上市后筹集到的资金如果不能更好地加以利用，一时间又找不到合适的投资项目，就会导致大量的资源闲置，造成很大的损失与浪费。因此，初创企业一定要注意挖掘和评估资源的价值潜力，使其更好地发挥作用，助力企业快速成长。

2. 稀缺性

稀缺性是创业者在获取其所需要的创业资源方面存在的局限性。这实质上是一种供求不平衡的状态，正是由于资源的稀缺性，创业者在寻求资源尤其是关键资源时，必须认真斟酌，分析其可获取的难易程度和可利用的价值，再作出相对合理的选择。例如，在创业过程中，创业者需要决定利用有限的资源去生产什么、如何生产、为谁生产，以及如何来满足人们的各种需求。此外，资源的稀缺性也受需求影响，我国经济持续多年快速增长，对能源和原材料等资源产生了极大的需求，二者消耗速度很快，相应地也变成了当下的稀缺资源。

3. 难以模仿性

难以模仿性是指创业者所掌握的资源无法被竞争对手复制，或是竞争对手需要付出极大的代价才能复制的资源。资源的难以被模仿主要源于三点：①创业者将独特的个人经历和强烈的个人色彩融入整个创业过程中，这是其他企业或个人无法复制的无形资源。②企业在创业过程中积累的资源，这一类资源与持续竞争优势之间的关系通常是模糊且错综复杂的，即使是亲身参与创业与成长过程的职业经理人，也无法很清楚地陈述出其中的关键因素。③复杂的社会关系，如果某企业的创业资源是在复杂的社会关系中发展并生成的，其他企业要想在自己的企业组织下模仿复制，基本上是实现不了的。

4. 不可替代性

不可替代性是衡量创业资源在初创企业中的重要程度，这一类资源不能轻易被其他资源取代。换句话说，就是某种资源很重要，如果替换它，需要企业付出很大的成本和代价，即便如此，有时候也无法成功替换。资源的不可替代性是一把双刃剑。一方面，这种不可替代性可以帮助企业筑高行业的进入壁垒，使一些竞争对手望而却步。另一方面，企业对该类资源表现出很强的依赖性，有时也会成为制约企业发展的瓶颈。创业资源在创业过程中是需要不断创新迭代的，因此，创业者的一项重要任务就是正确辨别各类创业资源之间的关系，对于关键资源，努力寻找适合的替代方式，以缓解资源短缺给企业带来的经营压力和风险。

二、创业资源的种类

从归属权的角度出发，可以把创业资源划分为内部资源和外部资源。

（一）内部资源

内部资源是指初创企业或者创业团队自己所拥有的，能够自由配置和使用的各种资源，如企业的创业者、员工、土地、厂房、机器设备、材料、资金、技术等，也包括创业者及员工的时间。企业对内部资源拥有的数量和质量决定了企业的竞争优势。内部资源的种类可以划分为人力资源、财务资源、物质资源、技术资源、组织资源等，见表7-1。

在上述五类内部的创业资源中，人力资源最为重要。相对而言，财务资源、物质资源、技术资源和组织资源只要配置合理就可以发挥很好的作用。而人力资源作为其他内部资源的基础内容，决定着所有资源的效能，直接影响着企业经营活动的效率和效果。创业团队是否具备及时发现问题、分析问题、解决问题的能力，往往是初创企业取得成功的关键。复星医药的"复旦五牛"、新东方的北大帮

表 7-1 内部资源的类别

资源类别	含义	具体体现
人力资源	一定时期内人们所拥有的能够被企业所用，且对价值创造有贡献作用的各种智力和能力的总称	创业者及创业团队的知识、技能和经验；团队成员的专业智慧、判断力、视野和愿景等
财务资源	企业所拥有的资本，以及企业在筹集和使用资本过程中所形成的独有的、不易被模仿的财务专用性资产	初创企业向债权人、权益投资者通过内部积累筹集的负债资金、权益资金和留存资金等
物质资源	维持企业内部日常运转、为实现企业经营管理目标的各项物质要素	厂房、建筑物、设施、机床、办公设备、原材料等
技术资源	与解决实际问题有关的软件方面的知识，以及为解决这些实际问题而使用的设备、工具等硬件方面的知识	工艺流程、加工方法、劳动技能和诀窍等；专用生产设备和工具等
组织资源	一般指企业的正式管理系统，是一种能够使组织区别于竞争对手的无形资源	组织结构、工作规范、信息沟通、决策体系、质量系统以及正式或非正式的计划活动等

"中国合伙人"等成功创业案例，都很好地说明创业团队是创业成功的决定性因素。可以说，企业之间的竞争归根到底是人才的竞争，创业者成功的创业经历必然有核心创业团队的加持。因此，高素质人力资源的获取和开发，是初创企业要高度重视的一项重要工作，并且要贯穿企业经营的全过程。

此外，初创企业在创业过程中不断积累的品牌效应、商誉等无形资产，也属于内部资源的范畴，这类内部资源通常一般不容易被竞争对手模仿，是企业的一种更高级、更有效的核心竞争力来源。初创企业在有效配置各类内部资源的同时，一定也要注意强化培育系统的资源利用能力和资源开发率，不断塑造企业和产品的品牌形象，提升品牌价值，为成功创业奠定坚实基础。

（二）外部资源

外部资源是指初创企业或者创业团队并不具有归属权，但通过某些利益共同点，可以在一定程度上加以配置和利用的各种资源。常见的外部资源有原材料供应商、技术供给者、销售商、广告商以及相关政府部门等。外部资源具有可利用性和相对无限性等特征。可利用性是指初创企业只要支付一定的使用成本或开发成本，就可以让外部资源为自己服务。相对无限性是指与企业的资源需求相比，外部资源无论在数量还是在种类的提供上都是无限的。外部资源的种类，可以划分为信息资源、政策资源、社会资源、文化资源、品牌资源和供应链资源等，见表 7-2。

表 7-2　外部资源的类别

资源类别	含义	具体体现
信息资源	初创企业在信息活动中积累起来的、以信息为核心的各类信息活动要素的集合	信息、信息技术、信息设备与设施、信息生产者（专业信息机构）等
政策资源	国家为实现一定时期内社会经济发展战略目标而制定的指导资源开发、利用、管理、保护等活动的指导战略	国家及地方政府部门（创业园区）颁布的各种政策、法规等
社会资源	初创企业与客户、政府、社区、金融机构等个人或组织之间在正式交往中而获得的关系资源。基于共同的社会文化背景，人与人之间在非正式交往中形成的关系资源	创业者及创业团队的人际和社会关系网络
文化资源	初创企业所置身的文化环境，能够对初创企业和创业者产生极大的精神激励作用，并使其以更强的动力和能力有效组合资源要素并创造价值	优质的民族文化、地域文化等
品牌资源	初创企业通过外部渠道建立和巩固品牌声誉与品牌形象的方法	营销沟通渠道包括媒体广告、公共关系等，优秀的创业孵化器等
供应链资源	围绕初创企业，从配套零部件开始，制成中间产品以及最终产品，最后由销售网络把产品送到消费者手中的一个整体的功能网链资源结构	原材料供应商、机器设备供应商、潜在客户、批发商、零售商、代理商等

　　上述的外部资源都是相对独立的利益主体，与创业者或者初创企业的关系也相对复杂。初创企业对外部资源缺乏足够的控制权和支配权，所以，创业者对外部创业资源的获取和整合方面，无论在难度上还是在进展上，都要远远高于内部资源。通常而言，初创企业对内部资源进行整合的主要目的是提高效率，而且并不存在无法使用和利用资源的情况。而对于外部资源的整合，最首要的目标就是要确保能够有效利用好这些外部资源的价值，然后再谈其他。

　　另外，创业者还需重点关注信息资源，因其是外部创业资源整合的基本要素。外部资源作为公域资源，所有初创企业都可以通过信息快速寻找和挖掘，哪家公司开发的外部资源越多，其创业成功的概率就越大。当然，外部资源在某种情况下也可以转化为内部资源，但一般都需要付出一定的代价，才能拥有外部资源的所有权和使用权。对于初创企业而言，应认真权衡资源获取代价的高低再做决定。

实训

王明的英语俱乐部

　　王明是一所重点大学的大三学生，非常有经商头脑，他曾经在学校食堂开过饮品店，赚了一些钱。这一次，王明看上了学校食堂四楼的一块空旷的大厅。这个大厅原来是一家餐厅，但是生意一直不景气，没开多久就关门歇业了。王明想利用这个大厅办一个英语俱乐部项目，请你帮助王明分析一下该创业项目需要哪些内部资源和外部资源。

第二节 创业资源的获取与整合

🔍 **导入案例**

四川航空的资源整合之道

在成都的机场有一个很特别的景象，当你下了飞机后，你会看到机场外停泊着上百辆的风行 MPV（多用途汽车）。只要是乘坐四川航空公司（川航）飞机的乘客，均可以免费搭乘该商旅车前往市区。川航的这一贴心服务得到了乘客的欢迎，但收益从何而来？

我们来一起了解一下川航开展这项服务的整个策划与实施过程。伴随着我国民航业的发展，航空公司之间的竞争也日趋激烈。为了延伸服务空间，川航一次性从风行汽车公司订购了 150 台风行菱智 MPV 作为旅客航空服务班车，从而提高服务水平。为此，川航还专门制定了完整的选车流程，班车除了要具备可靠的品质和服务外，车型的外观、动力、内饰、节能环保、操作性和舒适性等方面，都要能够达到服务航空客户的基本要求。航空公司一次性购买这么多辆商旅车，并为航空公司乘客提供免费接送服务，川航基于资源整合，设计了多方受益的商业模式。例如，对于原价 17.8 万元 / 台的商旅车，川航要求风行汽车公司用 9 万元 / 台的价格达成 150 台的交易，给风行汽车公司提供的优惠条件是：川航要求每位班车司机在载客途中向乘客宣传和介绍汽车的功能等。简单地说，就是司机在车上帮车商做汽车的广告推销，让乘客在免费乘坐体验中感受汽车的性能和车商细致周到的服务。

川航在雇用班车司机方面也有自己的商业逻辑。川航了解到在四川有很多找不到工作的人，其中部分人想要开出租车，但是从事这个行业要缴纳一笔可观的保证金，而且办理手续也相对烦琐。因此，川航征召了这批人，以 17.8 万元 / 台的价格出售给他们，并承诺他们每成功接送一位客户，川航就会支付 25 元人民币作为回报。之后，川航又推出"只要购买 5 折票价以上的机票，就可以享受免费接送市区"的系列活动。这样以多方资源整合为核心支持的商业模式就形成了。

这种联合营销模式对乘客而言，免费解决了机场到市区之间的交通问题。对风行汽车公司而言，虽然低价出售了汽车，但却赢得了150名业务员长期免费为公司汽车进行宣传推广。对班车司机而言，相对出租车的业务需要面临出门揽活儿的压力，而川航给他们提供了一条客户稳定的获利路线。当然，最大的受益者还是川航，通过一买一卖，从汽车销售中就进账1 320万元人民币，而且平均每年都能不断提升销售业绩。

资料来源：四川航空免费班车的商业模式[EB/OL].（2021-10-10）. https://wenku.baidu.com/view/0ac2f4fdd938376baf1ffc4ffe4733687e21fc82.html.

🔍 案例分析

1. 请思考：案例中的四川航空整合了哪些资源？
2. 请评价：四川航空的资源整合策略给我们带来哪些启示？

一、创业资源的获取

创业资源的获取是指在确认并识别资源的基础上，得到所需的资源并使之为创业服务的过程。这一过程不仅决定了创业者能否把创业设想转化为实际的创业行动，也决定了初创企业的契约组织的形成方式。

（一）创业资源获取的成功因素

创业资源获取的成功因素包括创业导向、商业创意、资源效用期望、创业者管理能力及社会网络等。其中，创业导向是影响创业资源获取的核心所在，如图7-1所示。

1. 创业导向

创业导向是指初创企业解决问题以及响应环境变化的一系列相关活动在管理实务上的具体表现。创业导向的不同会影响到初创企业的行业定位、产品、市场关系和企业资源配置方式，进而影响初创企业的绩效。具有显著创业导向的企业具备创新的态度和风险承担的能力，善于自主行动，通过积极开展资源的识别和开发，提升创业资源的获取成功率。

图 7-1 创业资源获取的成功因素

2. 商业创意

商业创意是指企业创造性的独特的想法，商业创意为初创企业获取资源提供了杠杆，是影响创业成功的关键因素之一。能否成功获取资源有赖于创意的价值被资源所有者认同的程度。目前，市场上能够吸引风投或消费者的正是那些具有极高商业价值的独特创意。例如，赞意（Goodidea）成立于 2012 年，通过品牌年轻化、娱乐营销、跨界营销、种草带货等方式，实现了品牌与中国年轻消费者的无缝连接，依靠自建种草模型来协助产品产生传播裂变效应的这一商业创意，使该家企业迅速成为业界知名的互动广告传媒企业。

3. 资源效用期望

资源效用期望是指创业者往往对于同一类的创业资源具有不同的效用期望，但因创业资源的异质性及其效用的多维性，有些期望是难以依靠市场交换而得到满足的，也因此限制了某些资源的利用效果。创业者可以考虑通过资源要素的不同组合，创新资源的配置方式，开发出资源整合后的新效用，以更好地满足资源所有者的期望。这样，创业者就更有把握从资源所有者手中获得资源的使用权，助力企业开展正常的生产经营活动。

4. 创业者管理能力

创业者管理能力是企业软实力的主要表现，可以从管理者的沟通能力、激励能力、行政管理能力、学习能力和协调能力等多方面予以衡量。创业者的管理能力越强，越有利于成功获取关键资源，而且，这种能力还能够为初创企业营造良好的管理秩序和工作氛围。有的大学生创业者因管理经验不足、管理能力欠缺，在短时间内难以更好地获取和整合内外部创业资源，使企业陷入经营困境。所以，创业者应在实践中不断探究新知、积累经验，全面提升自身管理能力，并高度关注创业团队的学习和成长，带动整个企业核心管理团队加强统筹协调各类内外部创业资源的能力。

5. 社会网络

社会网络是指社会个体成员之间因为互动而形成的相对稳定的关系体系，包括朋友关系、同学关系、生意伙伴关系、种族信仰关系等。创业资源广泛存在于各类资源所有者手中，而这些所有者又置身于一定的社会网络中。因此，创业者在开展商业活动时，客观上会与自己所在社会网络及在网络中地位有一定的关联度。例如，Dormi 是由几个广东外语外贸大学的学生共同创办的宿舍家居电商，主要面向大学生提供宿舍家居装饰用品等服务。创始人余梓熔解释 Dormi 的意思就是"dormitory and I"，即"宿舍与我"，依靠广州大学城在校学生朋友圈的社交裂变营销模式，迅速在大学生中积聚一批忠实的客户。

（二）创业资源获取的主要方式

创业资源获取的主要方式有市场方式和非市场方式两大类。当创业所需要的资源有活跃的市场，或者有类似的可比资源进行交易时，可以采用市场方式，这是因为市场能够通过价格变化，及时、准确、灵敏地反映供求关系变化，促进资源的合理配置。其他情况下，则可以采用非市场方式。

1. 通过市场方式获取创业资源

（1）购买。购买是指利用财务资源通过市场购入的方式获取资源，包括购买厂房、设施等物质资源，招聘员工，或通过外部融资获取资金等。通过购买的方式可以让初创企业快速拥有创业所需要的相关资源，但是这种方式往往需要投入很大的成本，给初创企业造成一定的经济压力。另外，对于知识尤其是隐性知识等资源，一般来讲，很难通过市场方式直接购买到，但这类资源有时会附着在非知识资源之上，企业可以通过购买其他资源（如机器设备等）的方式来获取，这一点需要初创企业多加关注。如果此法不通，也可通过非市场方式进行开发或积累。

（2）联盟。联盟是指通过联合其他组织，对一些难以自行开发的资源实行共同开发。针对这部分创业资源，仅凭一家初创企业的能力很难成功获取，此时，可以考虑选择通过联盟的方式实现资源的有效配置，达到抱团增收的效果。这种方式还可以稀释或转移初创企业的创业风险。所以说,通过联盟获取资源,对于创业者来说,也是一个不错的选择。但在选择联盟方时,要确认清楚联盟双方在资源和能力方面是否能够达到互补,对资源的价值及其使用是否能够达成一定的共识,且能够获得各自所需利益。这些条件和要求都明确后,再决定是否建立联盟关系。

2.通过非市场方式获取创业资源

(1)资源吸引。资源吸引是指发挥无形资源的杠杆作用,利用初创企业的创业计划和创业团队的声誉,通过对创业前景的描述来获得或吸引物质资源、技术资源、人力资源和财务资源等。一份优秀的创业计划书,配上一支在行业中享有一定声誉的创业团队,可以产生极大的资源吸附能力。目前,国内许多"独角兽"公司都是在一无所有的情况下,凭借创业团队的创业描述,成功吸引了资金方注资和战略投资者入股。

(2)资源积累。资源积累是指利用现有资源,在企业内部通过培育形成所需要的资源,主要包括自建企业的厂房、设备,在企业内部开发新技术,通过培训来增加员工的技能和知识,通过企业的自我积累获取资金等。资源积累是被大多数企业广为使用的资源获取方式。初创企业可以按照创业周期和发展的不同阶段逐步积累资源。但这种积累方式一般历时较长,在激烈的市场竞争环境下,初创企业还需综合权衡资源积累付出的时间成本。

(三)各类主要创业资源的获取途径

1.人力资源的获取途径

对初创企业而言,人才是可遇而不可求的。企业任用人才的关键在于挑选那些具有潜力且有强烈的事业心、对企业有认同感的员工。目前,初创企业获取人力资源的途径主要包括社会招聘和内部培训两种,两种途径各有利弊,在具体操作时要加以关注,见表7-3。

表7-3　社会招聘和内部培训的优劣势分析

类别	优势	劣势
社会招聘	1.社会招聘可以给企业增添新鲜血液,新员工能够带来新观点和新认识 2.外聘人才也能给企业内部员工造成一种压力,迫使内部员工更加努力工作 3.可以节省时间和企业培训费用	1.外部招聘成本高 2.外聘人才需要花费较长的时间了解企业,从而会影响企业整体绩效

续表

类别	优势	劣势
内部培训	1. 人才忠诚度较高 2. 可以对员工起到激励效果 3. 可以节省外部招聘高额的招聘成本	1. 一般耗时较长 2. 容易造成"近亲繁殖"，在组织内部形成错综复杂的关系网

创业者要善于激发人力资源蕴藏的创新思维，调动其工作热情，可以考虑把通过不同途径获取的关键员工，集中在一起工作，有利于产生思维碰撞，研发出具有突破性的创新成果。创业团队的集合优势和团队行为是应对创业过程中资源短缺和经验缺乏等各种难题的有力武器，其成长能力和积聚力量也是其他资源无法替代的。对于初创企业，把人才引进来仅仅走完了第一步，如何留住人才，并使人才持续在企业中发挥最大价值，这是值得创业者重点关注的问题。初创企业应将人才战略作为企业发展重中之重的工作，通过市场方式获得人才，通过非市场方式留住人才，切实提高企业吸引人才的能力。围绕这项工作，企业可从以下几方面做好内功。

（1）建立完善的企业薪酬制度，以吸引和激励人才。

（2）建立培训机制，让人才在企业里充分发挥其最大的潜能。

（3）善待员工，让员工有家的感觉，这种善待不仅是指给予人才精神上的鼓励，也要配以物质激励。

（4）要量才而用，用人的长处，规避人的短处，将适合的人安排在适合的岗位上。

（5）分工要明确，合理划分各部门的职责范围，各部门业务尽量不要出现交叉、重叠。

2. 技术资源的获取途径

核心技术是初创企业获得竞争优势的关键因素之一。技术资源的拥有情况对初创企业整体的资源配置方式起到根本性的决定作用，技术水平的高低不仅影响初创企业产品的市场竞争力和获利能力的大小，也直接影响企业所需创业资本的多少。技术资源的获取途径主要有以下几种。

（1）吸引技术持有者加入创业团队。

（2）购买他人的成熟技术，并进行技术市场寿命分析等。

（3）购买他人的前景型技术，再通过后续的完善开发，使之达到商业化要求。

（4）与技术持有者建立战略联盟。

（5）自己进行研发。

由于初创企业很难有实力具有技术优势或保持技术领先，因此，可以通过整合企业之外的技术资源，更多地汲取和依赖所处经济环境赋予的技术资源，也可以通过与大专院校、科研院所合作，获取技术上的前沿人才或专利成果。当前，各大高校也非常有意愿与企业开展深度合作，将研究成果快速转化为具有商业价值的产品。

3. 客户资源的获取渠道

客户资源是企业最重要的资源之一，企业生产的产品没有客户购买就代表是废品。客户同企业之间的关系是一种相互促进、互惠共赢的合作关系。客户能够给企业创造利润，同时客户也是企业发展源源不断的支撑力量。因此，企业必须不断提升服务质量、完善服务体系、提高管理水平，通过多渠道吸引客户源，这样，才能使企业拥有稳定的客户。客户资源的获取方式主要包括市场走访、广告、网上供求信息、交易会、企业各类活动、企业电商平台、搜索引擎等，见表7-4。

表7-4 不同获客渠道的特点比较

获客渠道	渠道说明	客户覆盖面	客户针对性	主（被）动性	获客成本
市场走访	企业在选定的市场区域内，针对特定群体，用上门、电话或邮件等方式进行寻找与确认	小	强	主动	高
广告	向目标客户群发送广告，吸引客户上门，展开业务活动或者接受反馈	大	低	被动	高
网上供求信息	通过网络查找潜在客户发布的求购或供应信息，进而确定目标客户群体	中	强	主动	低
交易会	通过国内外各类交易会，如广交会、高交会、业务博览会等寻找目标客户	中	中	被动	中
企业各类活动	通过企业自身的公关活动、调研活动、促销活动、技术支持和售后服务活动等接触客户	小	强	主动	中
企业电商平台	通过一些电商平台进行网上贸易，网上有企业的固定主页，不但可以寻找客户，更重要的是有需求的客户也可以找到企业	大	中	被动	中
搜索引擎	通过关注度较高的搜索引擎，吸引客户找到企业	大	中	被动	中

初创企业在不同的创业阶段会使用不同的获客渠道。例如，在创业初期，创业者会通过网上的供求信息、搜索引擎寻找客户。进入发展期，初创企业有了一定的经济基础，可以选择举办各类商业活动、参加国内外各类交易会等方式选择

客户。企业进入成熟发展阶段，可以通过建立自己的电商平台吸引客户。初创企业想要长远发展，就要努力寻找各类有需求的现实客户和潜在客户，学会善于利用各类客户渠道增加和积累客户资源。

4. 财务资源的获取途径

初创企业的财务资源主要包括资金、资产和股票等。由于创业者在创业之初，一般没有固定资产或资金作为贷款的抵押和担保，故创业资本很难通过传统的筹资渠道来获得。从现行的政策来看，大多数小微型的初创企业都无法满足股票市场、债券市场融资的规定和要求，从而无法从这些渠道中获取所需的资金。因此，创业者更多依赖的是通过自有资源、风险投资、天使投资及政府扶持基金等方式获取财务资源。（有关财务资源的获取途径和方法的具体内容详见本书"第九章　创业融资"中相关内容）

二、创业资源的整合

创业资源的整合是指寻找并有效利用各种创业资源的过程，且这一过程应具备两个基本特点：①要尽量多地发现有利的创业资源。②要以效率相对最高的方式来配置、开发和使用这些创业资源。

（一）创业资源整合的目的

资源整合是企业战略调整的手段，也是企业经营管理的日常工作，整合就是要通过优化资源配置来获得资源的整体最优。随着全球经济一体化进程的加快，初创企业要想在日益激烈的全球竞争中占有一席之地，不仅需要通过组合方式整合好内部资源，还需要通过重组并购等手段整合外部资源，以提高效率、降低成本、扩大市场占有率、增强企业的核心竞争力，使企业获得新的发展机遇。

当前，我国企业已经在规模上不断扩大，取得了一定的优势，竞争能力在国际上也有了明显的提升。党的十八大以来，党中央准确把握国际国内环境新变化，科学分析我国经济发展的阶段性特征，提出了我国经济发展已经进入新常态的战略判断，揭示了中国经济正在向形态更高级、分工更复杂、结构更合理的阶段演化的必然趋势，为中国经济未来发展指明了方向。适应新常态、把握新常态、引领新常态，是当前和今后一个时期我国经济发展的大逻辑。在科学发展观的指导下,"高耗能、高污染、低效率"的经济增长模式已经不能持续,粗放式管理方式即将走到尽头。在这一背景下,初创企业如何在经济结构调整和经济波动双重压力下,寻找一条适合自己的发展之路,关键在于是否能够把握好市场经济的规律,对内外部资源进行有效整合,通过市场这一推手,推动资源配置实现效益最大化和效率最优化,为企业释放更多空间和活力来发展经济、创造财富。

(二)创业资源整合的原则

1. 外部资源整合的原则

(1)比选。外部资源有多种类别,可以为创业者提供多样选择。不同的外部资源会对创业项目产生不同的成本和收益,当然,也会因其特点不同,给创业者获取该类资源带来一定的不确定性。因此,创业者要根据创业项目发展的需要、自身实力及资源的可获取性,选择最适合的外部资源。例如,某汽车金融企业拟寻求资金供应商作为合作伙伴,有的资金供应商提供的资金价格较低,但对资金投向有严格的指向和风险管控要求。有的资金供应商虽然对资金用途的约束较少,但是资金价格却相对很高。所以,如果该企业想从这两家资金供应商中作出合理选择,就应先充分考虑自身业务特点、财务能力和盈利要求等因素,再做定夺。

(2)信用。在进行外部资源整合的过程中,信用和信誉是决定能否长期使用并利用外部资源的关键因素。可以说,与外部创业资源打交道,在某种程度上也是在与人打交道。我国2021年1月1日实施的《中华人民共和国民法典》(以下简称《民法典》)第七条规定:"民事主体从事民事活动,应当遵循诚信原则,秉持诚实,恪守承诺。"诚实信用是商品经济关系中最基本的道德规范,将诚实信用规定为民事法律的基本原则之一,正是将这一道德规范进行法律化的表现。对于创业者而言,在获取资源和整合资源时,切勿因一己私利而逾越警戒线。

(3)提前。由于外部资源整合的难度较大,进展速度也相对缓慢,另外,外部资源的发现也是需要一定的时间和过程的,所以,创业者不能等到需要的时候才开始考虑外部资源整合的问题,而应当用超前思维将相关工作作出预案,打出提前量。例如,初创企业在产品研发阶段就要考虑如何在全国布局销售网络,提前与目标市场的零售商和代理商建立渠道关系,将可预测的情况提前处理好,待时机成熟，便可以马上在目标市场进行铺货销售，避免因某一环节出现问题而贻误商机。

2. 内部资源整合的原则

（1）公平。公平在实际操作时是很不好把控的。对于具有相对独立利益主体特征的资源，在整合的过程中，要注意体现不同资源主体之间的公平原则。尤其是对于企业内部的人力资源，初创企业员工之间经常出现信息不对称或沟通不畅，导致员工对自认为不公平的现象产生不满情绪，给资源整合带来不同程度的阻碍。例如，有的创业者因创业初期资金短缺，惯于对创业初期加入企业的员工施以更多的愿景激励，而物质激励相对匮乏。随着创业进程的不断深入，企业可能以高薪引进更加需要的专业核心人才或高级管理人才，但却忽视了创业初期对团队成员的承诺，导致员工对创业者产生误解，严重时会使人心涣散、分崩离析。因此，创业者要尽可能做到"言必信，行必果"。如果因特殊情况，未能兑现承诺，也一定要及时与员工做好沟通。

（2）企业利益相对最大化。创业资源整合的根本目的就是实现初创企业利益的最大化。但从管理学的角度来看，企业因受多种因素的制约，"利益最大化"是很难实现的，但追求"利益相对最大化"则是可以通过努力较容易达到的。所以，创业者要兼顾好这一原则，就要协调好当前利益与长远利益之间的关系，并避免二者之间产生冲突。例如，有的初创企业觉得企业花费大量时间和成本，给员工提供各类提升技能的培训机会，并不是很划算的事情。尤其是把员工培养成熟手了，员工就具备了跳槽的本事，容易引发优秀人才的流失。这种观点其实是短视的，如果员工能力不能得到快速提升，从长远看，会严重影响企业的发展后劲，而且员工满意度和忠诚度也会不断下降，反而更加快了员工的流失率。实际上，员工培训虽然短时间内难以看到成效，但基于企业长远利益考虑，创业者应加大力度，做好员工的培训工作。

（3）缓冲。多数初创企业主要是依靠自有资源作为经营资本，抗压能力和抗风险能力都较弱。当企业面临困难和挫折需要求助外援时，经常会处处碰壁。因此，创业者要明白"事缓则圆"的道理，对暂时不能推进的事情先缓下来。另外，为满足不时之需，在对内部资源整合的过程中一定要给企业留有余地。例如，初创企业在资金方面有适当的储备资金是很有必要的，因为初创企业在处于困境的情况下，想要进行二次融资，通常都是非常困难的。

（三）创业资源整合的步骤

创业资源的整合是一个复杂的过程，是初创企业对不同来源、不同层次、不同结构、不同内容的资源进行选择、汲取、配置、激活和有机融合的过程，是对原有的资源体系进行重构，摒弃无价值的资源，使之具有更强的条理性、系统性和价值性，形成新的核心资源体系。创业资源的整合可以分为资源扫描、资源控制与整合、资源利用和资源拓展四个步骤，如图 7-2 所示。

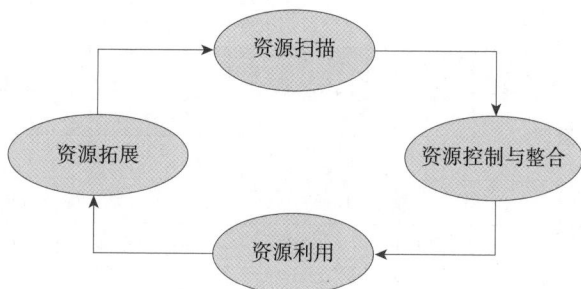

图 7-2　创业资源整合的步骤

1. 资源扫描

创业者应非常清楚自己的资源禀赋及企业所拥有的最初资源，并由内及外对创业资源进行盘点和审视。

（1）创业者要先将已有资源识别出来，包括己方所有有价值的有形资产和无形资产，如人才、技术、设备、品牌等，找出自有资源存在哪些优势和不足，同时辨清哪些属于战略性资源、哪些属于一般性资源，做好资源分类，便于区别管理。另外，还要确定资源的数量、质量、使用时间及使用顺序等。

（2）在扫描自有资源的同时，也要对外部环境进行扫描，及时发现初创企业所需的外部资源，确定自己所急需的创业资源可以从哪些渠道获得，以及谁拥有这些重要资源，并对各种资源渠道的获得难易程度进行排序。

创业者在进行资源扫描时，应基于初创企业的创业目标和创业计划，充分把握自身已有和待获取的内外部资源，可参照资源扫描清单，见表 7-5，形成与企业相符的资源列表。

初创企业按照资源扫描清单对内部资源进行扫描时，不但要清晰全面地罗列出内部资源的明细项目，还要针对每一项内容的优势、劣势进行分析，为后续有针对性地开发与补强提供依据。对于已经成功获取的外部资源，初创企业要辨别

表 7-5　资源扫描清单

	资源类别	资源项目	资源数量	资源价格	优势和不足	备注
内部资源	人力资源					
	财务资源					
	物质资源					
	技术资源					
	组织资源					

	资源类别	已获取的资源		待获取的资源		
		资源项目	说明	资源项目	获取渠道	说明
外部资源	政策资源					
	社会资源					
	供应链资源					
	…					

它的可靠性。而对尚未成功获取的外部资源，初创企业要详细分析资源的获取渠道及资源拥有者的情况，尤其要对资源所有者的利益需求进行深度分析，并与自己所拥有的资源进行比较，找到双方利益的契合点。

2. 资源控制与整合

资源控制的范围包括创业者自身拥有的资源、通过交易等形式可获得的资源，以及通过社会网络等形式可以控制的资源。在获取资源的过程中，创业者需要判断这种资源是否是实现企业目标的关键。资源控制与整合的方法包括资源拼凑、步步为营、资源杠杆等。

（1）资源拼凑。资源拼凑是指创业者利用手头已经存在的资源，创造出独特的服务和价值，或创造性地利用资源。很多企业在创办之初都会不自觉地采取拼凑方法。从拼凑内容的全面性角度可将资源拼凑分为全面拼凑和选择性拼凑。

全面拼凑是指创业者在物质资源、人力资源、技术资源、客户资源等诸多方面长期使用拼凑方法。我们并不建议企业长期使用这种方法，因为在企业步入稳定发展阶段以后，如果继续长期使用全面拼凑的方式来整合资源，会导致企业在内部经营管理上无法形成标准化的规则章程，在外部拓展市场上也会因为采用低标准资源而遇到阻力，使企业处于混沌状态，不能顺利走上正常轨道。最重要的是，初创企业如果在每个领域都采用拼凑手段，久而久之容易被外界认定成标准低、质量次的"拼凑型企业"，这种定位一旦形成，企业就会丧失更有利润的客户群，也很难开发新的市场。

选择性拼凑是指创业者在拼凑行为上有一定的选择性。在应用领域上，他们往往只选择在一两个领域内进行拼凑。在应用时间上，他们只在早期创业资源紧缺的情况下采用拼凑方法。随着企业的不断发展，创业者会逐渐减少拼凑的频次，直到最后完全放弃。只有这样，才能使企业彻底避免拼凑带来的负面影响，更好地满足更广泛的市场需求。

综上，选择性拼凑是创业者在创业初期首选的资源整合策略，但有时限于自身条件而不得不选择全面拼凑，那也要在后续创业过程中努力做到"有所为、有所不为"。

（2）步步为营。步步为营主要指在缺乏资源的情况下，创业者分多个阶段投入资源，并且在每个阶段或决策点投入相对最少的资源。

步步为营的策略首先表现为节俭，设法降低资源的使用量和管理成本。对于初创企业而言，前期资金投入受限，步步为营的策略可以彰显其益处。但如果过分通过降低成本来谨慎化经营，也会使企业缺乏创新动力之源，会影响产品和服务质量，最终会制约企业可持续发展。例如，有的创业者为了节约成本求生存，以次充好，有的甚至还忽视了环境保护这一重大问题，类似这样的创业活动并不可取，虽然短期内可能赚取一定的利润，但这种获利却有违一位真正创业者应该承担的社会责任，长久以往，也必定会失去消费者的信赖，自断前程。习近平总书记考察洱海时指出："要把生态环境保护放在更加突出位置，像保护眼睛一样保护生态环境，像对待生命一样对待生态环境。"希望每一位创业者都要谨记。

步步为营的策略还表现为自力更生，减少对外部资源的依赖。很多时候，步步为营是创业者在资源受限的情况下寻找实现企业目标的途径，更是在有限资源约束下获取满意收益的方法。习惯于步步为营的创业者会形成一种审慎控制和管理的价值理念，最大限度地发挥企业内部资源的作用，降低经营风险。但这种经营策略有时会使创业者降低链接和获取外部资源的机会，失去开创新疆域的上升动力。对初次创业的大学生创业者而言，要注重步步为营策略的优劣势分析并谨慎使用。

（3）资源杠杆。资源杠杆效应就是以尽可能少的付出获取尽可能多的收获。资源杠杆效应的发挥是一个创造性产生的过程，成功的创业者善于利用关键资源的杠杆效应，利用他人或者别的企业的资源来实现自己创业的目的：用一种资源补足另一种资源，产生更高的复合价值，或者利用一种资源撬动和获得其他资源。其实，大企业也不只是一味地积累资源，它们更擅长通过资源互换，进行资源结构的更新和调整，不断积累有价值的战略性资源，这一点是非常值得初创企业认真学习的宝贵经验。

对创业者来说，容易产生杠杆效应的资源主要包括人力资源和社会资源等非物质资源。初创企业由于资金缺乏、时间紧迫，因此，最合适的杠杆就是创业者个人的素质和能力，有专业知识技能和先前创业经验的创业者能够更快地整合资源。例如，360创始人周鸿祎在创业之前，凭借在雅虎的工作业绩，已经在互联网界小有名气，当周鸿祎离职创业后，能够快速地聚拢创业团队，并能顺利拿到创业融资。

社会资源有别于人力资源，它存在于社会结构之中，为社会结构之间的行为者进行交易与协作提供便利。创业者个人的社会网络提供了开拓不同市场的信息，有助于加强创业者对特定商业活动的认知和理解，使创业者更容易识别出在常规商业活动中难以被其他人发现的客户需求，进而更容易获得资源。创业者可以从各种不同的社会结构中获得相应利益，这也正是其杠杆的作用所在。例如，携程创业四君子中，除CEO梁建章外，沈南鹏、范敏、季琦均是上海交通大学校友。在早年的中学生计算机竞赛上，沈南鹏和梁建章同时获奖，并建立友谊。后来，梁建章与季琦、沈南鹏等校友聚会，决定整合各自资源一起做一个向大众提供旅游服务的电子商务网站。自此，开启了携程的创业之旅。

3. 资源利用

资源利用即在控制和整合大量资源的基础上，将这些资源合理有效地配置到最能发挥其使用效益的地方，体现出这些资源的价值。资源通常与利益相关，创业者在使用其获取的各类资源时，要想使资源发挥长效价值，就一定要设计好有助于资源利用的利益机制。利益关联者之间的利益关系有时是直接的，有时是间接的，有时是显性的，有时是隐性的。资源整合利用是多方面的合作，成功的合作需要寻找和设计出多方共赢的机制，使各方面的利益都得以实现。创业者在构建资源利用的共赢机制时需注意以下几个方面。

（1）描绘共同愿景。与创业者有利益关系的资源投入者，对资源投入的诉求要么是保健因素，要么是激励因素。因此，创业者在创业伊始，就要描绘出企业的发展蓝图，并能为资源投入带来收益或事业发展提供平台。

（2）树立目标导向。创业者与资源投入者通过强调共同目标和建立信任来促进相互间的协作，建立以共同目标为导向的管理制度，通过"激励相容"的制度安排，使资源参与各方追求自身利益的行为，与创业者实现企业价值相对最大化的目标相吻合。西贝的合伙人制度便是激励相容制度的最佳实践。创始人贾国龙通过股权配置将总店与分店的目标进行统一，员工帮助企业实现利润的同时，也在为自己赢得收入。

（3）激励约束。创业者要建立一套完善的、切实可行的激励约束机制，对于业绩突出并对企业发展作出重大贡献的资源方要加大奖励力度。而对于业绩较差或制约企业发展的资源方来说，创业者要建立惩罚和退出机制。当然，说来容易做来难，若想有效到达预期目标，还需要创业者在实践中不断摸索和积累经验。

创业者在设计共赢机制时，既要帮助对方扩大收益，也要帮助对方降低风险。其实，降低风险本身也是扩大收益。这样，创业者才能与资源投入者之间建立稳定的信任关系。应该说，对于已经在长期合作中获益的利益关联者，双赢或共赢的机制运行良好，那么未来的进一步合作就很容易水到渠成。但对于首次合作的利益关联者，在建立共赢机制之前，一定要知己知彼，通过谈判技巧，让对方看到创业项目未来的潜在收益，促使对方愿意为之投入资源。

4. 资源拓展

资源拓展是指将以前没有建立起联系的资源通过某种方式联系起来，将新获取的资源与已有的资源加以联结融合，并进一步开发潜在的资源为企业所用，这也是企业保持持续竞争优势的根本来源。此外，资源开拓创造过程还能帮助初创企业更充分地发现和掌握创业机会，为其发展带来新的能量。资源拓展包括资源横展和资源转化两个方面。

（1）资源横展。资源横展是将获取到的创业资源与企业原有的资源进行整合，并横向拓展应用于新的领域。新的领域需要创业团队时刻保持敏锐的触觉，不断寻找和识别市场机会，最大限度地创造和发挥资源价值。例如，美团是中国最大的生活服务电商平台，业务囊括餐饮、外卖、出行、旅游、到店、生鲜团购等，通过线上平台整合线下资源，以"吃"为核心拓展至本地化生活服务全场景。

（2）资源转化。资源转化是初创企业将创业资源转化为能力的过程。创业者获取的内外部创业资源只有有机地勾稽在一起，才能形成整体合力。否则，就只是资源的简单叠加。因此，在资源转化过程中，创业团队要全面审视和分析内外部资源，从战略、组织、流程和机制建设等方面全面搭建体系能力，通过体系能力巩固和拓展内外部资源。例如，携程旅行网在资源拓展阶段把重点放在资源转化过程中，对不同来源的创业资源去芜存菁，提炼整合形成公司的核心竞争能力。在线票务服务平台竞争加剧，携程能够将内外部资源转化为强大的体系能力，无论是面对外部竞争打压还是面对内部组织矛盾，都能够通过体系能力顺利化解。

创业活动基本都是在资源受到不同程度限制的情况下开展的商业活动。一个成功的创业者，对把握商机过程中所需要的资源都有着自己独特的看法，在初创企业成长的各个阶段，都会努力做到用尽可能少的资源来推进企业向前发展。对创业者来说，资源的所有权并不是关键，关键是对他人资源的控制程度和影响力。换言之，创业之初资源的匮乏性凸显出创业者对资源掌控能力的重要性，即如何能够利用他人的资源，如何创造性地整合资源。这都是创业者要高度关注的问题。

🔍 综合实训

创业资源整合实训

一、实训目的

通过本次实训，学生结合大学期间参与的创业项目，具体分析项目实施所需要的创业资源，能够提出资源开发与整合的初步方案。

二、实训活动

参训同学依据本人在大学期间参与的创业项目，根据实际情况列出项目所需要的资源，并辨别哪些是已经获得的资源，哪些尚需要开发和利用，针对需要开发的资源制定切实可行的资源整合方案。

1. 项目名称。

2. 项目实施需要的资源（外部资源、内部资源）。

3. 已经具备的资源。

4. 资源开发的途径。

5. 资源整合的方法。

 即测即练

 思考题

1. 简述创业资源的内涵及特征。

2. 简述内部资源和外部资源的种类。

3. 创业资源整合如何取得"1+1 > 2"的效果？

4.《公司》杂志曾发表过一篇文章称"缺乏资源是一种优势"，请分析并阐述观点。

5. "在资源开发与使用的过程中，一定要量力而行"，你是如何理解这句话的？

 拓展案例

百度的首轮创业融资

百度在线网络技术（北京）有限公司（以下简称"百度"）是目前全球最大的中文搜索引擎、最大的中文网站。百度的出现使我国成为除美国、俄罗斯和韩国之外，全球仅有的 4 个拥有搜索引擎核心技术的国家之一。百度创建于 2000 年 1 月，但从 1995 年开始，身在美国硅谷的百度创始人李彦宏就利用每年回国的机会考察国内的市场。那时，他并没有急着回来。因为"感到中国还不需要搜索这个技术，大家还在推广网络的概念"。1999 年 10 月，政府邀请一批留学生回国参加"国庆典礼"，李彦宏也在受邀之列。这次行程坚定了他回国创业的决心："大家的名片上开始印 E-mail 了，街上有人穿印着 com 的 T 恤了。"更为重要的是，"我国出现了一批能够为搜索业务付费的门户网站"。

返回美国之后，手中握有全球第二代搜索引擎核心技术"超链分析"专利的李彦宏，找到了自己刚刚从美国东部闯荡硅谷时认识的好朋友徐勇。1999 年 11 月，

徐勇邀请李彦宏到斯坦福大学参加自己担任制片人的《走进硅谷》一片的首映式。第二天，两人就基本敲定了市场方向、股权分配、管理架构及融资目标等回国创业的大致框架。

此时互联网行业方兴未艾，为了凭借自身团队的价值成为公司绝对控股的大股东，以便为将来的阶段性融资奠定基础，他们只制定了 100 万美元的融资计划，并开始寻找融资目标。在与各种背景的投资者接触后，很快就有好几家 VC（风险投资）愿意为他们投资，它们看重的是三个因素：中国、技术、团队。"我们选了一家，即 Peninsula Capital（半岛资本）。" Peninsula Capital 是李彦宏要和另一家投资商签署协议时才开始接触的。"当时急着回国，所以我们只给了它们一天的时间。"巧的是，Peninsula Capital 的一个合伙人 Greg 是徐勇拍摄《走进硅谷》时采访过的人。Greg 对徐勇说："从你拍的片子我就知道你能成事。但我不认识他（指李彦宏）。你说他的技术如何了得，有什么办法让我们相信？"不过，按照创投行业惯例，在与李彦宏工作的 Infoseek 公司 CTO 威廉·张通了电话后，Greg 下定了决心：威廉·张认为，李彦宏是全世界搜索引擎领域排名在前三位的专家。

2000 年初，Peninsula Capital 还联合高盛、Redpoint Ventures（红点投资）向我国最早的 IT 交易网站"硅谷动力"投资了 1 000 万美元，但是由于没有在搜索领域的投资经验，他们又拉来了 Integrity Partners 一起投资。这家 VC 主要由 INKTOMI（美国著名的搜索引擎公司，后被 Yahoo 收购）的几个早期创业者创办。两家 VC 决定联手向百度投资 120 万美元（双方各 60 万美元），而不是李彦宏当初想要的 100 万美元。

"当时我觉得，需要 6 个月的时间把自己的搜索引擎做出来。"投资人问李彦宏，如果投资更多的钱，是不是可以缩短这一时间，他的回答是否定的。但事实上，从 2000 年 1 月 1 日开始，百度公司在北大资源楼花了四个半月的时间就做出了自己的搜索引擎。不仅如此，为了防止市场发生大的变化，原计划 6 个月用完的钱，百度做了一年的计划，从而坚持到了 2000 年 9 月第二笔融资到来的时候。此后，第一轮投资者 Integrity Partners 为百度引来了第二轮融资的领投者德丰杰全球创业投资基金（DFJ），因为 Integrity Partners 的创始人之一 Scott Welch，早年创建一家购物搜索引擎公司时曾得到过德丰杰的投资。

资料来源：百度公司创业融资案例 [EB/OL].（2021-06-14）. https://wenku.baidu.com/view/ff1abfd44593daef5ef7ba0d4a7302768e996f86.html.

第八章 初创企业财务分析

知识目标

1. 掌握企业创业初期所需要的资金测算方法。
2. 掌握初创企业常用的财务分析指标。
3. 了解资产负债表、利润表和现金流量表的含义及关系。

能力目标

1. 能够制定创业项目的启动资金测算表。
2. 能够编制初创企业的财务报表。

素质目标

1. 培养学生具备求真务实、科学管理、开源节流的财务管理素质。
2. 培养学生提升财务管理意识，增强对财务管理工作的责任感和使命感。

任何一个创业项目从启动到盈利，都需要一个过程才可能会有利润收入，这个过程可长可短。对于创业者而言，合理测算并筹集创业所需资金是最基本的素质要求，同时还应具备相应的财务管理知识，以更好地监控公司的经营情况。所以，初创企业首先要测算出需要多少启动资金，这对企业后续顺利开展经营活动非常重要。如果测算后资金出现不足，为避免企业在经营过程中出现资金断流，创业者可以通过自筹或融资等方式来获取启动资金。如果启动资金出现过剩，且不有效加以利用，也会造成资金浪费。这些情况都是企业不希望发生的，创业者及团队成员对此要给予高度重视与关注。本章主要讲述创业项目的启动资金测算、初创企业常用的主要财务分析指标及初创企业的财务报表分析等相关知识。

【创业名言】

做生意应坚持这样一个观点，就叫作获取利润之后的利润，核算成本之前的成本。学会让而不是学会送，商人的最高境界是让，送是慈善。

——冯仑，万通投资控股股份有限公司董事长

第一节　创业项目启动资金测算

🔍 导入案例

开办一家菜鸟驿站的启动资金测算

电商的快速发展，带动了人们对快递服务的需求。2022年初，国家邮政局公布数据显示，2021年我国全年快递总量达到1 085亿件。菜鸟驿站是提供收发快递服务的枢纽，可以解决接收快递不及时、邮寄快递不方便等问题。目前，菜鸟驿站已在全国广泛覆盖。那么，如果我们想要在国内二线城市普通居民区开办一家菜鸟驿站，会需要多少启动资金呢？一起来测算一下。

首先，需要租一个30平方米左右的店面，每月租金约为3 000元，租金通常是预付3个月，预留1个月房租作为押金。另外，水电费每月约150元，注册菜鸟驿站的后台押金约3 000元，店里的货架约1 000元，办公电脑约2 000元，扫码枪和电子秤约600元，胶带等消耗品约400元，门头广告牌约2 000元，总计约21 150元。暂不考虑其他额外费用以及储备金费用，可估测出开这样一家菜鸟驿站约需要2.2万元。

像上述规模的菜鸟驿站每月能赚多少钱呢？我们再来测算一下：菜鸟驿站的收入源自派件、寄件及销售附属品。市场调研数据显示，一家菜鸟驿站结合自身的运营能力，通常会选择与1～3家的快递公司合作，快递公司给菜鸟驿站每单0.5元的服务费。假设每日派件600件，每日派件收益就是300元。寄件的来源主要是个人发快递或者是因收货不满意退换货产生的订单，利润会比派件高一些，平均每单收入是6～8元。从经验来看，每日平均退换货和寄件订单约有40笔业务，每日最低收入就是240元。这样，一个月下来，派件收益和寄件收益合计约16 200元。有的菜鸟驿站也在有限的空间内，售卖一些日用品、零食或其他类别的小商品，通过销售附属品来增加额外收入。

资料来源：张仪.想开一个菜鸟驿站，需要投资多少钱，要准备什么？[EB/OL]（2020-07-

22）.https://blog.csdn.net/fuli911/article/details/114164469?utm_source=app&app_version=4.16.0.

🔍 **案例分析**

　　1.请思考：根据案例提供的信息，测算一下开办一家菜鸟驿站需要多长时间才能收回成本。

　　2.请评价：开办一家菜鸟驿站的进入壁垒高吗？

一、创业启动资金的含义

　　创业启动资金是指在创业之初，企业进行产品研发、生产、销售、管理与服务等相关经营活动所必需的资金总和。企业根据所提供的产品性质可以分为生产制造型企业和服务型企业。生产制造型企业的启动资金主要来源三方面的需求：一是固定资产，包括企业用地和建筑、设备、机器、工具、车辆、办公家具等。二是流动资产，包括营销费用、人员薪酬、租金、购买原材料等。三是无形资产，包括开办费、注册费、技术培训费、加盟费、营业执照申请等。服务型企业相对于生产型企业，因缺少了生产环节，所以，所需的启动资金项目类别和总额相对来说会少一些，通常只要有办公环境和工作人员的费用，就具备基本的营业条件了。

　　分析创业启动资金是创业的基本前提，启动资金测算可以使创业者更加清楚地了解创办企业和进行运营需要多少资金，以确认自己是否已经具备创业条件。明确的资金需求和准确的财务预测，可以帮助创业者作出理性的融资决策。当然，创业启动资金并不是越多越好，需要坚持合理、合适、合宜的原则。如果融资过多，会出现资金闲置，影响资金的使用效率，给企业带来过高的融资成本压力。所以，掌握创业项目启动资金的测算方法对于创业者尤为重要。

二、分析创业启动资金类别的方法

　　若想将创业启动资金测算得更加精准，创业者必须先了解创业项目启动资金所需的项目类别。下面介绍两种简单有效的分析方法——思维导图法和鱼骨图法，便于创业者快速分析创业项目启动资金的类别及其科目。这两种方法的使用步骤基本相同，具体如下。

第一步：创业团队以启动资金的使用项目为主题进行头脑风暴，发挥团队成员每个人的力量，尽可能更加全面地将创业启动时需要的资金类别分析出来。

第二步，将团队成员头脑风暴的讨论结果在同一平面展示出来，进一步确认各个启动资金项目的必要性，再进行取与舍的选择。

第三步，针对保留下来的启动资金项目，团队成员还要进一步深入研究，将所有启动资金项目进行合理归类，并确定资金项目类别的延伸科目。

第四步，将创业项目所需的资金类别及科目，遵循所属关系，以思维导图或鱼骨图的方式绘制出来。

这样，我们就完成了对创业项目启动资金的初步分析与判断。可以说，创业启动资金类别相对繁多，项目冗杂。不同的创业项目，对启动资金需要的侧重点也会有所区别。下面，我们分别以创办服务型企业和制造型企业为例，具体说明思维导图和鱼骨图在分析创业启动资金项目时的具体应用。

案例一（创办一家服务型企业）：

某创业团队经过前期调研，决定成立一家管理咨询公司。主营业务是面向中小微企业提供市场分析报告和管理咨询建议等，帮助服务对象找出制约企业发展的瓶颈，提出应对方案及企业发展战略规划等。请利用思维导图法帮助该创业团队分析创业启动资金的具体项目。

案例二（创办一家制造型企业）：

某创业团队利用自身技术优势，决定在某农业大县创办农产品深加工厂，从农民处收来高粱等谷物，通过生产工艺做成煎饼等系列成品，包装后作为即食商品进入市场销售。请利用鱼骨图分析法帮助该创业团队分析创业启动资金的需求。

在分析上述两个案例的创业启动资金项目时，需要注意案例一是服务型的创业项目，案例二是有生产环节的制造型创业项目。按照之前讲述的操作流程，可以得出以下结论，如图8-1和8-2所示。

思维导图和鱼骨图法在分析初创企业启动资金类别时简单易懂，有利于团队成员发散思维、创新想法。这两种方法更适合创业团队在前期制定创业启动资金草案时采用，在做正式方案或正式财务报告时，须形成规范的表格，如创业启动资金测算表等。

图 8-1　利用思维导图分析管理咨询公司创业启动资金类别

图 8-2　利用鱼骨图分析农产品深加工厂创业启动资金类别

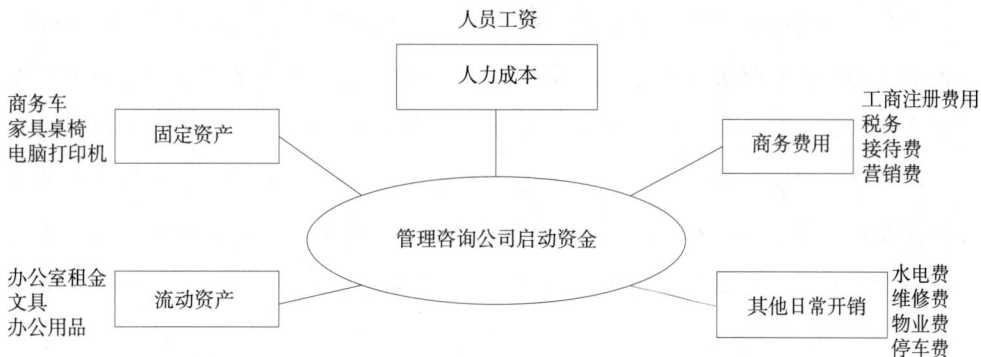

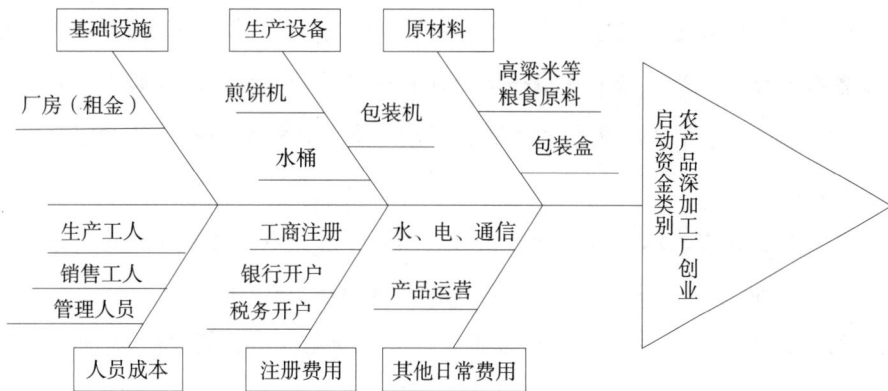

三、创业启动资金测算表

创业启动资金的项目类别确定后，就比较容易形成正式的创业启动资金测算表了。创业启动资金测算表是初创企业启动资金占用形式的明细表，可以帮助创业团队具体计算启动资金的总体金额，也便于投资人清晰了解创业团队资金总需求。下面，通过一个具体案例来分析创业启动资金测算表在实际中的应用。

案例三：小王的创业之殇

小王是一名会计专业的应届毕业生，毕业时想自己开办一家会计服务公司，主营业务是代理记账、公司财务代理、审计评估、税收筹划等。在开办公司前，他进行了充分的市场调查，觉得这个行业有很大的市场空间，于是他下定决心要创业。为确保创业的顺利进行，小王利用自己的专业知识，对创业所需的启动资金进行了测算，具体如下：

　　首先，确定办公场所。因资金比较紧张，小王不想花太多成本购置办公场所，他看中了朝阳区中银大厦写字楼，准备在这里租一间 20 平方米左右的办公室，每月租金是 3 500 元，大厦管理办公室要求押一付六，即一次性预付 6 个月的租金并交纳一个月租金为押金。另外，购置 2 台电脑，每台 2 500 元，1 套最基本的财务软件大约需要 3 000 元。2 台打印机约 3 500 元，其中 1 台用来打印输出会计凭证和账簿，1 台用来打印一般的办公文件。1 台税控机约 3 000 元，1 台传真机约 1 000 元。再购置 3 套办公桌椅，每套 300 元。购置饮水机 1 台约 500 元。

　　小王做了一下粗略计算，一个月所需的办公用品和办公耗材费用约为 1 000 元。电话费、网费每月 320 元左右，水电费每月 200 元，饮水机纯净水每月 60 元，同类会计服务公司的广告费一般每月为 1 200 ~ 2 000 元，小王准备每月花费 1 500 元投在广告方面。公司开业初期需雇用一名会计和一名外勤人员，两人的工资和社保每月合计约 9 000 元。开户刻章直至办完整套开业手续大约需要一个月时间，需要费用约 1 000 元。

　　小王打算在公司进入正式运营后，每月向每家客户收取 1 000 元的服务费，如果客户不超过 60 家，就基本不用再额外增加会计和外勤人员了。

　　综上，小王估算了一下创业启动资金，房租初始支付需要 24 500 元，购置电脑 5 000 元，财务软件 3 000 元，打印机 3 500 元，传真机 1 000 元，税控机 3 000 元，办公桌椅和饮水机 1 400 元，上述房租和办公设备的购置共计 41 400 元。此外，第一个月需要支付办公用品耗材 1 000 元，电话费和网费 320 元，水电费 200 元，饮水机纯净水 60 元，广告费 1 500 元，人员工资 9 000 元，办理整套开业手续及制作公章需要 1 000 元，这些费用共计 13 080 元，与上述固定资产和房租加在一起，共计 54 480 元。

　　测算完启动资金后，小王觉得自己目前的财务情况还是可以承受的，为以备不时之需，他还特意多预留出 10 000 元钱。小王对自己专业知识和开拓市场的能力非常有自信，认为公司只要运转起来以后，会很快获利并收回成本。就这样，小王带着满心憧憬开始了自己的创业之旅。俗话说"万事开头难"，没有客源基础的小王业务开展得并不顺利，第一个月仅谈成了 3 家公司，营业收入 3 000 元；第二月仅谈成 5 家公司，营业收入 5 000 元。到了第三个月，资金开始出现断流的趋势，预留的 10 000 元也用于支付员工的工资了。6 个月后，小王连交房租的钱都不够了，公司面临着倒闭的危险。小王这才意识到在创业之初由于自己的盲目乐观，对创业项目启动资金还有考虑不周的地方，从而导致了公司在经营过程中出现资金断流现象。

下面，我们一起帮小王分析一下。根据案例中提供的信息，可以绘制出该项目的创业启动资金测算表，见表 8-1。

表 8-1　小王的创业启动资金测算表　　　　　　元

启动资金类型	具体科目	明细	金额 / 元
固定资产	设备	电脑	5 000
		打印机	3 500
		办公桌椅	900
		财务软件	3 000
		税控机	3 000
		传真机	1 000
		饮水机	500
	固定资产总计		16 900
支出	租金	门店租金（押一付六）	24 500/6 个月
	营销费用	广告、促销、有奖消费、办活动等	1 500/ 月
	人员工资	所有雇用的人员工资	9 000/ 月
	其他费用	水、电、网络	520/ 月
	饮品	饮水机纯净水	60/ 月
	办公耗材	打印纸、墨粉、办公用品	1 000/ 月
	初始流动资产总计		36 580
无形资产费用		开户、刻章、注册	1 000
总计			54 480
储备金			10 000
总额			64 480

由表 8-1 可以得出：小王测算的公司启动资金为 54 480 元。这个总额包括购置公司固定资产 16 900 元、初始流动资产及日常开支 36 580 元，以及无形资产费用 1 000 元。案例中小王测算的启动资金为 54 480 元，尽管他预留了 10 000 元以备不时之需，但仍难以解决创业初始时期遇到的财务困境，导致公司没有足够的资金支付下一阶段的房租和人员工资，使公司陷入财务危机。假设公司在创业初期有相对稳定的客户源，还能保证公司的正常运转，即使暂时有点资金缺口也不一定会引发资金的断流。一般来讲，在创业初期，企业的市场尚未完全打开，业务少，收入低，盈利能力也较差，通常处于入不支出的状态。一旦市场出现点波动，

很容易使企业陷入困境。

因此，对于初创企业来说，无论是生产型企业或是服务型企业，除了全面测算创业启动资金的总需求以外，必要的储备金准备是不能少的，以保证企业在未发生利润之前的正常运转，建议初创企业在已经有稳定客户的前提下，至少要预留 6 个月的支出费用作为储备金。

案例中，小王在没有客户基础的条件下，没有预留 6 个月的支出费用作为储备金是小王陷入财务困境的主要原因。

实训

分析创业项目的启动资金

请同学们以 5～6 人为一组，结合某一具体创业项目，利用思维导图法或鱼骨图法分析创业启动资金的项目类别，绘制出创业启动资金测算表，探讨该创业项目的可行性和可能遇到的财务风险。各组之间进行交流分享。

第二节   初创企业常用的财务分析指标

导入案例

不差钱的小黄车

2018 年下半年以来，ofo 小黄车处在了舆论的风口浪尖。"无法按时退押金、深陷多场债务官司、大规模裁员、CEO 上失信名单"等负面报道扑面而来，这一切都在向外界暗示着 ofo 小黄车正在经历一场劫难。从 2014 年 3 月 26 日正式成立到现在，不过短短五六年的时间，ofo 小黄车真可谓大起大落，从曾经资本市场竞相追逐的宠儿，到如今的"一片狼藉"，让人唏嘘不已，真正应了那句"理想很丰满，现实很骨感"。ofo 小黄车到底经历了什么，让其深陷"泥潭"不能自拔？

2014 年 3 月，出于对自行车的热爱，北京大学在读研究生戴威与 4 名合伙人薛鼎、张巳丁、于信、杨品杰共同创立了 ofo 小黄车。通过一路披荆斩棘，2018 年，ofo 成为资本的关注焦点，获得 150 亿元人民币的巨额融资。ofo 的成功一下子吸引了更多的竞争者加入这一行业，市场一时间竞争异常火爆。为了争夺市场份额，ofo 短期内剧增自行车数量，并取得了竞争的阶段性胜利，可因此带来的巨大资金压力也接踵而来：拖欠供应商货款情况频发，高昂的运营成本、竞争所放弃的盈利能力致使其入不敷出，不得不"挪用"客户的押金。

"眼看他起高楼，眼看他宴宾客，眼看他楼塌了。"大概没有哪句话比这句更能形容 ofo 这几年的起起落落了。资本的大量涌入让 ofo 一时迷失了自我，管理者不再考虑如何通过精细化运营来与对手竞争，甚至不用考虑盈利，要做的只有不断投放和补贴，反正总会有投资机构兜底，这加速了 ofo 乃至整个共享单车行业的渐渐下行。正如摩拜单车创始人胡玮炜所言，"资本是助推你的，但是最后，其实你都得还回去"。

资料来源：彭镇 . ofo 小黄车沉浮录——基于公司财务视角的分析 [N/OL]（中国管理案例共享中心，2019-12-01）.http://cmcc.dlaky.cn/Cases/Detail/4256.

案例分析

1. 请思考：财务分析对于公司经营方面有哪些指导作用？

2. 请评价：案例中的小黄车为什么会陷入经营困境？

财务分析指标是评估企业经营情况的客观标准，可以帮助创业者随时了解企业的经营成果和资金状况。另外，投资者也可根据初创企业的财务预测指标情况，评估该企业是否具有投资价值。下面，结合初创企业的特点，从投资决策、盈亏平衡、营运能力、盈利能力等方面介绍比较常用的财务分析指标。

一、投资决策分析

1. 投资回收期

投资回收期是指需要多长时间能够收回投资，这是创业者和投资者最关注的财务指标之一。计算公式为

$$投资回收期 = 预计项目成本 / 预计年度收益$$

式中，年度收益是通过年度收入与年度成本之差计算而来的，有两种可能情况：稳定的年度收益和不稳定的年度收益。

【例 8-1】某公司要投资一个新 IT 项目，初始投资资金为 100 万元。

（1）如果每年收益为 8 万元，该项目多长时间可以收回投资成本？

（2）如果前三年收益为 8 万元，三年后的年收益预计达到 15 万元，则多长时

间可以收回投资成本?

第一种情况:投资回收期 = 预计项目成本 / 预计年度收益

$$=100 \text{ 万元} / 8 \text{ 万元}$$

$$=12.5 \text{(年)}$$

结论:第一种情况下该项目的投资回收期为12.5年。

第二种情况:因年收益在前三年和后三年及以后不一致,为便于计算,可以通过计算累计收益来得出结论,见表8-2。

表8-2　公司投资收益列表　　　　　　　　万元

收益	第1年	第2年	第3年	第4年	第5年	第6年	第7年	第8年	第9年
年收益	8	8	8	15	15	15	15	15	15
累计收益	8	16	24	39	54	69	84	99	114

结论:第二种情况下,当"累计收益 = 初始投资资金"时,投资成本全部收回,从表8-2可以得出,投资回收期为9年。

投资回收期是初创者进行投资决策分析最常用的一种方法,其优点是简单易懂,不需要计算者具备专门的财务知识。但这种方法也有弊端,在计算时没有考虑货币的时间价值,因此,从长期投资的角度来说,缺乏精准度。

2. 净现值

净现值(net present value,NPV)是基于"钱是有时间价值的"这样的原则产生的概念。例如,过去的100元钱和现在的100元钱的实际价值一定是不一样的。如果投资者给某个创业项目投资100万元,三年之后所获收益仍然为100万元,那么,考虑到通货膨胀及机会成本等因素,投资者不仅没有收回成本,反而损失了。净现值可以衡量初创企业利润的实际价值,是评估创业项目财务状况的常见指标,也是投资方特别关注的财务指标之一。

净现值的算法相对复杂一些,计算公式为

净现值 = 净现金流入量现值 – 净投资额

式中,净现金流入量现值等于净现金流入量乘以现值系数(可在附录1现值系数表中查阅)。净现金流入量可能发生在一个时点,也可能发生在数年中。如果净现金流入发生在数年中，那么，决策者必须预计项目的有效期和年度净流入额，才能计算出净现值。

【例8-2】某公司要投资一个财务管理系统，净投资额为50 000元。该系统每年的经济利润为20 000元，每年需要花费的系统维护费用为5 000元。该财务管理系统的经济寿命为6年。公司要求投资项目的回报率以10%为最低门槛。请问，该项目的净现值是多少？

已知净投资额为5万元，年度净现金流入为15 000元（每年收益与每年维护费的差值），该系统可以使用6年，公司要求收益率为10%，通过附录1现值系数表查到现值系数为4.354。

$$净现值 = 15\ 000 \times 4.354 - 50\ 000 = 15\ 310（元）$$

在这个项目中，净现值是正数，说明项目本身是盈利的。净现值是站在投资者的角度来评价创业项目的盈利性，所以，对于大学生创业团队来说，提供净现值分析指标可以提高投资者对其团队能力的认可度。然而，净现值对项目的评价方式是静态的，没有考虑不确定性对项目发展的影响，现实中可能还有其他项目方案会有更好的财务回报，因此，投资者通常会结合实际情况进行横向比较后再做决定。

3. 内部收益率

内部收益率（internal rate of return，IRR）是基于与NPV相同的原则，告诉我们净现值NPV等于0时的折现率，折现率是有期限收益与现值之间的比率。如果不使用计算机进行计算，则内部收益率需要用若干个折现率进行试算，直至找到净现值等于零或接近于零的那个折现率为止。

如果内部收益率高于投资方要求的折现率，那么，该创业项目的净现值将是正数，意味着该项目是有投资价值的。相反，如果内部收益率低于投资方要求的折现率，那么，净现值将会是负数，理性的投资人不会选择投资该项目。可以说，内部收益率是一项投资渴望达到的报酬率，也是投资方衡量自身是否赚够钱的一项财务指标。创业团队如果想顺利得到融资，一定要高度重视这一财务指标如何才能达到投资方所期待的结果。例如，一家投资公司要求其投资项目的回报率为15%且内部收益率为25%，如果创业团队所提供的相关财务指标达到了投资方的要求，那么，在不考虑特殊因素的情况下，创业团队成功获得融资的概率就会非常大。

二、盈亏平衡分析

盈亏平衡点法是最常用的成本产量分析方法之一，如图 8-3 所示。这种计算方法比较直观简便，可以使创业者明确不亏不盈时的产品价格及最低销售量。计算公式如下：

$$Q_{BEP} = \frac{FC}{R-r}$$

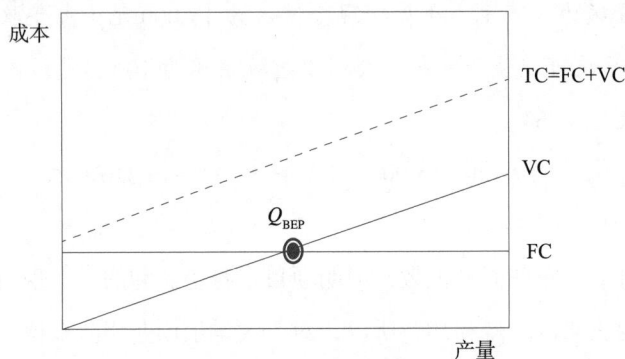

图 8-3　盈亏平衡分析图

计算盈亏平衡点需要明确创业项目的固定成本（FC）和可变成本（VC）。固定成本是指不随产量变动而变动的成本，包括房屋租金、设备买进等成本。可变成本是指与产量正相关的成本，常指物料成本和劳动力成本。

产品的总成本（TC）等于固定成本加单位产品的可变成本与产量乘积的和。即

$$TC = FC + VC$$

$$VC = Q \times v$$

假定单位产品的收益（r）是固定的，且不随产量变化而变化，那么，当产量是 Q 时的总收益为

$$TR = Q \times r$$

总利润 P 等于总收益和总成本的差，即

$$P = TR - TC$$

【例 8-3】创办一个小型纺织品商店的固定成本是 48 000 元，每件产品售价为 80 元，变动成本大约是价格的一半。请计算：

（1）盈亏平衡点时的产量。

（2）销售 2 000 件产品是否获利？如获利，获利多少？

第一问的回答：

盈亏平衡点 = 固定成本 /（产品价格 – 单位成本）= $\dfrac{48\ 000}{(80-80/2)}$ = 1 200（件）

结论：盈亏平衡点时的产量为 1 200 件。

第二问的回答：

由第一问可以得出这样的结论：盈亏平衡点的产量为 1 200 件，那么，销售 2 000 件一定是盈利的。

利润：2 000 ×（80–40）–48 000=32 000（元）

结论：销售 2 000 件产品可获利 32 000 元。

三、营运能力分析

营运能力是指企业生产经营中与资金周转速度等有关的财务指标，反映资金的利用效率。通过对营运能力相关财务指标的分析，可以评价初创企业的经营能力及营运风险，为创业者提供决策依据。通常来说，资金周转的速度越快，表明企业资金利用的效率越高。常见的营运能力财务指标主要有应收账款周转率、存货周转率、流动资产周转率、总资产周转率，见表 8-3。

表 8-3　分析营运能力的主要财务指标

营运能力指标	含义
应收账款周转率	应收账款周转率是反映应收账款周转速度的比率，有应收账款周转次数和周转天数两种表示方法。应收账款周转次数多，周转天数少，表明应收账款周转快、企业营运能力强
存货周转率	存货周转率是反映存货周转速度的比率。存货周转次数多、周转天数少，说明存货周转快，企业实现的利润会相应增加。否则，存货周转缓慢，往往会造成企业利润下降
流动资产周转率	流动资产周转率是营业收入净额与全部流动资产的平均余额的比率，反映企业流动资产的利用效率
总资产周转率	总资产周转率是企业营业收入净额与全部资产的平均余额的比率，反映企业全部资产的使用效率

举个例子，某大学生创业团队在其创业计划书中这样描述：本企业存货周转率为 8 次，应收账款周转率稳定在 4 次。从这两个数据可以初步判断该企业在采

购、生产、销售各环节的存货资金使用和管理效率较高，企业的变现能力和资金使用效率较好。收账迅速，账龄短，资产流动性较强，资金管理效率较好。站在投资者角度，良好的营运能力指标直接反映了投资资金使用效率，是吸引投资人的重要财务指标之一。

四、盈利能力分析

盈利能力是指企业赚取利润的能力。盈利能力分析是要对企业当期或未来盈利能力的大小进行分析。对于初创企业来说，净资产收益率和营业净利润率是比较常用的盈利能力分析指标。

1. 净资产收益率

净资产收益率是净利率与所有者权益平均余额的比。该指标越高，说明企业所有者权益的盈利能力越强。在我国，该指标是上市公司对外必须披露的信息内容，也是决定上市公司能够配股进行再融资的重要依据。如果初创企业的净资产收益率呈现上升趋势，且迅速增长，那就说明该企业资本获取收益的能力很强，运营效果很好，对企业投资人和债权人的保障程度高，这样的企业在财富积累速度方面是很快的，企业发展前景也很看好。

2. 营业净利润率

营业净利润率是企业净利润与营业收入净额的比率。营业净利润率越高，说明公司从营业收入中获取利润的能力越强。影响该指标的因素较多，主要有商品质量、成本、价格、销售数量、期间费用及税金等。但创业者也要注意到这样的一种情况，有时营业净利润率低并不一定代表企业经营出现了困难。例如，初创企业在产品刚刚进入市场时，通常会以低成本的战略抢占市场份额，这个阶段的营业净利润率肯定不会很高，但这种情况一般是暂时的。因此，在判断企业的营业净利润率时，要结合企业发展时期的不同阶段和不同战略进行客观评价。

五、偿债能力分析

企业的偿债能力分为短期偿债能力和长期偿债能力两个方面。短期偿债能力是指企业以流动资产偿还流动负债的能力。长期偿债能力是指企业是否有足够的能力偿还长期负债的本金和利息。能否按时偿还到期债务，是反映企业财务状况好与坏的重要标志。一般来说，初创企业的启动资金主要来源于自有资金和外界融资。随着企业的不断发展，所需资金越来越多，企业会通过融资获得所需资金。投资有风险，理性的投资者一定先要了解企业的财务状况，并分析企业在经营不善的情况下是否具有偿还债务能力，之后才可能作出是否投资的决定。常用的偿债能力分析指标主要有流动比率、速动比率、现金比率、资产负债率，见表 8-4。

表 8-4　分析偿债能力的主要财务指标

偿债能力指标	含义
流动比率	流动比率是指企业流动资产与流动负债的比率，反映企业在短期内用来偿还债务的流动资产的变现能力，是衡量企业短期风险的指标。流动比率越高，说明资产的流动性越大，短期偿债能力越强。流动比率维持在 2：1 左右视为理想值
速动比率	速动比率是指速动资产同流动负债的比率，更能准确地反映短期偿债能力。速动资产是流动资产减去存货。因为存货在流动资产中流动性最差，变现能力需要经过销售和回款。速动比率维持在 1：1 左右较为理想
现金比率	现金比率是指企业现金与流动负债的比率，反映企业的即刻变现能力
资产负债率	资产负债率是指负债总额对全部资产总额之比，是衡量企业长期偿债能力的指标之一，体现企业利用借来的资金进行经营活动的能力，帮助债权人衡量发放贷款的安全程度。资产负债率的理想值应小于 1

举个例子，某一创业团队提供的财务分析报告中显示：该企业的资产负债率维持在 6%，流动比率为 2：1，速动比率为 1：1。

上述财务指标说明该企业的资产中仅有 6% 为负债，其余均为资产，有良好的偿还债务的能力。另外，流动负债为流动资产的三分之一，在合理范围之内。其中，存货占流动资产的 50%，不影响短期偿债能力。所以，该企业的偿债能力指标有利于该企业吸引投资者。

总之，财务指标是分析创业项目的客观评价方法，但并非唯一指标。投资方或创业者选择项目不仅是出于经济价值的考虑，还应考虑该创业项目对国家所形成的社会价值。初创企业要在获得企业创收的同时，充分发挥企业的社会责任。对于大学生创业者来说，紧跟国家发展战略，与时俱进，积极响应国家的号召，就能更好地在发展的浪潮中顺势前行。

🔍 **实训**

F公司作为知名投资公司，因多次参与投资项目并获得成功而闻名。许多初创企业及其创业项目接踵而来，纷纷向F公司提交创业计划书。某日，负责遴选创业项目的王总收到一份创业计划书，经过助理的梳理，具体相关财务指标信息见表8-5。

表8-5 创业计划书有关财务指标信息

具体项目：网红奶茶店
筹集资金：100万元
资金使用：店面、广告、人员培训、原材料、设备
投资回收期：3年
现阶段公司的财务指标：
1. 资产负债率：20%
2. 流动比率：2∶1
3. 速动比率：1∶1
4. 应收账款周转率：12次
5. 存货周转：10次
6. 净资产收益率：稳步上升趋势
7. 营业净利润率：前2年下降，第3年开始呈上升趋势

实训任务：

请同学们按5～6人分成若干团队，根据表8-5中提供的财务指标信息，分析王总是否会接受该项目的投资申请。请说明原因。

第三节　财务报表分析

🔍 **导入案例**

生产汽车零部件企业的融资困惑

王先生和张先生在前期市场调研的基础上，经多次论证，于2019年末创办了一家以汽车零部件为主营业务的生产加工型企业。因资金有限，两位创始人决定找3位合作伙伴，每人出资100万元正式创业，合计500万元。就这样形成了公司的"所有者权益"或"权益资本。"公司推荐王先生为董事长、张先生为总经理。张总招聘了分管投资、技术、生产、采购、人事、财务和营销7个部门的经理，公司召开了第一次经营管理会议，决定向董事会提出申请银行贷款的计划，准备向银行贷款 500 万元，其中：长期贷款 300 万元，短期贷款 200 万元。董事会经研究后批准了管理层的贷款计划，公司成功获得了银行贷款。

之后，公司开始了正常的生产和销售。2020 年末，经会计核算，公司 2020 年的销售收入达到了 1 000 万元，其中 90% 的销售收入是现金收入，10% 是应收账款。实现这 1 000 万元销售收入的总成本是 850 万元，其中：营业成本（包括直接材料、直接人工和制造费用等）是 450 万元，税金及附加是 50 万元，销售费用是 150 万元，管理费用是 150 万元，财务费用是 50 万元，公司的所得税税率是 33%。

该公司凭借自身优势发展非常迅速，为了扩大生产规模，公司拟融资 1 000 万元。公司参加了一家知名风险投资公司的项目招标会，根据招标会的要求，各家企业都需要提供一套能体现公司财务情况的完整财务报表。

由于公司尚处于初创阶段，财务信息没有实现规范化，流水账式的记录也不符合投标要求。在大家的努力下，他们在短时间内就完成了公司的资产负债表、利润表和现金流量表，按要求将报表呈交给风险投资公司。

经过一个月的漫长等待，该公司终于收到了风险投资公司的回音："贵公司的产品具备一定市场前景，可以投资。结合贵公司的财务分析结果，我方拟投资 300 万，如果 5 年后该项目能产生影响效应，可再商议后续投资事宜。"

听到公司第一笔融资到位了，大家都非常欣喜。但同时也产生了困惑：为什么风险投资公司将 1 000 万元的融资规模降到了 300 万元？

案例分析

1. 请思考：资产负债表、利润表和现金流量表对分析企业经营情况有哪些指导作用？

2. 请评价：风险投资公司为什么要降低投资规模？

财务报表是以日常账簿资料为主要依据编制的，反映企业财务状况、经营成果和现金流量等会计信息的书面文件。完整的财务报表至少应包括资产负债表、利润表和现金流量表，在有必要的情况下，企业还可以再增加一份财务报表附注。

财务报表分析是通过收集、整理企业财务会计报告中的有关数据，同时结合其他有关的补充信息，对企业的各类会计信息进行综合比较，通过财务指标的高低评价企业的偿债能力、盈利能力、营运能力和发展能力大小。创业者通过财务报表分析，可以正确评价企业的财务状况，揭示企业经营活动中存在的问题，为改善企业经营管理提供方向和依据。

一、资产负债表

资产负债表是反映企业资本来源和资本使用状况的报表，表明了企业在某一特定时点的各种资本来源和与之相对应的全部资产。编制资产负债表的基本公式为

$$资产 = 负债 + 所有者权益$$

为了更好地理解资产负债表的编制过程，我们以本节导入案例中的企业为例作以说明。从案例中可以获悉："每人出资 100 万元创办企业，5 人共出资 500 万元"，形成了企业最初的所有者权益。"向银行贷款 500 万元，其中长期贷款 300 万元、短期贷款 200 万元"，形成了公司 500 万元的"负债"，即来自银行贷款的资本是"债务资本"500 万元。因此，公司的资本来源供给 1 000 万元，其中：所有者权益 500 万元，负债 500 万元，逐项列在资产负债表的右列。

$$资产 = 负债 + 所有者权益$$
$$=（300+200）+500$$
$$=1\,000（万元）$$

资产负债表的左列是资产，资产按照流动性特点可分为流动资产和非流动资产。流动资产包括货币资金、交易性金融资产、应收账款、预付账款、存货等。非流动资产包括固定资产原值、无形资产和其他资产等，从案例中提供的信息可以得出：

货币资金	100
预付账款	50
存货	150
固定资产原值	700

$$资产 = 流动资产 + 非流动资产$$
$$=100+50+150+700$$
$$=1\,000（万元）$$

根据上述所讲，可以编制出该公司的第一张资产负债表，即 2019 年末和 2020 年末的资本来源和资产使用的状况表，见表 8-6。

表 8-6 公司 2020 年度资产负债表 万元

总资产	2019 年末	2020 年末	总资本	2019 年末	2020 年末
货币资金	100	150	短期借款	200	200
交易性金融资产	0	0	应付票据	0	0
应收账款	0	100	应付账款	0	50
预付账款	50	0	应付股利	0	0
存货	150	200	流动负债合计	200	250
流动资产合计	300	450	长期借款	300	300
固定资产原值	700	700	非流动负债合计	300	300
减：累计折旧	0	50	负债合计	500	550
固定资产净值	700	650	股本	500	500
无形资产	0	0	资本公积	0	0
其他资产	0	0	盈余公积	0	15
非流动资产合计	700	650	未分配利润	0	35
			所有者权益合计	500	550
资产总计	1 000	1 100	负债和所有者益总计	1 000	1 100

从表 8-6 可以分析出公司从首次筹资到首次投资，再到生产经营一年后的全部资产使用和资本来源的状况。大学生创业者在分析资产负债表时，还应注意以下几个事项。

（1）资产负债表的表格形式可以是"直列式"，也可以是"并列式"。在教学讲解时，为便于理解，通常使用并列式资产负债表。但在实践中，大多使用直列式资产负债表。当然，无论是并列式还是直列式，二者仅是形式不同而已，内容和含义是完全相同的。

（2）在并列式的资产负债表中，其右边表明资本的来源，即资本来源于负债和所有者权益，反映了公司的筹资政策和效果。左边表明资本的使用结果，即资本的使用结果形成了流动资产和长期资产，反映了公司的投资政策和资产配置的效果。

（3）在资产负债表中有三种重要的结构：① "资本结构"，反映各种资本的来源及其比例关系。例如，负债和所有者权益的比例关系、长期负债和短期负债的比例关系、所有者权益和长期负债的比例关系、有息负债和无息负债的比例关系。② "资产结构"，反映了公司各种资产之间的比例关系。例如，流动资产与非流动资产的比例关系、流动资产中各项资产的比例关系、非流动资产中各项资产的比例关系、流动资产中现金资产与非现金流动资产的关系。③"股权结构",反映了公司投入资本与留存收益之间的关系、股本与资本溢价之间的关系。

（4）在流动资产这一栏目中,流动资产的各项资产按照其变现能力的高低,从高到低依序逐项排列。首先是货币资金（现金和银行存款）,其变现能力最强。其次是交易性金融资产,再次是应收账款和预付账款,最后是存货,其变现能力最弱。这样的一种排序,有助于管理者和银行观察和分析公司流动资产的变现能力。特别是对于银行来说,当其给公司投放短期贷款时,总是希望公司的流动资产越多越好,超过其短期贷款金额,且变现能力越强越好,以防公司无力按期支付银行短期债务时,银行能够将公司的流动资产拍卖变现以抵偿其拖欠的短期贷款。因此,分析比较流动资产与流动负债之间的关系,可以反映公司流动资产的变现能力和短期债务的偿还能力。

（5）当公司开始正式生产和销售时,就不可避免地会产生一些应收应付款和预收预付款。当应收款和预付款的总额超过应付款和预收款的总额时,说明公司的资本被他人无偿占用,从而增加了公司总的资本占用。当应收款和预付款的总额少于应付款和预收款的总额时,说明公司无偿地占用了他人的资本（金）,从而减少了公司总的资本占用。

（6）依据我国会计准则,权益资本除了股本和未分配利润,还有资本公积和盈余公积。其中,盈余公积又分为法定盈余公积和任意盈余公积,法定盈余公积是指公司从净利润中提取用于特殊用途的收益积累,主要用于弥补未来公司可能发生的亏损或转增资本,是按照公司税后利润的 10% 进行提取,当其累计额达到注册资本的 50% 时可以不用再提取。任意盈余公积的提取则是上市公司按照股东大会的决议进行提取。

（7）资产负债表中的所有数据都是"时点数据",表明在某一特定时点,如年末（12 月 31 日）或上半年末（6 月 30 日）公司的资本来源和资本使用状况,但不能反映公司 1 年期间或半年期间公司的资本来源和资本使用状况,因此是一种"静态数据"或"静态信息"。鉴于这种情况,资产负债的数据一般会做"平均化"处理,这样才能更好地反映出公司在 1 年期间或半年期间的资本来源和资本使用状况。

例如,公司 2019 年末的总资产为 1 000 万元,2020 年末的总资产为 1 100 万元,则公司过去一年平均的总资产是:

$$总资产 = （1\,000+1\,100）/2=1\,050（万元）$$

二、利润表

利润表，又称损益表，是一张反映公司销售收入、成本、费用、所得税和盈利关系的报表，它表明公司在过去一段时期，如一个季度、半年或一年，通过销售产品或提供服务所确认或获得的销售收入和与之相应的成本及利润。

编制利润表的基本公式为

净利润 = 营业收入 - 营业成本 - 税金及附加 - （销售费用 + 管理费用 + 财务费用）- 资产减值损失 + 公允价值变动收益 + 投资收益 + 营业外收支 - 所得税费用

我们继续以本节导入案例为例，对利润表的编制作以说明。

案例中提供的相关信息如下：

"公司 2020 年的销售收入达到了 1 000 万元，其中 90% 的销售收入是现金收入，10% 是应收账款。实现这 1 000 万元销售收入的总成本是 850 万元，其中：营业成本（包括直接材料、直接人工和制造费用等）是 450 万元，税金及附加是 50 万元，销售费用是 150 万元，管理费用是 150 万元，财务费用是 50 万元。公司的所得税税率是 15%。"

从这些信息可以很直观地列出营业收入项目中的相关金额（单位：万元）：

营业收入	1 000
减：营业成本	450
税金及附加	50
销售费用	150
管理费用	150
财务费用	50
资产减值损失	0
加：无公允价值变动收益	0
投资收益	0
营业利润	150
减：所得税费用	50

将上述数据代入净利润公式，得出公司的净利润是 100 万元，这也是可供后续分配的利润，如下所示：

可供分配的利润	100
减：提取盈余公积	15
可供股东分配的利润	85
减：普通股股利	50
未分配利润	35

可供分配利润是净利润 100 万元，《中华人民共和国公司法》（以下简称《公司法》）规定法定盈余公积最低为净利润的 10%，该公司设置成 15%，提取盈余公积 15 万元，提取盈余公积后的余额可以为股东分配利润，即普通股股利 50 万元，剩余 35 万元为未分配利润。

依据上述数据信息，可以形成利润表，见表 8-7。

表 8-7　公司 2020 年度利润表　　　　　　　　万元

项目	金额
一、营业收入	1 000
减：营业成本	450
营业税金及附加	50
销售费用	150
管理费用	150
财务费用	50
资产减值损失	0
加：公允价值变动收益	0
投资收益	0
二、营业利润	150
加：营业外收入	0
减：营业外支出	0
三、利润总额	150
减：所得税费用	50
四、净利润	100
加：年初未分配利润	0
其他转入	0
五、可供分配的利润	100
减：提取盈余公积	15
六、可供股东分配的利润	85
减：普通股股利	50
七、未分配利润	35

大学生创业者在分析企业利润表时，应注意以下几个事项。

第一，利润表反映了企业的营业收入、总成本和利润之间的关系。当营业收入高于总成本时，企业就有盈利。相反，当营业收入低于总成本时，企业就发生亏损。

第二，利润表反映了股东和债权人之间的风险与收益之间的关系，也反映了企业和政府之间的关系。在利润表中，债权人拥有对企业的债权，因此，通过获得利息作为其所拥有债权的回报。政府由于为企业提供公共管理而获得了税收。股东获得企业最后的剩余收益，即税后利润。债权人因拥有债权而获得的利息是在税前开支，优先于股东获得回报。而股东虽然拥有股权，其所获得的利润却是税后的剩余收益。由此可见，同是出资人，债权人的收益是税前所得，而股东的收益是税后所得。所以，股东承受的风险要高于债权人承受的风险。

第三，在利润表中，企业的盈利状况可以用多个盈利指标反映出来。

（1）营业利润。营业利润等于企业的营业收入减去营业成本、税金及附加、"三项费用"（销售费用、管理费用和财务费用）及资产减值损失，再加上公允价值变动收益和投资收益。

（2）利润总额。利润总额等于企业的营业利润加上企业的营业外收入减去营业外支出。

（3）息税前利润（earnings before interest & taxes），即 EBIT 等于企业的利润总额加上财务费用。

（4）净利润，即税后利润，等于利润总额扣除所得税费用。

三、现金流量表

现金流量表是反映企业在一定会计期间内现金收支状况的报表。在现实中，经常会出现有一些企业有利润却无现金，有一些企业有现金而利润很低或无利润的现象。有利润而没有现金的企业往往因为现金短缺，无力还本付息而破产。而无利润却有现金的企业尚且有现金可维持企业运营，但企业的获利能力很弱，长久下去，企业发展前景堪忧。从某种程度上来看，现金比利润更重要，一旦现金断流，对企业来讲是非常危险的，所以，业界也就有了"现金为王"这一说法。

企业的现金来源和去向与企业的经营、投资和筹资活动相关。企业现金主要有三个来源：①经营活动产生的现金流入。②投资活动产生的现金流入。③筹资活动产生的现金流入。企业现金的去向主要有三个方向：①经营活动产生的现金流出。②投资活动产生的现金流出。③筹资活动产生的现金流出。因此，企业总的现金净流量，简称"总现金净流量"，计算公式为

企业总现金净流量 = 经营活动产生的现金流量净额 + 投资活动产生的现金流量净额 + 筹资活动产生的现金流量净额

为了清晰地表明企业经营活动、投资活动和筹资活动的现金流入、流出和净流量的关系。企业现金流量表的设计和编制可参考企业现金流入流出框架图，如图8-4所示。

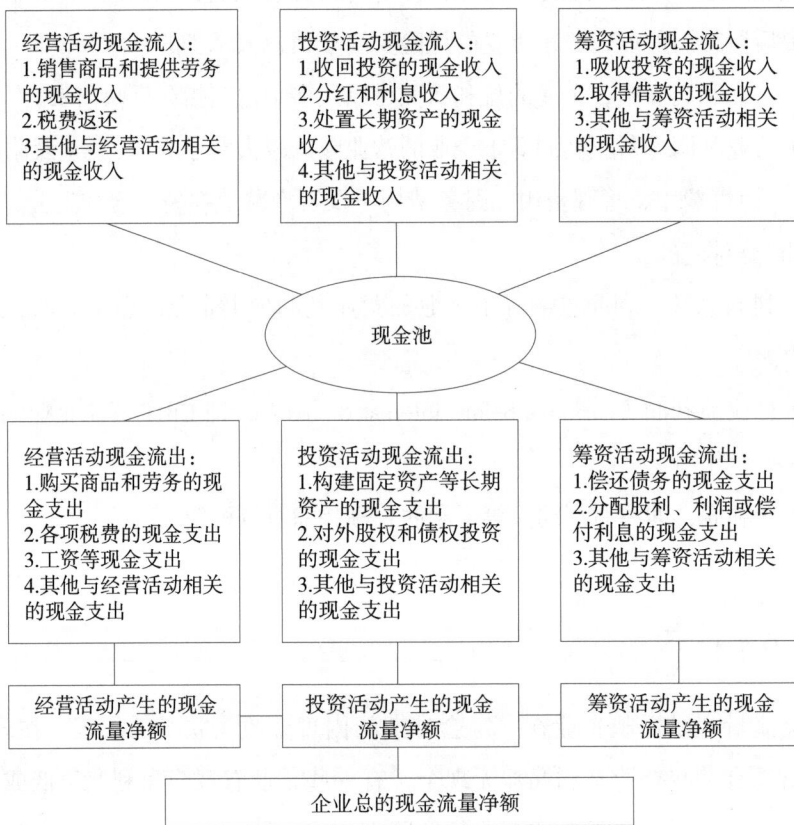

图 8-4　公司现金流入流出框架图

在本节的导入案例中，该公司是初创企业，2020年度没有开展投资业务，筹资业务仅发生一笔支付利息和股利100万元，现金的流入和流出主要体现在经营活动方面。根据案例提供的信息，可以形成现金流量表，见表8-8。

表 8-8　公司 2020 年度现金流量表　　　　　　　　　万元

项目	金额
一、经营净现金	
净利润	100
加：少数股东权益	0
计提的资产减值准备	0
固定资产折旧	50
无形资产摊销	0
长期待摊费用摊销	0
处置固定资产、无形资产和其他长期资产的损失	0
固定资产报废损失	0
财务费用	50
投资损失	0
递延所得税资产减少	0
递延所得税负债增加	0
存货的减少	−50
经营性应收项目的减少	−100
经营性应付项目的增加	100
经营活动产生的现金流量净额　　　　①	150
二、投资净现金	
投资活动产生的现金流量净额　　　　②	0
三、筹资净现金	
分配股利、利润或偿付利息所支付的现金	100
筹资活动净现金　　　　③	−100
现金流量总计	
① + ② + ③	50

　　由表 8-8 可见，公司年度经营净现金余额为 150 万元，投资净现金没有相应的业务，所以为 0，筹资净现金余额是 "−100" 万元，可得出全年现金流量余额为 50 万元。

　　经营活动净现金是企业通过日常经营活动获取的现金，企业每天的经营活动都会发生现金流入和现金流出，具有频发性的特点。若经营活动净现金为正，说明企业可以为未来的经营与发展提供稳定的现金支持，如增加投资、偿还负债或增加分红等，推动企业持续健康发展。若经营活动净现金为负，企业则可能需要通过不断筹资或减少投资来弥补经营活动所需的现金，如增加负债、增发新股、减少投资或减少分红等，若失去举债和增资扩股的条件，可能会导致企业经营规模不断萎缩，甚至发生债务危机。从功能上来看，我们称经营活动净现金是"造血型现金"。如果说"现金为王"，那么，经营活动的净现金就是"王中王"，是企业生存和发展的血脉！

四、财务报表之间的勾稽关系

资产负债表、利润表和现金流量表从不同角度反映了企业的资本来源和资本使用状况、经营成果和资金循环状况，它们之间存在着密切的联系，会计术语称之为"勾稽"关系。

（1）资本可转化为资产。企业通过向股东自筹资金和银行贷款、投资人投资等事项，形成了资产负债表的右边，其反映了企业的资本来源或筹资的结果，即来自股东的权益资本和来自债权人的负债。由于企业管理者受托管理企业，负责将筹集的资本转化为资产，形成了资产负债表的左边，其反映了企业资本的使用去向，表现为各种各样的资产，包括流动资产、固定资产和其他资产。

（2）资产可转换为营业收入和利润。企业管理者受托管理和经营资产负债表左边的那些资产，生产并出售产品或提供服务，从而给企业带来营业收入，即利润表中的第一行，其受产品价格和销售量的影响。营业利润加上营业外收入，扣除营业外支出，就得到利润总额，再扣除所得税费用，就是净利润。

（3）筹资和投资（资产负债表的右边和左边）与经营（利润表）可以影响企业现金流入和流出，从而形成企业总的现金流量。①当企业的权益资本或债务资本增加了，随之企业筹资性现金增加了。②当企业投资增加，其长期性资产增加，但投资性现金减少了。反之，当企业收回投资或获得投资分红，其长期性资产减少，但产生现金收入，因此，投资性现金增加了。③当企业获得经营利润后，加上折旧和摊销，其经营性现金增加了。若亏损，其经营性现金将减少。

投资者依据"三表"中的勾稽关系，可以更加合理地分析初创企业的财务情况。如导入案例中的初创企业，反映偿债能力指标的流动比率和资产负债率分别为 1.5 和 1，均处在理想值中，净资产收益率很高说明该企业的盈利能力也很强。但由于该企业为高科技公司，以技术为核心产品，总资产周转率相对较低，这也意味着资金的利用率较低。所以，风险投资公司正是受此影响，缩减了投资金额。

总之，作为创业者来说，不仅要学会编制资产负债表、利润表和现金流量表，而且还要能依据表中提供的信息，全面、动态、客观地分析企业的财务状况，为企业正常经营或吸引投资保驾护航。

综合实训

结合各自团队的创业项目，编制资产负债表、利润表和现金流量表，并通过财务报表中的数据，评价创业项目的财务状况情况和投资前景。

即测即练

思考题

1. 简述创业启动资金的含义。

2. 投资决策分析的主要财务指标包括哪些？

3. 初创企业的现金流量有什么特点？

4. 业界有"现金为王"这一说法，如何评价？

5. 如何理解财务报表之间的勾稽关系？

拓展案例

从应收账款和应付账款的视角看待现金流问题

假设你从事的是高级红酒批发业务，以箱为单位批发给餐厅和零售商，如果所有的客户都是一手交钱一手交货，当然什么问题都没有。但在最近，越来越多的客户提出要改为延期付款，而且其中一些人已经在拖延付款时间，你还能坚持多久呢？

很显然，事情已经偏离了正轨，但先不要紧张，拿出账本和计算器，来看看未来的现金流情况，这种计算方法既快又简单。从过去12个月的销售记录入手，用很简单的公式计算出你平均花多少天才能从客户那里收回账款，这就是应收账款周转天数。工作已经完成了一半，你再看看你的付款速度，从总应付款和过去12个月内的销售记录开始，算出你平均需要多少天来完成付款，得出的结果为应付账款周转天数。

如果你自己付款的时间比客户付款给你的时间长，现金就在不断流入并积累。不过，如果你的客户更能拖延时间，现金就是在源源不断地从你手中流出去。差值越大，现金流进或流出的速度越快。

情况会有多糟呢？这个差值或"流动值"就是每年销售从你的公司中流入或流出的天数。对营业额100万元的公司来说，仅仅一周的负流动就会在账面上造成近2万元的资金缺口（计算公式：销售额/365×流动值）。更糟糕的是，这个缺口可能会扰乱某个付款周期。

资料来源：张玉利.盯紧现金流[M]//张玉利.创业管理.北京：机械工业出版社，2019：217-218.

第九章 创业融资

知识目标

1. 理解创业融资的含义及融资在创业中的作用。

2. 掌握创业融资的主要方式。

3. 掌握创业融资的步骤。

4. 了解创业融资面临的主要风险。

能力目标

1. 能够辨析创业融资的逻辑顺序。

2. 能够制定适合的创业融资方案。

素质目标

培养学生增强融资风险意识，懂得如何与投资者实现合作共赢。

创业项目的启动和周转等所有活动都离不开资金的支持和协助，创业者及创业团队的融资能力是决定成功创业的关键因素之一。大学生在创业过程中缺乏足够的资金，一般都需要通过融资方式来获得资金保障。但创业者在融资过程中并不都是一帆风顺的，经常会遇到各种各样的棘手问题。因此，创业者要准确把握融资机会，努力赢得投资方的关注，选择适合公司发展的融资渠道和融资方式，争取共赢。同时，还要识别各类融资风险，避免企业陷入债务危机。本章主要讲述融资的含义、创业融资方式、创业融资的步骤，以及创业融资面临的主要风险等相关知识。

【创业名言】

创业的"魔鬼三角"是：团队、融资、商业模式。

——李彦宏，百度董事长兼首席执行官

第一节 创业融资概述

🔍 **导入案例**

毕业不到两年融资千万的大学生

出生在杭州市富阳区新登镇九儿村的何叶丹，2010 年考入浙江财经大学东方学院，学习金融学专业。放假期间，何叶丹经常会和父母一起早起干农活，深切体会到父母的辛苦。"能够让家人们轻松一些"成了何叶丹的奋斗目标。大一时，何叶丹便萌生了创业的想法。之后,她又参加了"农村实用人才带头人培训班""杭州市现代农业经营体制创新与家庭农场建设培训班""农产品安全与标准化生产指导培训班""农村经营人才高层次研修班"。大学还没毕业，何叶丹就开始帮助父母革新农场经营、经营鲜桃专业合作社，通过土地流转承包了 200 多亩地，创办喜乐家庭农场，经营竹笋、稻蛙共生等农产品。农场的竹笋销售遍及省内外 50 多家公司，营业额达到上千万元，公司未来前景十分看好，何叶丹也萌生了继续扩大市场规模的想法，但这需要再投入一大笔资金，以公司目前的资金实力来看，是根本无法承受的。正当何叶丹犹豫不决时，2015 年 10 月，杭州市富阳区山居农产品农民专业合作社联合社资金互助会正式注册成立，何叶丹通过互助会获得了省农创近千万元的融资，这一融资像一场及时雨为农场经营注入新鲜血液，使公司进一步扩大了市场，实现了全方位发展。

资料来源：毕业一年女创客，玩转千万农创融资——浙江财经大学东方学院何叶丹创业事迹 [EB/OL].（2016–04–21）. https://xg.zufedfc.edu.cn/info/1056/2177.htm.

🔍 **案例分析**

1. 请思考：融资能为创业者带来哪些帮助？

2. 请评价：案例中的创业者如果不能获得近千万元的融资，公司会出现什么问题？

一、创业融资

（一）融资的含义

在金融辞书《中华金融辞库》中，融资被定义为货币的借贷与资金的有偿筹集活动，主要包括银行贷款、金融信托、融资租赁、有价证券的发行和转让等方式。

在解读融资的含义方面，我国比较有代表性的学者观点主要有以下两种。

吴伟（2018 年）指出：融资是一次买卖的过程，买卖的标的物不是普通的商品，而是企业的股权，本质上就是企业的所有者把手里的股权按照双方商定好的价格卖给投资者的过程。这一定义比较侧重于将融资理解为股权的买卖。

肖翔（2019 年）从广义和狭义两个角度阐述了融资的含义。广义的融资是指资金在持有者之间流动，是一种以余补缺的经济行为，这是资金双向互动的过程，包括资金的融入和融出，也包括资金的来源和运用。狭义的融资是指资金的融入，即资金的来源，可指不同资金持有者之间的资金融通，也可指某一经济主体通过一定方式在自身体内进行的资金融通。该定义比较侧重强调企业的自我组织与自我调剂资金的活动。

上述学者从不同角度对融资含义进行了解读，综合众家学者观点，本书认为：创业融资的含义是指企业在初创期和发展期，资金从持有者向需求者转移的过程。对某些创业者来说，在完成创业概念开发阶段的任务后，便可进入融资阶段。初次融资成功后，再从事后续的创业活动。

（二）融资在创业中的作用

1. 为创业提供资金保障

资金是企业的血液，是企业生产经营过程的起点，是计划实施的前提保障，更是企业生存发展的基础。当经营资金出现严重短缺，又不能及时得到融资，一旦资金链出现断裂，将成为企业经营最致命的威胁。例如，当年困在财务危机中的巨人集团，虽然只需 1 000 万元资金就可以化解面临的危机，但是集团董事长史玉柱想尽了各种办法，都没有能筹集到这笔应急资金，最后，巨人集团轰然倒下，震动了整个商界，也真正让大家深刻体会到什么是"一分钱难倒英雄汉"。所以，对于创业者而言，一定要善于选择合适的融资渠道，帮助企业规避经营风险或化解经营困境。

2. 为企业发展提供助力

企业在不同的阶段都会面临各种不同的发展机会，如果能够通过融资获得所需要的资金，就可以为企业注入发展的"健康基因"，帮助企业及时抓住机会，创造出更具竞争力的产品和服务，实现企业的可持续发展。如果融资不能及时到位，企业可能会错失商机，甚至会使经营举步维艰。例如，2019 年 12 月，生鲜电商吉及鲜召开了全员会，CEO台璐阳宣布企业融资失败，规模盈利不达预期，企业要大规模裁员、关仓，留下的员工工资减半，离开的员工工资发到当年的 12 月 20 日。从这一事件来看，当企业遇到资金瓶颈时，能否成功融到所需资金，对企业的后续发展影响很大。因此，创业者要善于使用融资这一方式，为企业不断向前发展助添动力。

3. 为创业者和投资方搭建共赢通道

创业者在创业过程中需要源源不断的资金，投资方可为初创企业提供市场化的资金支持，这种方式可以降低创业者所承担的风险程度，但创业者需要为投资方提升资金的价值，并给投资方予以约定的回报。可见，融资是创业者和投资方之间互助合作的过程。换句话说，这个过程也是投资方和创业者共同创造价值的过程。例如，投资公司红杉资本就是通过风险投资的方式，为众多有价值的创业项目提供资金支持，在成就创业者的同时，也成就了自己的事业。因此，创业者要有和投资方互惠共赢的融资意识，这样，才能保证双方的合作更加顺畅。

二、创业融资方式

按资本的属性，融资方式可分为权益融资和债权融资。

（一）权益融资

权益融资又称股权融资，是指企业通过出让部分股权获得融资的一种方式。例如，通过公开市场发售或私募发售股权来募集资金。通过股权融资获得的资金是不需要偿还本金的。我国对企业公开市场发售股权有一定的限制条件和要求，股票发行的条件包括初次发行股票的条件、增资发行股票的条件和配股条件，其中初次发行股票时，在企业拟发行的股本总额中发起人认购的部分不少于人民币 3 000 万元（国家另有规定的除外）。因此，对于初创企业而言，很难达到股票发行的条件，但在条件允许的情况下，可采取私募发售股权获得融资。

近几年，随着互联网的快速普及，股权众筹融资方式越来越得到创业者的青睐。例如，2016 年，江苏鼎昌科技股权，在新三板市场挂牌，采取发行股票定增的融资形式吸引资金。同年 9 月，该公司发布了面向普通大众的股票发行方案，初始融资金额为 1 500 万元，主要通过"众投邦"这一家平台进行融资，一般投资者、战略投资者都可以参与其中。在股权众筹开始面向大众之前，公司起草了对投资人的业绩承诺及回购条件，尤其对那些控股股东更是明确了细则，在未来的两年中，要给予净利润 2 500 万元、4 500 万元的回报。很快，这家公司就通过"众投邦"平台获得了 1 500 万元的启动资金，其经验也成为中小企业学习的典型范本。

2015 年 7 月，中国人民银行等十部委发布的《关于促进互联网金融健康发展的指导意见》中强调：股权众筹融资是资本市场有机组成部分，属于互联网金融，主要面向小微企业开展。企业如果选择股权众筹融资方式，需要提供本企业的商业模式、经营管理、财务、资金使用等关键信息，还必须通过股权众筹融资中介机构平台（互联网网站或其他类似的电子媒介）进行融资，且融资过程全程由证监会负责监管。

（二）债权融资

债权融资是企业通过负债获得融资的一种方式。例如，最常见的就是通过银行贷款获得资金。通过债权融资获得的资金，是需要企业还本付息的。债权融资的主要方式有以下几种。

1. 种子资金

在企业启动初期，创业者习惯先在自己的社交圈内筹集资金，包括家庭、亲朋好友、创业伙伴等，通过这种方式获得的资金称为种子资金。这种获取资金的方式可能会遇到各种各样的不确定性，但相对于社交圈外的人，社交圈内的人对创业者和创业项目更加了解，因此，获得资金的可能性也较大。但种子资金这种融资方式更适合于创业者所需资金金额较小的情况下采用，如果所需资金额度较大，则会让圈内朋友感觉投资风险太大而放弃投资。在这种情况下，创业者可考虑通过更适合的途径进行融资。

2. 银行贷款

银行贷款具有安全稳定、成本低的特点，是初创期企业常用的融资方式之一。不同银行提供的贷款要求虽然会有不同，但贷款方式大致相同。下面，我们以中国银行为例，介绍一下常见的银行贷款方式，见表 9-1。

表 9-1　中国银行贷款方式对比

银行贷款类型	贷款担保内容	贷款额度	还款方式
抵押贷款	银行认可的抵押、质押物	最高限额为从 400 万元到 2 000 万元不等	等额本息还款法、等额本金还款法等
个人信用贷款	个人信用	不超过 30 万元（含）	等额本息还款法、等额本金还款法、按月付息、按季还本法等
个人经营贷款	房产、有价权利、保证、信用等	不超过 500 万元	按月（季）付息、按月（季/半年/年）还本等

资料来源：中国银行全球门户网站（https://www.boc.cn/）。

　　近年来，为方便用户，商业银行面向广大中小微企业推出了互联网贷款，这是商业银行提供的一种在线融资服务。2020 年 7 月，中国银行保险监督管理委员会在公布的《商业银行互联网贷款管理暂行办法》中，进一步明确了互联网贷款的含义：商业银行运用互联网和移动通信等信息通信技术，基于风险数据和风险模型进行交叉验证和风险管理，线上自动受理贷款申请及开展风险评估，并完成授信审批、合同签订、贷款支付、贷后管理等核心业务环节操作，为符合条件的借款人提供的用于消费、日常生产经营周转等的个人贷款和流动资金贷款。

　　可见，互联网贷款具有小额、短期、高效、风险可控等特点。如果创业者想通过互联网贷款的方式获得融资，可以登录相关的银行网站，按要求进行流程化操作。我们以中国银行的"中银网络通宝"业务为例，在中国银行官网注册成功后，允许符合贷款条件的企业在线提交所需材料，经过银行调查和评审并通过后，就可以获得所需的贷款了。

　　3. 网络小额贷款

　　网络小额贷款是由小额贷款公司推出的业务，具有小额、高效等优势，深得创业者的高度关注。2020 年 11 月，中国银保监会会同中国人民银行等部门起草了《网络小额贷款业务管理暂行办法（征求意见稿）》，其中第三条明确指出：小额贷款公司发放网络小额贷款应当遵循小额、分散的原则，符合国家产业政策和信贷政策，主要服务小微企业、农民、城镇低收入人群等普惠金融重点服务对象，践行普惠金融理念，支持实体经济发展，发挥网络小额贷款的渠道和成本优势。同时，要求小额贷款公司主要在注册地所属省级行政区域内开展，跨省级行政区域开展网络小额贷款业务，需经国务院银行业监督管理机构审查批准。因此，创业者在选择小额贷款公司时，需充分了解贷款公司所属区域等资质，以确保双方权益。当下，互联网金融市场繁荣，在众多的金融业务中，也存在着许多网络欺诈公司和个人，创业者一定不要因为急于获得资金，上当受骗，要选择正规的经国务院银行业监督管理机构批准的公司进行融资。

从国家政策中，我们可以获知，国家要大力发展实体经济，为现代化经济体系筑牢坚实基础。实体经济是一国经济的立身之本，是财富创造的根本源泉，是国家强盛的重要支柱。创业者如果从事的是实体经济，则可重点关注与之相关的金融优惠政策或其他扶持政策。

（三）其他融资方式

除了上述主要的融资方式外，还有一些其他的融资方式需要创业者加以了解，主要有如下几种。

1. 内源融资

内源融资是指在企业内部进行融资，具有融资成本低、效率高等优势。主要包括应收账款、票据、留存收益融资等方式。应收账款是企业的流动资产，应收账款融资可以盘活企业存量资产。票据可作为企业远期结算工具，票据持有人在资金不足时，可将商业票据转让给银行。留存收益融资可将企业的留存收益转化为有目的性的投资。

2. 风险投资

风险投资是指对高风险、高收益的项目进行的投资。专业的风险投资公司，通过把资金注入有发展潜力的企业，在其上市或并购后可获取丰厚的资本报酬。不过，风投公司要注意这样一种情况：一个创业项目从初创期到稳定成长期，一般而言，需要三轮融资。第一轮融资多用来作为企业的创业启动资金，以天使投资为主要融资来源。第二轮融资往往有风险投资机构的进入，为产品的市场化和快速成长注入资金。最后一轮基本是上市前的融资，多来自有实力的专业风险投资机构或私募基金。

3. 典当融资

典当融资是将具有价值的实物通过典当行质押或抵押方式获取资金的一种融资方式。典当行是以实物占有权转移形式为非国有中、小企业和个人提供临时性质押贷款的特殊金融企业。当企业急需短期的周转资金时，可以考虑选择快速便捷的典当融资。典当融资方式相对灵活，典当行"认物不认人"，省去了对企业信用的要求，而且手续简便，能在较短的时间内为急需资金的企业提供融资服务。典当融资的抵押品种类较多，动产和不动产都可以进行抵押，只要是有价值的实物均可。

4. 融资租赁

融资租赁是指出租人根据承租人对出卖人、租赁物的选择，向出卖人购买租赁物，提供给承租人使用，并由承租人支付租金的交易活动。一般而言，适用于融资租赁交易的租赁物为固定资产。通过融资租赁可以减少固定资产开支，进而降低固定资产在总资产中的比例。例如，企业要购置昂贵的设备而资金又很有限时，通常会采用融资租赁的方式，这样可以暂时缓解企业的资金压力。待条件成熟后，再自行购置。这种方式目前使用很普遍，据不完全统计，截至 2019 年末，全国已有融资租赁公司 11 124 家。

实训

了解银行贷款的融资方式

请同学们进入某一银行网站，收集整理该银行的抵押贷款、个人信用贷款和个人经营贷款，都分别需要提交哪些资料？

要求：

1. 请用表格的形式列出每类贷款方式所需提交的资料清单。

2. 请说明资料清单中所列项目的获取途径。

第二节　创业融资的步骤

导入案例

投资方与融资方共惠共赢

河南优德医疗设备股份有限公司（以下简称"优德医疗"）是广州豫博投资管理有限公司（以下简称"豫博"）投资的项目，公司注册地在开封尉氏县，是一家集研发、生产和销售为一体的康复医疗器械提供商。主要产品包括物理治疗、运动作业、牵引熏蒸及家用电子四大系列产品。

2015—2016 年，豫博在投资该公司之前，主要针对公司经营不规范、人员管理弱、财务管理混乱、生产管理缺失等问题，提出了整改方案，并推动公司挂牌新三板，通过引进券商、律师、会计师等服务机构，使得公司进入规范化运营。

2016 年 8 月，豫博对优德医疗公司进行正式投资，股权比例为 6.36%。

2016—2017 年，豫博投资后，主要解决了被投公司战略优化和提升问题。针对公司常年只关注市场营销，不研究行业的问题，豫博组织人员进行深度行业分析，通过走访行业研究机构、行业主管部门、行业龙头公司、行业产业链公司等，帮助公司作出了战略优化，促使优德医疗从一个康复器械生产商，发展成为一个为医院提供全体系、多品类的康复医学科综合解决方案的康复服务商，能够为医院康复科提供全方位、个性化服务，大幅增加了客户黏性和业务的确定性。

2017—2018 年，豫博开始关注公司提升业务成长性，帮助优德医疗引入多家艾草、蜡疗等康复耗材合作单位，实现了"设备单次输出＋耗材长期输出"搭配合理的业务模型提升，大大增强了公司的成长空间。

2018—2019 年，豫博又开始助力公司占据高端领先地位，推动优德医疗与中科院自动化所、韩国 MK 机构等开展高端研发合作，在外骨骼机器人、心肺康复等领域占据高端领先地位。2019 年下半年，豫博帮助公司引入优质战略资源，引入泰康人寿、中银投、前海母基金、德福资本等国内顶尖行业资源，为下一步发展奠定基础。

2019 年底，优德医疗以 16 亿元估值引进德福、泰康、前海、中银投、康辉等战略股东方，豫博完美地实现了投资退出，获得了 3 年 5 倍的投资收益。

资料来源：张晓婧. 中小民营企业成功融资的策略研究——如何获得创业投资 [J]. 经济师，2021（3）：281-282.

🔍 案例分析

1. 请思考：河南优德医疗设备股份有限公司是如何借力融资实现一次又一次飞跃的？

2. 请评价：案例中的投资方和融资方是如何实现互惠共赢的？

成功融资需要考虑很多因素，融资也需要经历一系列步骤。通常来讲，融资步骤包括自我诊断、融资环境分析、融资方式和渠道选择、融资方案制定，如图 9-1 所示。在创业融资的整个过程中，每一步骤都非常重要，创业者需谨慎对待。

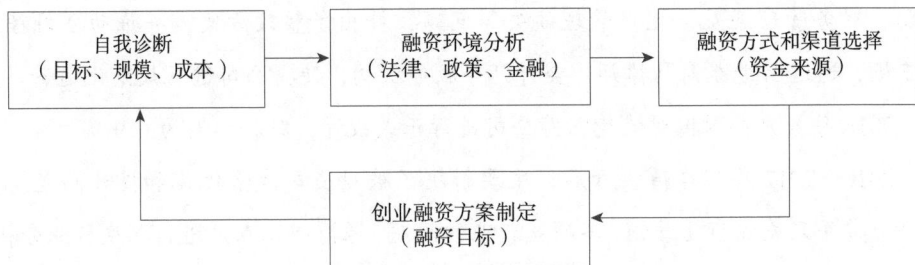

图 9-1　融资步骤示意图

一、创业融资的自我诊断

自我诊断是创业融资的首要步骤，主要包括确定融资目标、估测融资规模、分析融资成本三个环节。

1. 确定融资目标

创业者应以创业目标为导向，回答以下问题：企业为什么必须融资？企业融资能够有利于实现创业目标当中的哪些目标？目标实现后能够给企业带来哪些收益？这些都是创业者在决定融资之前需要认真分析和研究的。如果创业者不能清晰地回答上述问题，就会影响投资者的投资信心。一般情况下，资金并不是一次到位的，多数都分期到付。所以，创业者还需要将各个阶段的融资目标再进行细化分解，并明确各阶段资金的使用优先级，以便更加清楚每一步的融资任务，确保资金的有效利用。另外，创业者想要顺利获得融资，还必须意识到融资成功并不是企业追求的最终目的，只有最大限度地实现资金价值，使企业和投资者的利益都有效达成，才能更好地维护创业者和投资者之间的友好合作关系。因此，创业者一定要在融资成功后，依据不同阶段的融资目标精准做好资金的使用计划。

2. 估测融资规模

融资规模是初创企业所需融资的目标资金数额。融资规模不是越大越好，在创业初期，生存是企业的主要目标，创业者应权衡考虑企业不同情况下的经营状况，在可以承受的范围内来确定融资规模。沃顿商学院教授吉姆·斯坦塞（James Stancill）提出：根据企业在不同经营状况下销售和成本的变化，确定企业所需要的融资规模。用这种方法估测融资规模简单易懂，下面具体介绍一下该方法在实际中的应用。

首先，将经营状况设定为最好、中等和最差三种情况，然后把在中等经营状况下的现金流极小值设为 M，把在最差经营状况下的最大负现金流设为 A，把在最好经营状况下的最大负现金流设为 B，把现金需求量设为 N。以一个初创企业为例，其对现金的需求量即为中等经营状况下的资金量 M 加上备用金，备用金的大小取决于 A 和 M 之间或是 B 和 M 之间较大的那个差值，差值需要取整数，如下：

$$当 B-M > A-M 时，N=B-M+M=B$$

$$当 B-M < A-M 时，N=A-M+M=A$$

举个小例子，如果一个企业中等经营状况下的现金流极小值 $M=36\,000$，最差经营状况下的最大负现金流 $A=68\,000$，最好经营状况下的最大负现金流 $B=104\,000$，则

$$A-M=32\,000$$

$$B-M=68\,000$$

可见，$B-M$ 大于 $A-M$，则企业所需的现金为：$36\,000+68\,000=104\,000$（元）。

通过这种方法，创业者可以快速获知企业所需的现金需求，在此基础上，就能相对合理地测算出融资规模。当然，随着初创企业的不断发展，对资金的需求量也会不断发生变化，资金使用的重点也会根据企业目标有所侧重。因此，创业者在确定融资规模时，一定要注意资金需求与价值提升空间的相对平衡。

3. 分析融资成本

在确定融资规模时，创业者必须考虑融资可能产生的成本代价或引发的后果，并与融资预期收益进行对比分析，再进一步斟酌融资规模的合理性。融资成本主要包括可能产生的利息、融资费用、附带条件等。其中：利息是支付给投资者的报酬，融资费用是在办理融资手续过程中产生的各种费用，附带条件是投资者可能提出的种种附加条件。通常来说，当融资成本小于融资收益时，融资才是有意义的。但在某些情况下，融资收益是需要很长一段时间后才能显现出来，这就需要创业者具备一定的前瞻性。例如，2010 年，王志鹏创建外卖订餐平台"飞饭"，正值移动互联网服务电商爆发时期，团队放弃了 600 万元的收购机会，而是选择一家投资公司数百万元的天使投资进行融资，使得企业快速进入高速发展期，2014 年，公司的业务覆盖到西北、华北两大片区，随着业务的不断提速，团队又接受了一家上市公司的并购计划，通过与合作企业的业务整合，共谋高质量发展。可见，该企业当时放弃了既得利益而选择融资，这主要是从企业的长远发展来考虑。所以，创业者在融资过程中，一方面要结合企业实际情况，梳理清楚融资成本和

融资收益之间的关系；另一方面也要考虑企业的未来发展，把目标放得更长远些，做好短期融资和长期融资、融资规模大小给企业带来的利弊分析，避开融资风险，确保企业在能够承受范围内进行合理融资。

二、分析创业融资环境

分析创业融资的环境主要包括分析创业融资的法律环境、政策环境和金融市场环境。

1. 创业融资的法律环境

创业融资需要依据的一个重要法律是《民法典》，自 2021 年 1 月 1 日起开始施行，在此之前的《中华人民共和国民法通则》《中华人民共和国担保法》《中华人民共和国合同法》《中华人民共和国物权法》《中华人民共和国民法总则》同时废止。《民法典》是市场经济应遵循的基本法律，在法律体系中占有基础性的重要地位，创业者在融资过程中一定要更好地了解《民法典》的相关条款要求。例如，《民法典》第三编第十五章第七百三十五条到第七百六十条，对融资租赁合同的定义、内容、形式等做了明确规定。在第二编第四分编对担保物权作了详细规定，包括一般规定、抵押权、质权和留置权。第三百九十五条明确可以抵押的财产包括：建筑物和其他土地附着物；建设用地使用权；海域使用权；生产设备、原材料、半成品、产品；正在建造的建筑物、船舶、航空器；交通运输工具；法律、行政法规未禁止抵押的其他财产。

另外，与创业融资相关的法律还有《中华人民共和国商业银行法》《中华人民共和国银行业监督管理法》《中华人民共和国信托法》《中华人民共和国票据法》《融资担保公司监督管理条例》《金融资产管理公司条例》《金融机构撤销条例》《金融违法行为处罚办法》等。所以，对于一名大学生创业者，在创业过程中一定要增强法律意识，努力学法、懂法，遵守行业法律法规，不要钻法律空子，不要触碰法律底线。

2. 创业融资的政策环境

近几年，政府为了鼓励更多的大学生投身到创业大潮中，先后出台了一系列与创新创业相关的支持政策，表 9-2 列举了近几年国家出台的支持创业的主要政策。社会上很多大学生都是通过政府扶持资金获得第一桶创业资金的支持，开启了自己的创业之路。大学生创业者可以通过这种方式，在税收优惠、信贷支持、社保补贴、培训补贴、一次性创业补贴、创业带动就业补贴、创业场地租金补贴、创业项目补贴、免费服务等方面寻求优惠政策。不过，创业者要注意一点：不同地区在执行国家相关政策时，在操作层面会根据各地区的不同情况有所差别。因此，想要及时获取这些信息，创业者可以用"创业"为搜索词，到想要创业的所在地政府网站上进行搜索，查询当地政府相关的优惠金融扶持政策。这是最直接、有效的查询方式了。

表 9-2　近几年国家出台的支持创业的政策

发布时间	政策名称
2018 年 9 月	《国务院关于推动创新创业高质量发展打造"双创"升级版的意见》
2018 年 11 月	《教育部关于做好 2019 届全国普通高等学校毕业生就业创业工作的通知》
2018 年 12 月	《国务院关于做好当前和今后一个时期促进就业工作的若干意见》
2020 年 3 月	《教育部关于应对新冠肺炎疫情做好 2020 届全国普通高等学校毕业生就业创业工作的通知》
2020 年 3 月	《国家发展改革委办公厅关于开展社会服务领域双创带动就业示范工作的通知》
2020 年 4 月	《关于进一步加大创业担保贷款贴息力度全力支持重点群体创业就业的通知》
2021 年 10 月	《国务院办公厅关于进一步支持大学生创新创业的指导意见》

2020 年，我国受新冠肺炎疫情的影响，大学生就业形势越发严峻。2021 年 6 月 23 日，人力资源和社会保障部在致 2021 届毕业生公开信中指出：如果你有志创业，可以参加创业培训，申请培训补贴，提升创业能力；可以申请创业担保贷款、一次性创业补贴，获得启动资金；可以享受税收优惠，降低创业成本。还可以申请入驻创业孵化基地，获取开业指导、项目推介、孵化服务、免费场地等支持；还可以参加人力资源社会保障部门举办的创业创新大赛等活动，获得项目展示、成果转化、融资对接等机会。大学生是国家最新生、最具活力的群体之一，上述这些针对大学生创业的优惠政策，无一不彰显出国家和社会对当代大学生寄予的厚望。我国正在以崭新的姿态走向世界，潮流涌动，兴盛即在。作为一名大学生创业者，一定要珍惜国家创造的机会，不忘初心，牢记使命，奏响创业梦想曲。

3. 创业融资的金融市场环境

金融市场是企业融资的依托，金融市场信息的变化是成功融资的重要依据。金融市场给企业提供了多种融资方式，为企业成功进行融资提供了一定的可能性保障。当然，多变的市场环境也会给初创企业在融资时带来诸多挑战。因此，创业者在融资过程中，不仅要考虑企业的发展现状和前景，更应先了解金融市场行情、金融政策、利率变化等相关信息，便于准确把握融资时机，提高融资效率和融资效果。融资效率是指获得融资的可能性，而融资效果是指资金注入企业带来的效益。

2021 年 12 月 8 日至 10 日，中央经济工作会议在北京召开，会议强调："明年经济工作要稳字当头、稳中求进"，从七个方面提出了明确要求："宏观政策要稳健有效""微观政策要持续激发市场主体活力""结构政策要着力畅通国民经济循环""科技政策要扎实落地""改革开放政策要激活发展动力""区域政策要增强发展的平衡性协调性""社会政策要兜住兜牢民生底线"。国家政策释放了积极信号，创业者要充分利用金融市场中的政策红利，增强应对各类风险的信心，在创业的道路上劈波斩浪、行稳致远。

三、选择适合的创业融资方式和渠道

创业启动阶段对资金的需求量相对较少，所以，初创企业可优先考虑选择融资成本相对较低的融资方式，如种子资金。不过，在挖掘种子资金时，创业者也是经常会遭到拒绝的，创业者不要因被打击而轻易放弃创业的想法，而应认真考虑会被拒绝的原因，这样可以更加理性地反思创业项目的可行性和面临的融资风险，经过再次调整后的融资方案，一般成功率会较之前更高些。另外，大学生创业者也可考虑通过参加各种创新创业大赛，如"互联网 +"大学生创新创业大赛、"挑战杯"中国大学生创业计划竞赛等途径来获取融资。参加大赛不仅能够快速提升创业项目的影响力，还能有机会得到专家的指导，尤其可以近距离、无障碍地吸引风险投资的关注，如果创业项目确实很有吸引力，则获得创业融资的概率会非常高。可以说，通过参加赛事筹集资金是获得创业启动资金的一个重要来源。

对于大学生创业者，受自身实力限制，可选择的融资方式也相对单一，融资期限也以短期融资为主。除上述两种融资方式外，比较容易实现融资的方式是选择银行抵押或者担保贷款等。当企业进入快速成长期阶段，企业竞争力显著提升，可供选择的融资方式也随之增多，如风险融资、权益融资等。

融资渠道实质就是资金的来源。我国企业资金获取的主要渠道有国家财政资金、银行信贷资金、非银行金融机构资金、企业自留资金、居民闲置资金以及境外资金等，每一融资渠道的特点及资金获取的难易程度，见表 9-3。

表 9-3 我国公司资金获取的主要渠道

融资渠道	特点	难易程度
国家财政资金	中央政府和地方政府的财政资金，以及与国家财政有关系的企业、事业单位和行政单位的资金	较易
银行信贷资金	银行通过各种信贷服务将资金注入企业中	较易
非银行金融机构资金	非银行金融机构包括信托公司、租赁公司、保险公司、证券公司等，这部分资金是银行信贷资金的辅助	较易
企业自留资金	企业在生产经营过程中形成的资本，主要包括提取公积金和未分配利润等	较易
居民闲置资金	通过互联网等方式流向需求者的资金	较难
境外资金	境外投资者和投资公司的资金	较难

综上，大学生创业者在进行融资时，需要综合考虑企业经营能力、财务状况、所处的发展阶段、市场环境、政策环境等，然后选择适合的融资方式和融资渠道。例如，在融资风险较低的情况下，建议选择种子资金、银行贷款、网络小额贷款等资金。在融资风险较高的情况，建议采取风险投资、权益融资等资金。还需提醒创业者注意的是：企业融资首选是内部融资，在内部融资不足的情况下再考虑外部融资。而且，在选择融资方式时，还要注意融资结构是否合理，因为只有在合理范围内进行融资，才能更好地降低融资风险。

四、制定创业融资方案

创业融资方案是对融资过程中涉及的相关问题的详细描述，侧重对项目的可行性进行分析，主要包括项目价值、资金需求量、资金使用计划、资金使用原则、融资目标、风险管理等，具体内容见表 9-4。

表 9-4 融资方案的主要内容

列项	具体分解内容
项目价值	营业额、利润率等预测
资金需求量	总额、分阶段资金需求量
资金使用计划	原材料采购、设备设施购置、人才招募、宣传推广、技术研发等
资金使用原则	具体资金使用原则
融资目标	融资规模、融资方式、融资渠道、融资成本、投资方退出方式等
风险管理	应对对策

在撰写融资方案时，首先，要明确创业项目的价值，因为投资方最看重的还是企业自身创造价值的能力和潜力。因此，对于初创企业，这个价值不仅要体现现有的价值，还要通过企业未来的营业额、利润率等对盈利进行预测，以向投资者显示出创业项目未来的增值潜力。

其次，要详细说明项目资金的整体需求量，具体包括创业项目实施的计划进程、每个阶段对资金的具体需求量、资金使用计划、资金使用原则等，以向投资者显示出创业项目的可行性和各阶段资金的使用去向和收益情况。

再次，根据创业项目自有资金的数额和资金需求，进一步明确计划融资规模、融资方式、融资渠道、融资成本、投资方的退出方式等相关内容。对创业项目实施过程中可能遇到的各种问题制定风险应对策略，以增强投资者对创业团队能力的认可度，打消投资者对创业项目的疑虑，促成顺利融资。

最后，创业者还要根据创业项目的特点和投资方的要求，附带融资所需的相关资料。当然，能达成协议的融资合同内容，还需要创业者和投资者通过反复沟通、谈判来拟定。

由上可知，成功进行融资并不是一件很容易的事情，尤其对于大学生创业者，应努力掌握融资的相关理论、融资过程、融资谈判技巧等知识，还要经常分析国家宏观经济形势、货币及财务政策等情况，及时了解国内外利率、汇率等金融市场的信息，分析影响企业创业融资的制约因素，制定适合企业发展的融资决策。

实训

了解创业融资的影响因素

请同学们以组为单位，收集创业融资方面的成功案例，分析案例企业是否遇到了融资风险？在成功获得融资过程中采取了哪些得力的措施？各组之间交流分享。

第三节 创业融资面临的主要风险

导入案例

一位拒绝了 3 000 万元融资的大学生

大二学生肖军森，偶然间从朋友那里听说将来可能会实施自考驾照的消息，他便突发奇想：如果创建一个教练和学员对接的平台，通过"互联网＋驾校"的模式，实现学员自主选择教练学车，学车费用一次一结，每次学完，学员都可以对这个教练进行评价打分。现在，学车的人越来越多，但学员和教练之间的信息并不通畅，如果这个平台建立起来，不仅让学员和教练之间的信息对称了，而且通过平台可以快速实现业务的推广。想法确定后，肖军森找到几个合伙人开始进行平台研发。2016 年学车自考政策正式出台，肖军森因之前准备比较充分，及时注册了公司，接下来，他带领团队开始进行平台推广，初期推广并不顺利，一方面要找学员，一方面还要谈合作驾校，但肖军森和他的创业团队通过坚持不懈的努力，平台终于从 1 个学员发展到 500 个学员，从 1 个教练发展到拥有上千名教练员。平台开始小有名气，各大投资公司纷纷找上门来，想要投资他的这个项目，其中出价最高的投资金额达到 3 000 万元，这一投资规模对肖军森来说确实很有吸引力，毕竟融资后，可以使公司在短时间内得到快速发展，但对方给他开出的投资条件是要持有公司 60% 的股份。肖军森和他的团队经过再三考虑，最终还是婉拒了这家投资公司，因为他并不希望把公司的决定权出让出去，更不希望把公司的未来押在别人身上。

资料来源：KAB 创业俱乐部 . 肖军森：相信 i 驾车能改变我们的学车模式 [EB/OL].（2017–06–16）. http：//chuangjia.cyol.com/content/2017–06/16/content_16196781.htm.

🔍 案例分析

1. 请思考：肖军森为什么会放弃 3 000 万元的融资？
2. 请评价：融资的"双刃剑"效应是什么？

企业融资风险是指企业因融入资金而产生的丧失偿债能力的可能性和企业利润的可变性。大学生创业融资面临的主要风险包括融资规模不当引发的风险、融资方式选择不当引发的风险、融资时机不当引发的风险和投资者选择不当引发的风险等。

一、融资规模不当引发的风险

融资过少或过多都会为企业带来一定的损失。融资过少可能会影响企业的正常生产与经营，而融资过多，则会增加企业不必要的成本。例如，某初创企业在融资后，因为低估了某些环节的费用，融资规模确定得并不合理，结果导致企业在运行过程中出现严重的资金断流而陷入困境，此时想再进行融资已不具备条件，之前融资的效果又没有很好地呈现出来，企业该何去何从？相当一部分创业者在遇到这一困扰时，因无从选择而放弃继续创业。不过，之前也讲过，融资过高会导致企业负债水平过高、利息支出费用增加，这无形中会大大增加企业的融资风险，使企业应对市场变化和危机的能力降低。特别是对于初创企业，原本抗风险能力就很弱，如果始终处于高负债经营状态，一定会制约企业的发展，严重时会使企业面临丧失支付利息的能力，甚至破产。

大多数创业者都倾向于乐观主义，对未来前景十分看好，因此也较其他人更具有创业的热情和冲动。但创业者在创业过程中很少仅用自有资金，更多的是要通过融资方式获取创业资金，而融资需要引入外来资源，可能会给企业带来很多不确定的因素。所以，创业者也一定要有负债意识和风险意识，在可承受范围内，合理设定融资规模、合理规划负债水平，才能有效控制融资风险。

二、融资方式选择不当引发的风险

通过之前介绍的内容，我们知道创业融资有多种方式，如种子资金、银行贷款、股权众筹融资、内源融资、风险投资等。每种融资方式都有一定的风险，如果选择不当，会增加企业的资金成本，影响资金周转速度。例如，一名大学生创业者，社会资源很少，为了快速筹集所需的创业启动资金，选择了最直接的种子资金融资方式，他向亲戚介绍了他的创业项目，没想到亲戚对该项目产生极大的兴趣，于是决定和他合作经营，并出具了一笔数额可观的资金。他考虑到这都是实实在在的亲戚，所以也没有把合作的具体事宜和出资的具体要求约定清楚。结果，企业刚投入运行后没多久，亲戚家里突遭变故，急需抽出资金。为了解决亲戚家的燃眉之急，这名大学生最后选择了变卖企业，将资金还给亲戚。这件事情告诉我们"亲兄弟也要明算账"。

当然，为避免破坏家人之间的亲情和朋友之间的友情，创业者可以考虑采取抵押融资的方式来获取创业资金，这也是当下很多创业者普遍采用的一种融资方式。不过，创业者在选取抵押物和抵押方式时，如果不了解我国关于抵押的相关法律规定，或者不熟悉抵押的注意事项，容易上当，有时还会触犯法律。

三、融资时机不当引发的风险

融资是企业经营的一部分，融资过早或过晚都可能为企业带来损失，过早地融资会增加企业的负担，资金的升值空间大打折扣，融资过晚也会错过发展的最佳时机。例如，有这样一位创业者，他认为国内素食的市场未来前景很好，如果开一家素食馆，利润一定可观。于是，他拿出自己的全部积蓄和朋友合伙开了一家素食馆，开业初期，每月的营业额很稳定，经营了一段时间后，这位创业者觉得时机已经成熟，大胆决定扩大经营规模，再开一家新店。因资金有限，这家新店的启动资金是通过融资获得的。结果新店开业没多久，两家店的客流量开始逐渐减少，其间他们也采取了一些促销手段，但客流量始终没有明显增加，最后两家素食馆都停业了。由此案例可以获知，素食可能是未来的餐饮趋势，但素食的消费者市场并没有形成规模效应，盲目融资开新店，势必会使企业陷入经营困境。

应该说，把握好创业融资的时机并非易事。市场变幻莫测，行业的拐点不一定在什么时候会出现，如果错过了这个发展机会，企业再去融资，竞争会非常残酷，融资风险也会大幅提高。而且，企业的不同发展阶段也会影响融资时机。例如，在企业初期发展阶段和衰退阶段，虽然可以很清楚地确认融资时间，但这两个阶段，企业的不确定性很高，给融资也带来很大难度。相对而言，企业在成长和成熟阶段，因已具备一定的经营实力，融资难度相对小，也有利于把控好融资时机。

四、投资者选择不当引发的风险

创业者在和投资者接触过程中，一定要注意保护自己的创意和核心技术，最好可以先通过申请专利、商标等方式，提前防范可能发生的事情，否则会带来不可挽回的遗憾。例如，创业者小陈研发了一款创意闹钟，希望找到投资者一起做创意日用品售卖。在和投资者接触的过程中，小陈没有注意保护好自己的商业创意，向对方陈述了项目的核心技术卖点，结果融资没谈成，却发现曾接触过的投资者已经把创意闹钟做出来，并在网上开始售卖了。小陈对此很生气，但又无能为力，毕竟没有和洽谈的投资方签订法律约束，就只能怪自己太缺乏知识产权的保护意识了，结果白白丢失了一个好的创业项目。

另外，创业者在确定要和投资者合作之前，也要调查清楚投资者以前的投资历史、在行业中的口碑、投资者的偏好等，最重要的还要了解投资者的目的，从中获知投资者真正在意的是什么。只有合作双方有共同的价值取向，创业者和投资者的合作才会更加顺利，也才能减少因合作不适宜而给企业带来的风险和损失。

总之，只要有融资，风险就必然会存在。如果融资风险来源于企业内部，则相对可控。但很多融资风险都来自企业外部，多属于客观存在且不可控的，如金融市场的波动、金融政策的变化等。另外，大学生创业者经常在融资洽谈过程中，遭到投资方的拒绝而影响融资信心，这些因素都会给创业者带来不同程度的压力。所以，大学生创业者一方面要坚定融资信心，作出合理的融资决策；另一方面要增强融资风险意识，学会应对融资风险。

综合实训

创业融资方案的制定

（一）实训目的

1. 熟悉融资方式和渠道。
2. 学会进行融资目标分析。
3. 学会为创业项目制定适合的融资方案。

（二）实训活动

结合各自团队的创业项目，完成项目的创业融资方案，注意分析融资成本和投资方的退出方式。

即测即练

🔍 **思考题**

1. 简述融资在创业中的作用。

2. 简述权益融资和债权融资的区别。

3. 简述股权众筹融资的含义与特点。

4. 简述创业融资的步骤。

5. 分析大学生在创业融资过程中可能面临的风险。

🔍 **拓展案例**

互联网连续创业人张一鸣

张一鸣，字节跳动（Byte Dance）的创始人，当年源于对计算机的热爱，于2001年考入南开大学修读软件工程专业。在大学期间，他编写的电路板自动化加工软件PCBS曾获得过"挑战杯"二等奖。2005年大学毕业后，张一鸣便开启了他的第一次创业，他组建了一支创业团队，与团队共同开发出一款面向公司的协同办公系统。但由于市场定位出现失误，他的第一次创业以失败宣告结束。2006年，张一鸣进入旅游搜索网站酷讯，开始从工程师做起，由于业务出色，最终他干到了公司的技术委员会主席的位置。工作期间，张一鸣始终没有放弃创业梦想，为了能够学到大公司的管理方法，他于2008年离开了酷讯到微软工作。同年9月，他离开微软，以技术合伙人身份加入"饭否"开始再次创业，他的任务是负责"饭否"的搜索、消息分发、热词挖掘、防作弊等方向，可没多久，创业再次失败，"饭否"被关闭。两次创业失败的经历不仅没有打消他的斗志，反而更加坚定他的创业决心。2009年10月，张一鸣开始独立创业，创办了垂直房产搜索引擎"九九房"。2011年上半年，九九房推出了看房日记、房产资讯两款房产领域的资讯内容产品，其后又发布了掌上租房、掌上买房、掌上新房三款应用，月活跃用户数破10万。2012年，张一鸣看到了互联网蕴藏的巨大商机，毅然辞去九九房CEO的职务，创办字节跳动。顾名思义，字节跳动就是把公司的产品和数据用互联网的手段关联起来。公司开发出名为"今日头条"的手机应用，成为国内增速最快的新闻客户端，除了"今日头条"，字节跳动旗下还有抖音、抖音火山版、西瓜视频、懂车帝、皮皮虾、飞书、番茄小说、巨量引擎、Faceu激萌、轻颜相机等产品，其中抖音是一个帮助用户表达自我、记录美好生活的平台，深受用户的喜爱。截至2020年8月，包含抖音火山版在内，抖音日活跃用户已超过6亿，并继续保持着高速增长。2012 年 7 月，今日头条获得 SIG 海纳亚洲等数百万美元 A 轮投资。2013 年 9 月，获得 DST 等数千万美元 B 轮投资。2014 年 6 月 3 日，今日头条完成 C 轮融资，由红杉资本领投。一轮轮融资让公司实现了一次又一次的飞跃，2020 年 11 月 5 日，福布斯中国发布中国富豪榜，张一鸣以 1 848.3 亿元位列第 9 位。2021 年 5 月 20 日，字节跳动创始人张一鸣宣布卸任字节跳动 CEO 一职。

从 2005 年大学毕业开始，到 2021 年 5 月卸任字节跳动 CEO 一职，张一鸣把每一次创业和工作都当成是自我提升的一部分，对他而言，创业就是在一次一次突破自我、实现梦想。

资料来源：张一鸣：北京字节跳动科技有限公司创始人 [EB/OL].（2021-09-17）. https：//baike.baidu.com/item/%E5%BC%A0%E4%B8%80%E9%B8%A3/15898544？ fr=aladdin.

第十章 新企业的创办

知识目标

1. 了解开办新企业的相关法律。

2. 掌握新企业的创办流程。

3. 了解初创企业的主要特点。

能力目标

1. 能够有效识别新企业创办时遇到的主要问题。

2. 能够正确应对新企业成长过程中面临的挑战。

素质目标

1. 培养学生具备依法纳税的责任意识。

2. 培养学生增强知识产权的保护意识。

企业是从事生产、流通、服务等经济活动，以生产或服务满足社会需要，实行自主经营、独立核算、依法设立的一种营利性的经济组织。创业者在创建和经营企业的过程中，必须了解与之相关的法律法规，以确保自身和他人的利益不受到侵害。在开办新企业前，应根据创业项目的特点和创业团队情况，选定适合的组织形式，按照法律流程办理执照和经营许可，之后才能进行正常经营。同时，还要注意保护好自己的知识产权。本章主要讲述与开办新企业相关的法律法规、企业的基本组织形式、创办新企业的流程及可能遇到的法律风险、初创企业可持续发展的建议等相关知识。

【创业名言】

任何时候做任何事，订最好的计划，尽最大的努力，做最坏的准备。

——李想，理想汽车创始人、董事长兼 CEO

第一节　开办新企业的相关法律

🔍 **导入案例**

直播电商的兴起

中国的直播电商始于 2016 年，是 KOL（关键意见领袖，这里特指社交网红）通过视频等形式推荐卖货并达成交易的电商渠道。目前，该行业正处于爆发式增长阶段，交易额陡增，头部流量平台和交易平台持续向直播倾斜资源，直播带货几乎成为各大平台的标配，直播电商产业链正在向完整多元化方向发展。

直播电商重构了"人、货、场"之间的关系，从以"产品"为核心的"图文时代"转型升级到了以"人"为核心的"直播时代"。直播电商相对于传统电商，在内容方面进行了全新升级，主播通过个人影响力吸引目标用户群体，通过私域流量运营，在直播场景中形成一个巨大的流量池。直播间可以完成一系列产品的转化，而主播则是不可或缺的流量节点。相比于语音、文字、图片，短视频、视频直播的呈现形式更加丰富、直观、有趣，与用户之间的互动性更强，大幅提升了产品的品牌营销效果。

随着移动社交的蓬勃发展，以抖音、小红书为代表的社交媒体陆续涌现，短视频已成为继图文之后的第三种语言，成为移动端最主要的流量入口。《中国视频社会化趋势报告（2020）》显示，2020 年中国短视频用户规模达到 7.92 亿，短视频用户渗透率超过 70%，成为互联网第三大流量入口。以电商、短视频和社交为代表的线上流量陡增，吸引越来越多的平台、线上 / 线下商家、明星、企业家、素人纷纷开始转战社交营销。对于经营受到影响的线下实体商家，也开始采用直播带货方式寻求销量的突破口。

资料来源：中航证券金融研究所 . 直播电商，浪潮之下浮与沉 [R].2020.

🔍 **案例分析**

1. 请思考：电商直播是否受法律约束？
2. 请评价：直播带货未来的发展趋势是什么？

注册公司对于创业者来说代表着企业从 0 到 1 的创建过程，注册公司需要按照相关的法律法规进行操作。随着我国新一轮创业浪潮的到来，带动了更多人投身到创业之中，据不完全统计，国内每天诞生的新公司多达 4 000 余家。公司注册后，创业者不仅要做到依法经营，也要学会运用法律保护自己的权利，为企业发展扫清障碍。

一、开办新企业相关的法律法规

《公司法》。公司法是指规定公司设立程序、组织机构、活动原则及其对内对外关系的法律规范的总称。最早施行的《公司法》是 1993 年 12 月 29 日第八届全国人民代表大会常务委员会第五次会议通过的，其间于 2005 年 10 月 27 日第十届全国人民代表大会常务委员会第十八次会议进行修订，并于 2006 年 1 月 1 日起正式施行《公司法》。现行版由第十三届全国人民代表大会常务委员会第六次会议于 2018 年 10 月 26 日第四次修正。

合同制度是市场经济的基本法律制度。为有效发挥市场在资源配置中的决定性作用，坚持维护契约、平等交换、公平竞争原则，贯彻全面深化改革的精神，2021 年 1 月 1 日起正式实施《民法典》，原有《中华人民共和国合同法》废止。《民法典》中第三编为合同编，规定了合同有关的条款。合同编是调整平等主体之间交易关系的法律，它主要规定了合同的订立、合同的效力及合同的履行、变更、解除、保全、违约等责任问题。

《中华人民共和国劳动法》。劳动法是调整劳动关系以及与劳动关系密切联系的社会关系的法律规范总称。《中华人民共和国劳动法》是根据宪法而制定的，于 1994 年 7 月 5 日由第八届全国人民代表大会常务委员会第八次会议通过，自 1995 年 1 月 1 日起施行。劳动法旨在保护劳动者的合法权益，调整劳动关系，建立和维护适应社会主义市场经济的劳动制度，促进经济发展和社会进步。

《中华人民共和国专利法》。专利法是确认发明人（或其权利继受人）对其发明享有专有权，规定专利权的取得与消灭、专利权的实施与保护，以及其他专利权人的权利和义务的法律规范的总称。我国制定的《中华人民共和国专利法》，是 1985 年 4 月 1 日起开始施行的法律法规。第十三届全国人民代表大会常务委员会第二十二次会议对《中华人民共和国专利法》进行修改，为现行最新版，从 2021 年 6 月 1 日起施行。修改内容主要涉及：完善外观设计相关制度、专利开放许可制度、关于药品专利期限补偿、调整专利侵权法定赔偿额上限、修改侵犯专利权的诉讼时效等。2021 年 9 月，中共中央、国务院印发了《知识产权强国建设纲要（2021—2035 年）》，统筹推进知识产权强国建设，全面提升知识产权创造、运用、保护、管理和服务水平，充分发挥了知识产权制度在社会主义现代化建设中的重要作用，为知识产权建设发展指明了方向。

《中华人民共和国商标法》（以下简称《商标法》）。《商标法》经 1982 年 8 月 23 日第五届全国人民代表大会常务委员会第二十四次会议通过，包括：商标注册的审查和核准，注册商标的续展、变更、转让和使用许可，注册商标的无效宣告，商标使用的管理，注册商标专用权的保护等。2013 年 8 月 30 日第十二届全国人民代表大会常务委员会第四次会议通过《关于修改〈中华人民共和国商标法〉的决定》对《商标法》进行第三次修正，加强了对恶意注册行为的规制。2019 年 4 月 23 日第十三届全国人民代表大会常务委员会第十次会议对《商标法》进行第四次修正，为现行《商标法》，重点明确了注册商标须以使用为目的，加大对商标侵权的惩罚力度，强化对侵权材料工具的销毁。

《中华人民共和国税收征收管理法》。税收征管法是调整税收征收与管理过程中所发生的社会关系的法律规范的总称，包括国家权力机关制定的税收征管法律、国家权力机关授权行政机关制定的税收征管行政法规和有关税收征管的规章制度等。我国税收征管法最早从 1993 年 1 月 1 日开始施行，现行税收征收管理法是 2015 年 4 月 24 日第十二届全国人民代表大会常务委员会第十四次会议《关于修改〈中华人民共和国港口法〉等七部法律的决定》第三次修正。

《中华人民共和国个人所得税法》。《中华人民共和国个人所得税法》是我国全国人民代表大会常务委员会批准的中国国家法律文件，是调整征税机关与自然人（居民、非居民人）之间在个人所得税的征纳与管理过程中所发生的社会关系的法律规范的总称。最早是在 1980 年 9 月 10 日第五届全国人民代表大会第三次会议通过，现行版于 2018 年 8 月 31 日第十三届全国人民代表大会常务委员会第五次会议通过的《关于修改〈中华人民共和国个人所得税法〉的决定》第七次修正。

二、创办新企业面临的法律风险

1. 公司设立法律风险

众所周知，现在注册一家公司的流程已经大为简化，且门槛也有所降低。但创业者需要明确一点，无论公司注册的流程和步骤如何被简化，其对应的法律责任与义务却从未改变。例如，最常见的公司股东股份占比如何分配问题，是与公司日后实际债务的承担比例密切关联的。所以，创业者在进行公司注册时，千万不能疏忽大意，每一份表格上的每一个数字和签字都要认真填写，因为所有填写的内容都代表着未来要承担对应的法律责任。

2. 合同签订法律风险

许多初创企业在对外签订合同时，为了省事，都习惯上网搜索一份模板，然后进行简单修改，便当作商业合同使用了。事实上，网络上多数的合同模板都存在不同程度的法律漏洞，如果不加思考完全照搬，很容易导致企业在后续遭遇合同纠纷，在需要做仲裁和诉讼时，无法得到相应的法律保护。所以，企业在拟定合同尤其是重要合同时，最好请专业律师咨询确认，普通的合同也可以考虑从专业的创业服务平台上购买企业常用合同套餐，性价比一般是比较高的。

3. 知识产权法律风险

知识产权包括商标、专利、版权等，从近几年发生的知识产权相关案件数量来看，每年都在攀升，案例多涉及中小微企业。这一现象一方面说明了中小微企业在知识产权方面，已经开始具有用法律武器来保护自身相关权益的意识了；另一方面也说明了还有相当多的企业在知识产权方面法律意识淡薄，致使侵权现象频繁发生。从成本角度来看，避免知识产权受到侵犯，比遭受侵权之后再索赔更为有效，毕竟后者要消耗申诉企业很多时间、精力和财力。所以，创业者应在公司日常运营中，注意及时进行知识产权方面的注册与保护，避免自有知识产权受到外来侵犯带来的风险。

4. 融资法律风险

企业并购涉及公司法、税法、知识产权法等多部法律内容，操作程序复杂，产生法律风险的可能性较高。有的初创企业迫于资金短缺的压力，在寻求不到正规有效融资渠道的情况下，可能会通过多种借贷方式筹资，这无形当中给公司带来很多不确定的融资风险，一旦尺度掌握不好，出现非法融资，会将企业带入险境。

5. 担保法律风险

大多数初创企业的资源都相对有限，创业者为了获得更多的信息和资源，经常会通过各种方式在一起交流，互学经验、互帮互助、报团取暖。在"你好我好大家好"的氛围影响下，有的创业者在为其他企业做担保时，碍于情面，没有认真对被担保企业进行资信调查，就直接为其做了担保。如果被担保企业资信情况较差、还债能力不足，就有可能使自己的企业陷入一蹶不振的困境，甚至直接被拖垮。这样的例子在现实中屡见不鲜。所以说，初创企业在为别的企业进行担保前，一定要认真确认被担保企业的经营状况、资信情况等，不要让感性大于理性，最好做到先法后情。

6.其他法律风险

除了前面提到的法律风险之外，企业也可能会遇到诉讼风险、人力资源管理等各种其他法律方面的风险，这些风险是初创企业比较容易忽视的。例如，有的企业在经营中如果出现合同签订不规范、劳动保护不规范行为等，还会引发市场监管、税务、环保等各个部门的行政管治和处罚。

三、创办新企业的优惠政策

（一）面向创业者的优惠政策

国家对创业者尤其是大学生创业者提供了很多优惠政策。本书主要介绍以下几个方面。

1.免费提供创业培训

很多地方政府部门在国家的倡导下，面向大学生创业者建立了创业培训体系，对有创业需求的大学生进行免费培训，并按照政策给予培训补贴。其中，领取失业保险金的人员参加培训，其职业培训补贴可以由失业保险金支付。为了扶持更多有需求的创业者，各地政府已相继开始将创业培训费用纳入职业技能培训补贴当中。

2.优先安排创业场地

我国大部分省区市都允许创业者将家庭住宅、租借房屋、临时性商业用房等作为创业场地，这样可以有效降低创业者先期的创业投入。各级政府及自然资源、城管等有关部门也都积极为创业者优先提供创业场地。另外，大学生创业者还可以在各地经济开发区、工业园区、高新技术开发区、大学科技园区、小企业孵化园等地选择创业场地。

3.面向大学生创业的优惠政策

为进一步支持大学生创新创业，2021年10月12日，国务院办公厅发布了国办发〔2021〕35号文件《国务院办公厅关于进一步支持大学生创新创业的指导意见》，针对大学生创新创业提出更加优惠的政策支持，主要包括以下方面。

（1）降低大学生创新创业门槛。鼓励各类孵化器面向大学生创新创业团队开放一定比例的免费孵化空间，降低大学生创新创业团队入驻条件。政府投资开发的孵化器等创业载体应安排30%左右的场地，免费提供给高校毕业生。有条件的地方可对高校毕业生到孵化器创业给予租金补贴。

（2）落实大学生创新创业保障政策。加大对创业失败大学生的扶持力度，按规定提供就业服务、就业援助和社会救助。毕业后创业的大学生可按规定缴纳"五险一金"，减少大学生创业的后顾之忧。

（3）落实落细减税降费政策。高校毕业生在毕业年度内从事个体经营，符合规定条件的，在3年内按一定限额依次扣减其当年实际应缴纳的增值税、城市维护建设税、教育费附加、地方教育附加和个人所得税；对月销售额15万元以下的小规模纳税人免征增值税，对小微企业和个体工商户按规定减免所得税。

（4）落实创业担保贷款政策及贴息政策。将高校毕业生个人最高贷款额度提高至20万元，对10万元以下贷款、获得设区的市级以上荣誉的高校毕业生创业者免除反担保要求；对高校毕业生设立的符合条件的小微企业，最高贷款额度提高至300万元；降低贷款利率，简化贷款申报审核流程，提高贷款便利性，支持符合条件的高校毕业生创业就业。鼓励和引导金融机构加快产品和服务创新，为符合条件的大学生创业项目提供金融服务。

（二）面向小微企业的优惠政策

为切实减轻小微企业的负担，促进小微企业的健康发展，国家出台了系列优惠政策。2011年11月14日，财政部会同国家发展改革委印发通知，决定从2012年1月1日至2014年12月31日，对小微企业免征管理类、登记类、证照类行政事业型收费，具体包括：企业注册登记费、税务发票工本费、海关监管手续费、货物原产地证明工本费、农机监理费等22项收费。政策中还指出，各有关部门要督促本系统内相关收费单位加强对小微企业享受收费优惠政策的登记备案管理，确保符合条件的小微企业享受收费优惠政策。

为确保广大企业能够及时、准确享受小型微利企业所得税优惠政策，并尽可能保持征管操作的稳定性，2022年3月14日，财政部、税务总局发布了《财政部税务总局关于进一步实施小微企业所得税优惠政策的公告》（2022年第13号文件）

（以下简称为《公告》），进一步加大了小型微利企业所得税优惠力度。

《公告》中对小型微利企业进行了界定：是指从事国家非限制和禁止行业，且同时符合年度应纳税所得额不超过 300 万元、从业人数不超过 300 人、资产总额不超过 5000 万元等三个条件的企业。对小型微利企业年应纳税所得额超过 100 万元但不超过 300 万元的部分，减按 25% 计入应纳税所得额，按 20% 的税率缴纳企业所得税。小型微利企业无论按查账征收方式或核定征收方式缴纳企业所得税，均可享受小型微利企业所得税优惠政策。小型微利企业在预缴和汇算清缴企业所得税时，通过填写纳税申报表，即可享受小型微利企业所得税优惠政策。

国家面向小微企业出台的系列优惠政策，有力地促进了小微企业的快速发展。

🔍 实训

了解创办公司相关的法律和政策

根据你所要创办的公司所在的行业，查找与之相关的法律法规、优惠政策。

第二节　开办新企业的流程

🔍 导入案例

初创企业的选择

案例一：办公场地的选择

小张是一名刚刚毕业的大学生，所学专业是广告学。毕业后他想自主创业，他与几个要好的大学同学经过反复磋商，决定以个体工商户的形式开一家小型的广告公司，主要业务是为一些小微企业制作广告并协助推广。考虑到自身条件和资源都非常有限，小张和他的合作伙伴暂时还租不起写字楼或商铺。小张想，我这么一小个体工商户，在哪办公都行，为了节约前期投入成本，干脆就选居民区作为办公地点。小张在法律方面了解得并不多，身边也没有学法律的朋友。小张选取了民宅作为办公场所，而非土地部门规划的商业用地，他能成功注册公司吗？

案例二：著名企业名称的由来

娃哈哈：来自儿歌启发了灵感。我国著名的杭州娃哈哈集团公司，有过硬的营销策略，还有最重要的一个因素，给产品起了个好名字。

杉杉：1989年5月，号称扭亏厂长的郑永刚接管了亏损1000多万元的甬港服装厂。当他踏进甬港服装厂的时候，院子里那几棵青翠的杉树给了他无限的希望，那象征生命力的绿色，正是他的理想和激情的写照。杉杉，这个名字便由此诞生了。郑永刚说：杉杉要做中国服装第一品牌！

张裕：100多年的历史积累，使张裕常生出些神秘，这也包括"张裕"名字的本身。曾有人猜测，张裕是某人的姓名，此言仅对一半。张裕创始人是张弼士，张裕无疑取一张姓，那么"裕"字又做何解呢？其实这是选择了一个吉兆字眼，总之是有"丰裕兴隆"之意。张弼士在南洋及两广一带的公司及铺面也常取"裕"字做宝号，如裕和、裕兴、裕昌、富裕等。而在"裕"字之前加以张姓，却绝无仅有，有特别看重之意吧。

全聚德：杨寿山，字全仁，是全聚德烤鸭店的创始人。1864年，肉市胡同内有一家山西人经营的杂货铺经营不下去，杨全仁经人介绍，把杂货铺的铺底子盘了过来，自己开了个挂炉铺。这家杂货铺的字号叫德聚全，意思是"以德聚全，以德取财"。杨全仁把这个字号颠倒过来，改为全聚德。全字，暗含着他的名字，聚德，取"以全聚德，财源茂盛"之意。这就是全聚德这个字号的来历。

不同的知名企业都有自己独特的名称，作为一名有创业梦想的创业者，你准备好了吗？

🔍 案例分析

1. 请思考：企业有几种组织形式？
2. 请评价：上述两个案例给你怎样的启示？

一、初创企业的组织形式

初创企业常见的组织形式主要包括个人独资企业、合伙企业、有限责任公司和股份有限公司。

（一）个人独资企业

个人独资企业是最常见的企业法律组织形式，又称个人业主制企业，是指依法设立、由一个自然人投资并承担无限连带责任，财产为投资者个人所有的经营实体。当个人独资企业财产不足以清偿债务时，业主须以其个人其他财产予以清偿。个人独资企业的创设条件最简单，只要满足以下五种条件就可以申请设立。

（1）投资人为一个自然人。

（2）有合法的企业名称。

（3）有投资人申报的出资，国家对其注册资金实行申报制，没有最低限额。

（4）有固定的生产经营场所和必要的生产经营条件。

（5）有必要的从业人员。

（二）合伙企业

合伙企业是指依法在中国境内设立的，由各合伙人订立合伙协议，共同出资、合伙经营、共享收益、共担风险，并对合伙企业债务承担无限连带责任的营利性组织。合伙企业除了要有名称、经营场所以及从事合伙经营的必要条件之外，还需具备以下条件。

（1）合伙企业必须有两个以上合伙人，合伙人应当具备完全民事行为能力，且能够依法承担无限责任。

（2）合伙人应当遵循自愿、平等、公平、诚实信用原则订立合伙协议，合伙协议应载明合伙企业的名称、地点、经营范围、合伙人出资额和权责情况等基本事项。

（3）合伙人应当按照合伙协议约定的出资方式、数额和缴付出资的期限，履行出资义务。合伙人出资可以用货币、实物、土地使用权、知识产权或者其他财产权利。上述出资应当是合伙人的合法财产及财产权利。合伙人也可以用劳务出资，其评估办法由全体合伙人协商确定。

（三）有限责任公司

有限责任公司的股东是以其认缴的出资额为限对公司承担责任，公司以其全部资产对公司的债务承担责任。设立有限责任公司需具备以下条件。

（1）股东符合法定人数。成立有限责任公司一般由50人以下股东出资设立，特殊情况如一人有限公司也是许可的。

（2）股东出资要求。《公司法》规定：公司登记时，无须提交验资报告，实行注册资本认缴登记制。法律、行政法规、国务院决定对公司注册资本实缴另有规定的除外，其他公司实行注册资本认缴登记制，登记机关不再对有限责任公司和发起设立的股份有限公司实收资本进行登记；取消有限责任公司最低注册资本 3 万元、一人有限责任公司最低注册资本 10 万元、股份有限公司最低注册资本 500 万元的限制；不再限制公司设立时全体股东（发起人）的首次出资额及比例；不再限制公司全体股东（发起人）的货币出资总额占注册资本的比例；不再规定公司股东（发起人）缴足出资的期限。

（3）股东共同制定公司章程。公司章程中要明确公司的名称，公司的住所，公司的注册资本，股东的权利和义务，股东的出资方式和出资额，股东转让出资的条件，公司的法定代表人，公司的解散事由与清算办法，以及股东认为需要规定的其他事项。

（四）股份有限公司

股份有限公司是将其全部资本分为等额股份，股东以其认购的股份为限对公司承担责任，股份公司以其全部资产对公司的债务承担责任。根据《公司法》的规定，设立股份有限公司，应当具备以下条件。

（1）发起人符合法定人数。设立股份有限公司必须有发起人，发起人既可以是自然人，也可以是法人。发起人应当在 2 人以上 200 人以下，其中须有过半数的发起人在中国境内有住所。国有企业改建为股份有限公司的，应当采取募集设立方式。

（2）发起人认缴和社会公开募集的股本达到法定资本最低限额。股份有限公司注册资本（在公司登记机关登记的实收股本总额）的最低限额为人民币 1 000 万元。以募集方式设立的，发起人认购的股份不得少于公司股份总数的 35%。公司申请股票上市，其股本总额不得少于人民币 5 000 万元。发起人、认股人缴纳股款或者缴付抵作股款的出资后，除未按期募足股份、发起人未按期召开创立大会或者创立大会决议不设立公司的情形外，不得抽回资本。

（3）股份发行、筹办事项符合法律规定。

（4）发起人制定公司章程，并经创立大会通过。

（5）有公司名称，建立符合股份有限公司要求的组织机构。拟设立的股份有限公司应当依照工商登记的有关规定确立公司名称，并建立股东大会、董事会、监事会和总经理等公司的组织机构。企业名称应当由行政区划、字号、行业、组织形式依次组成，法律、法规另有规定的除外。股东大会是最高权力机构，董事会是公司的执行机构，经理负责公司的日常经营管理工作。

（6）有固定的生产经营场所和必要的生产经营条件。

不同组织形式的企业有各自的特点，其优势和劣势的比较分析，见表 10-1。

表 10-1　常见的几种公司组织形式的优劣分析

组织形式	优势	劣势
个人独资企业	1.企业设立手续非常简便，且费用低 2.所有者拥有公司控制权 3.可以迅速对市场变化作出反应 4.只需缴纳个人所得税，无须双重课税 5.在技术和经营方面易于保密	1.创业者承担无限责任 2.企业成功过多依赖创业者个人能力 3.筹资困难 4.企业随着创业者退出而消亡，寿命有限 5.创业者投资的流动性低
合伙企业	1.创办比较简单、费用低 2.经营上比较灵活 3.企业拥有更多人的技能和能力 4.资金来源较广，信用度较高	1.合伙创业人承担无限责任 2.企业绩效依赖合伙人的能力，企业规模受限 3.企业往往因关键合伙人死亡或退出而解散 4.合伙人的投资流动性低，产权转让困难
有限责任公司	1.创业股东只承担有限责任，风险小 2.公司具有独立寿命，易于存续 3.可以吸纳多个投资人，促进资本集中 4.多元化产权结构有利于决策科学化	1.创立的程序比较复杂，创立费用较高 2.存在双重纳税问题，税收负担较重 3.不能公开发行股票，筹集资金的规模受限 4.产权不能充分流动，资产运作受限
股份有限公司	1.创业股东只承担有限责任，风险小，筹资能力强 2.公司具有独立寿命，易于存续 3.职业经理人进行管理，管理水平较高 4.产权可以股票形式充分流动	1.创立的程序复杂，创立费用高 2.存在双重纳税问题，税收负担较重 3.股份有限公司要定期报告公司的财务状况，公开自己的财务数据，易于竞争对手获知信息 4.政府管制较多，法规要求比较严格

二、企业工商登记注册流程

近几年来，公司注册流程不断得到优化，虽然各地区在公司注册方面的要求会略有不同，但注册公司的基本流程却大致相同。

我们以在吉林省注册公司的流程为例，介绍一下公司在注册过程中需要注意的事项和需要关注的问题，如图 10-1 所示。

1. 公司名称

公司名称应包括行政区划、字号或商号、行业或经营特点及组织形式等。公司申请登记名称需经过市场监管部门审核后才能使用，并在规定的范围内享有专用权。

公司名称对公司未来的发展很重要，不仅关系到公司在行业内的影响力，更关系到今后消费者对产品的认可度。好的公司名称应具备如下特点。

| 选择注册地区 | → | 市场主体开办 | → | 人工审批 | → | 内资公司 |

图示流程：

选择注册地区 → 市场主体开办 → 人工审批 → 内资公司

内资公司 → 选择行业

选择行业 → 经营范围 → 住所信息 → 领照机关

领照机关 → 公司取名

公司取名 → 组织形式 → 注册资金 → 股东类型

股东类型 → 证照类型

证照类型 → 出资方式 → 联系方式 → 证件上传

证件上传 → 申报成功

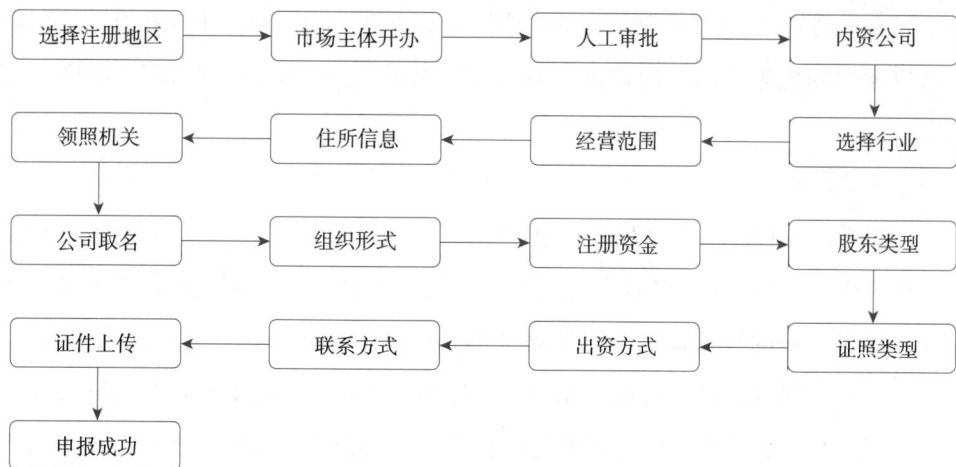

图 10-1　公司注册流程

（1）好读好记，简单易懂。公司名称一般由"行政区划 + 字号 + 行业特点 + 组织形式"组成，其中，字号部分是由创业者自己设定的。中国大多数知名企业的名称都是 2 ~ 3 个字，4 字以上情况并不多见。字号越简洁，消费者记忆起来越容易，企业在今后的品牌传播和广告投放也就越顺畅。例如，中国的传统老字号同仁堂、稻香村、六必居、全聚德、牛栏山、老凤祥、狗不理、果仁张等，一看名字就能让消费者想到产品。

（2）容易上口，寓意要好。公司名字忌讳使用生僻字，后续给消费者解释读音和寓意也不能提高效率。另外，还要注意多音字和地区方言的不同。如金利来远东有限公司的"金利来"原来叫"金狮"，因考虑到"金狮"用有些地方的方言表达时有"金输"的含义，这是犯忌的不吉利的名称，因而将"金狮"改为"金利来"，意寓给人们带来滚滚财源。

（3）巧妙借用，耳熟能详。例如，电商公司"饿了么"，这个名称虽简单，但用得特别巧妙，一说起来便使人想到外卖餐饮服务，借用带来的效果非常明显。再如，四通集团的"四通"，取自英文 STONE 同音，意为石头，象征着坚石不断向高新技术的尖端冲击。北辰集团的"北辰"、天地快件中的"天地"、联想集团的"联想"等名称，都具有独特的个性，使人印象深刻。

（4）贴近行业，无尽遐想。百度是世界上最大的中文搜索引擎公司，它所提供的最主要服务是为用户带来最便捷、最丰富的搜索结果。百度这个名称取自辛弃疾的《青玉案·元夕》中的名句："众里寻他千百度，蓦然回首，那人却在，灯火阑珊处。"这个名字与作为搜索引擎的百度公司的业务十分相符，且留给了用户无尽的想象空间。用户出于对百度的喜爱，还引申出"度娘""小度"等昵称。

2. 注册地址

公司必须有自己的办公场所，且注册地址只能有一个。公司注册地址是指在公司营业执照上登记的"住址"。法律上并没有明确对公司注册登记的地址做限制要求，如果公司的经营地址与注册地址不一致，那么就以公司的经营地址为主。另外，不同地域对公司注册地址也有不一样的具体要求，这要根据当地的具体要求来确定。有一点需要说明，如果选用住宅区作为公司注册地址，在办理工商登记时需要提供该房屋的产权证明。但如果办公场所是租用的，则在注册时需要房东提供房屋所有权证明。

3. 经营范围

经营范围是指公司可以从事的生产经营与服务项目，是公司注册时必须填写的项目，经营范围分为许可经营项目和一般经营项目。许可经营项目是指公司在申请登记前依据法律、行政法规、国务院规定应当报经有关部门批准的项目。一般经营项目是指不需批准可以由公司自主申请的项目。公司需要在注册材料中标明要注册公司的经营范围。《公司法》中对经营范围有以下明确规定。

（1）公司的经营范围由公司章程规定，不能超越公司章程规定的经营范围申请登记注册。

（2）公司的经营范围必须进行依法登记。

（3）公司的经营范围中属于法律、行政法规规定须经批准的项目，在进行登记之前，必须依法经过批准。

4. 注册资本

注册资本是指公司在登记管理机构登记的资本总额，注册资金是国家授予公司法人经营管理的财产或者公司法人自有财产的数额体现。新《公司法》对于公司的注册资本做了如下主要修改。

（1）将注册资本实缴登记制改为认缴登记制。除法律、行政法规以及国务院决定对公司注册资本实缴有另行规定的以外，取消了关于公司股东（发起人）应自公司成立之日起两年内缴足出资，投资公司在五年内缴足出资的规定。取消了一人有限责任公司股东应一次足额缴纳出资的规定。修改为：公司股东（发起人）

自主约定认缴出资额、出资方式、出资期限等，并记载于公司章程。

（2）简化登记事项和登记文件。有限责任公司股东认缴出资额、公司实收资本不再作为登记事项。公司登记时，不需要提交验资报告。新《公司法》对于公司注册资本的最大变化，在于注册资本从"实缴制"改为"认缴制"。所谓认缴制，全称为"注册资本认缴登记制"。创业者在进行工商注册时，取消了实际验资确认注册资本的过程，由创业者自己申报自己认缴注册资本金额和对应时间。这里要特别提醒所有创业者，千万不要因为公司注册资本由实缴制变为认缴制，注册资本就可以随意写，尤其是不切实际地填报过高的认缴注册资本，给公司埋下隐患。因为在公司未来的实际运营过程中，一旦发生商业纠纷或其他清算问题，相关部门都会依照公司当时填报的注册资本进行追责。

三、企业税务登记流程

依法纳税是每一个公民应尽的义务，初创企业必须重视纳税事宜。我国的税收体制中大致包含了18个大的税种，和初创企业密切相关的主要税种包括消费税、增值税、企业所得税、个人所得税等。企业年应征增值税销售额不超过500万元则可以选择小规模纳税人，如大于500万元则选择一般纳税人。小规模纳税人没有税款抵扣，一般纳税人可以抵扣进项税额。小规模纳税人每月销售额不超过15万元就可以不缴税，一般纳税人需要符合《中华人民共和国增值税暂行条例》中免税条件的项目才可以免税。另外，疫情期间，新注册公司应缴税额可按国家或地区规定的减免政策执行。

作为一名有社会责任担当的创业者，不应只将眼光放在如何减税或避税等方面上，更应以一名国家公民的身份，认真履行纳税人应尽的义务。

1. 纳税人所具备的法定权利和义务

纳税人有尊重税法、依法纳税的义务，当然也允许在合理的范围内实施节税或避税。纳税人亦称纳税义务人、课税主体，是指税法上规定的直接负有纳税义务的单位和个人。按照纳税人是个人还是企业单位，可将纳税人分为自然人、个体工商户、法人。其中"法人"是指公司所归属的范畴。纳税人所具备的法定权利和义务，见表10-2。

表 10-2　纳税人所具备的法定权利和义务

纳税人的权利	1. 知情权，保密权，税收监督权
	2. 纳税申报方式选择权，申请延期申报权，申请延期缴纳税款权，申请退还多缴税款权，依法享受税收优惠权
	3. 委托税务代理权，陈述与申辩权，对未出示税务检查证和税务检查通知书的拒绝检查权
	4. 税收法律救济权，依法要求听证的权利，索取有关税收凭证的权利
纳税人的义务	1. 依法进行税务登记的义务
	2. 依法设置账簿、保管账簿和有关资料以及依法开具、使用、取得和保管发票的义务
	3. 财务会计制度和会计核算软件备案的义务
	4. 按照规定安装、使用税控装置的义务，按时、如实申报的义务，按时缴纳税款的义务
	5. 代扣代缴税款的义务，接受依法检查的义务，及时提供信息的义务
	6. 报告其他涉税信息的义务

2. 报税流程

企业在报税时，需要完成一系列的工作步骤。完整的报税流程，如图 10-2 所示。

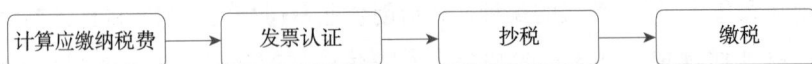

计算应缴纳税费　→　发票认证　→　抄税　→　缴税

图 10-2　公司报税流程

第一步，计算应缴纳税费。企业财务人员应当在会计期间内核算出当期的税费，保管相应的发票，便于后期核实查证。

第二步，发票认证。在税款所属期限内完成，并在认证通过的次月申报期内抵扣进项税额，不足抵扣的部分可结转下期继续抵扣。

第三步，抄税。如果企业是增值税一般纳税人，且需要开具增值税专用发票的，都必须购买税控计算机，在申请为暂认定一般纳税人后，须到税务机关进行办理。

第四步，缴税。纳税人申报纳税完成后，根据企业应缴纳的税款填写申报表，完成缴税。

创业者在依法纳税的前提下，为降低企业经营成本，可以采用一些合理避税的方法，如利用国家税收优惠政策、转移定价法、成本计算法、融资法和租赁法等。

3. 开具发票需要注意的事项

现行发票分为增值税普通发票和增值税专用发票两种。

（1）增值税普通发票。增值税普通发票是指在购销商品、提供或接受服务以及从事其他经营活动中,所开具和收取的收付款凭证。任何单位和个人在购销商品、提供或接受服务以及从事其他经营活动中,除增值税一般纳税人开具和收取的增值税专用发票之外,所开具和收取的各种收付款凭证均为增值税普通发票。

(2)增值税专用发票。增值税专用发票是供增值税一般纳税人或小规模纳税人生产经营增值税应税项目使用的一种特殊发票。它不仅是一般的商事凭证,而且还是计算抵扣税款的法定凭证。开票需要注意,增值税专用发票的抬头要与企业名称的全称一致。

(3)增值税普通发票和增值税专用发票的区别。从销售方的角度来看,普通发票和增值税专用发票并没有实质区别。如果能够享受免税政策,直接开具普通发票即可。但从购买方的角度来看,增值税专用发票可以用来抵扣增值税,而普通发票则不具备这样的功能。

4. 不同行业的税点差别

由于公司开具的发票基本以增值税发票为主,不同行业内的公司和商家开具的发票税率是不一样的。增值税一般纳税人适用的税率有 13%、9%、6%、0% 等,见表 10–3。

表 10–3 不同行业适用增值税税率表

适用税率	适用行业
13%	销售货物或者提供加工、修理修配劳务以及进口货物。提供有形动产租赁服务等
9%	提供交通运输业服务、农产品(含粮食)、自来水、暖气、石油液化气、天然气、食用植物油、冷气、热水、煤气、居民用煤炭制品、食盐、农机、饲料、农药、农膜、化肥、沼气、二甲醚、图书、报纸、杂志、音像制品、电子出版物、不动产租赁业务、建筑服务、邮政服务、基础电信服务
6%	提供现代服务、生活服务、金融服务、增值电信服务(有形动产租赁服务除外)
3%	小规模纳税人适用征收率、适用简易计税方式计税的一般纳税人
0%	出口货物等特殊业务

四、社会保险登记

1. "五险一金"的含义

"五险一金"是基础性保障,指用人单位给予劳动者的保障性待遇的合称,包括养老保险、医疗保险、失业保险、工伤保险和生育保险,以及住房公积金。为所有在职员工缴纳"五险一金",不能简单理解为是法律给企业规定的刚性责任,也是企业为员工、为公司自身、为社会承担义务的最直接体现。其中：

养老保险是指国家和社会根据一定的法律和法规，为解决劳动者在达到国家规定的解除劳动义务的劳动年龄界限，或因年老丧失劳动能力退出劳动岗位后的基本生活而建立的一种社会保险制度。

医疗保险是指为了补偿劳动者因疾病风险造成的经济损失而建立的一项社会保险制度。

失业保险是指国家通过立法强制实行的，由用人单位、职工个人缴费及国家财政补贴等渠道筹集资金建立失业保险基金，对因失业而暂时中断生活来源的劳动者提供物质帮助以保障其基本生活，并通过专业训练、职业介绍等手段为其再就业创造条件的制度。

工伤保险是指劳动者在工作中或在规定的特殊情况下，遭受意外伤害或患职业病导致暂时或永久丧失劳动能力以及死亡时，劳动者或其遗属从国家和社会获得物质帮助的一种社会保险制度。

生育保险是指国家通过立法，在怀孕和分娩的妇女劳动者暂时中断劳动时，由国家或社会对生育的职工给予必要的经济补偿和医疗保健的社会保险制度。

住房公积金是指国家机关、国有公司、城镇集体公司、外商投资公司、城镇私营公司及其他城镇公司、事业单位、民办非公司单位、社会团体为其在职职工缴存的长期住房储备金。

2."五险一金"的目的、缴纳方式及比例

"五险一金"的目的和缴纳方式，见表10-4。"五险"单位的缴纳比例和个人的缴纳比例，可能会因所在省份或地区的不同或所在企业的不同而产生差异。应该说，单位缴纳比例较高的企业对员工更有吸引力。

表 10-4   "五险一金"的目的和缴纳方式

项目	目的	缴纳方式
养老保险	保障员工退休以后的基本生活需求，为其提供稳定可靠的生活来源	由企业和被保险人按不同缴费比例共同缴纳
医疗保险	参保人员患病就诊发生医疗费用后，由医疗保险机构对其给予一定的经济补偿	通过用人单位与个人缴费，建立医疗保险基金
失业保险	对因失业而暂时中断生活来源的劳动者提供物质帮助以保障其基本生活，并通过专业训练、职业介绍等手段为其再就业创造条件	非因本人意愿中断就业，已办理失业登记并有求职要求，按照规定参加失业保险且所在单位和本人已按照规定履行缴费义务满1年三个条件后，方可享受失业保险待遇

续表

项目	目的	缴纳方式
工伤保险	保护遭受意外伤害或患职业病导致暂时或永久丧失劳动能力或死亡的劳动者及其家属的权益	用人单位应当按照本单位职工工资总额，根据社会保险经办机构确定的费率缴纳工伤保险费
生育保险	保护怀孕和分娩的妇女劳动者	由用人单位缴纳
住房公积金	为职工解决住房问题提供了保障	由公司和职工按不同缴费比例共同缴纳

企业为员工按时、足额缴纳"五险一金"，不仅可以提升员工满意度，也是企业吸引人才、留住人才的有效途径。刚入职的员工买房压力很大，有能力的企业可以适当提高住房公积金的缴纳比例，这样员工在买房时可提高贷款额度、缓解贷款压力等，以此来吸引员工。

第三节　初创企业可持续发展的建议

🔍 创业启示

首次创业者常遇到的七大困难

1. 无法遇见困难升级

当困难出现和困难升级时，你应该：①反思你的想法并自我验证。②问问你身边的人，但不一定是那些知识渊博的人。③和与你想法类似的人分享。④市场调研。⑤找一些愿意掏钱的合作伙伴（任何类型的供应商）。⑥交流潜在的前景。⑦和潜在的投资人沟通。

2. 进展混乱

很多时候，初创企业在没有和潜在客户沟通的情况下就开始做事。如果你对一些工作进展感到手足无措，可以将这些工作与是否能给客户高效创造价值做以衡量，如果不是，则可以将这些工作推迟或取消。

3. 缺乏有价值的成就

公司创始人通常是依靠自己之前所取得的那些有价值的成就，使自己在公司中树立威信，也会激励员工更加努力工作。

4. 不清楚哪些事不该做

时间是创业者所拥有的最珍贵的资产。你知道哪些事情应该做固然重要，但更重要的是，要知道哪些事情不该做。正所谓"有所为，有所不为"。

5. 推卸责任

当你出现一次失误或是面对挫折时，你必须承认自己弄糟了事情，整理自己，然后走好下一步。如果你选择推卸责任，那么结果就是双输。

6. 想快速弥补弱点

首次创业，创业者会想快速弥补自己的弱点，这在实践中并不容易实现，因之需要时间。因此，在创业中要想获胜，唯一的办法就是发挥自己的长处，在自己和团队的长处上下功夫，这样才能更好地弥补自己的弱点。

7. 相信自己能掌控一切

创业是一场长期的挑战，并不是自己一个人在作战。如果你认为自己能够掌控一切，那么就真是一个神话了。如果你想走得快，那么自己一个人走；如果你想走得远，那么大家一起走。

资料来源：徐俊祥. 大学生创业基础知能训练教程 [M]. 北京：现代教育出版社，2014：288-289.

初创企业完成了从无到有的创立过程，在创业期阶段，企业的财务资源、人力资源、技术资源都很有限，企业制度也不健全，方方面面都显示该阶段企业的生存能力较弱，基本上是以"生存"为首要目标。企业内部管理问题很突出，外部遇到的威胁很严峻。因此，初创企业想实现快速发展、健康成长，创业者就必须做好企业成长的各项管理工作。

一、初创企业的主要特点

（一）以生存为导向确定企业经营目标

在创业期，初创企业的首要目标是先生存再谋发展，生存是企业压倒一切的经营目标。初创企业的可塑性强，主要工作是设计战略、制定经营计划，为企业发展争取良好的商业环境。但此时，人们对企业的产品尚未接受，销售量很难达到预期，资金回笼速度很慢，通常没有利润甚至亏损。因此，这一阶段应聚焦"营销理念"，在市场上找准定位，把产品或服务卖给有需求的客户，获取企业经营所需的流动资金。企业在初创期失败的概率很大，一定不要盲目铺摊子、上规模，避免任何危及企业生存的做法。

（二）以产品差异化增强企业竞争能力

商场如战场。《孙子兵法》中有曰：我专为一，敌分为十。对于初创企业来说，由于各方面都不成熟，资源也非常有限，根本无法做到用有限资源解决所有的事情。因此，初创企业的主要做法是集中精力针对特定的小众，专注于产品或服务的差异化，达到"你无我有、你有我优、你优我强、你强我特"，做"小池中的大鱼"。企业可以通过行业集中、区域集中、渠道集中、用户集中等方式，实现产品区域渠道用户上的集中，在时间空间上的集中，在人力、物力、财力上的集中，形成企业的竞争优势。

（三）以市场响应速度抗御外部风险

外部的市场既给企业带来发展机会，同时也给企业带来一大堆意料不到的问题与威胁。可以说，不管处在哪个行业，初创企业都会遇到各种各样的经营风险，陷入激烈的市场竞争之中。因此，尽管大多数初创企业都建立了正式的组织结构，但很少能按正式组织方式进行运作。一旦企业遇到突发情况，就会调动企业所有人来救急。一般来讲，初创企业都有一套灵活应变的生存本领，随时应对外部风险。这种"救火式"的响应速度有时对抵御市场风险确实有一定的效果，但同时也会影响初创企业在规章制度方面的执行力度。

二、企业成长面临的主要挑战

（一）资金短缺问题

企业在创业初期的投入几乎是全方位的，如办公场所、设备购置、产品研发与生产、员工招聘与培训、市场调研与开拓、广告费用、行政管理费用等。由此看，初创企业可以承受暂时的亏损，但不能承受自由现金流的中断。自由现金流是指不包括融资、不包括资本支出，以及不包括纳税和利息支出的经营活动净现金流。自由现金流一旦出现赤字，企业将发生偿债危机，可能导致破产。初创企业受自身条件限制，获取融资的能力很弱，通常依靠自有资金创造自由现金流。所以，资金短缺成为制约初创企业快速发展的最大瓶颈问题之一。同时，这也对初创企业在财务方面的管理能力提出了考验与挑战。

（二）制度不规范问题

初创企业面临的内外部环境不断变化，加之受行为导向和机会驱动的影响，管理上一般采取权宜之计，管理体系通常处在不断调整的状态中，经常出现"计划没有变化快"的局面。这种相对的随意性，容易导致初创企业不能有更加完善适用的制度来保障企业的稳定运行。创业者在创业过程中，经常以个人的主观判断进行经营决策，也经常以个人的喜好来管理企业，当今社会已进入信息化时代，体制趋于成熟，消费趋于理性，创业者要善于运用规章制度来规范企业运营规则、规范员工工作行为，使企业避免陷入"混乱无序"之中而影响企业长远发展。

（三）人力资源流失问题

大多数的初创企业受资金束缚，不能给新聘员工更高的薪酬与福利待遇，因此很难吸引特别优秀的员工，即便招到了合适的员工，也可能成为员工积累经验的踏板。初创企业始终处在高压和高风险状态，很多情况下，创业伙伴之间在企业遇到困难时，因意见相左而发生争执，一旦矛盾升级到不可调和的情况，就可能会有创业伙伴离开，导致高层领导的不稳定。另外，员工之间因为企业成立时间短，不能充分进行磨合，也容易产生冲突而引发人员流失。所以，为了避免人力资源过度流失，创业者一定要重视以人为本的企业文化建设，以企业发展远景吸引员工，善于运用各种激励手段留住人才。

三、初创企业避免陷入战略误区

企业战略是对企业长远发展的全局性谋划，是决定企业今后发展方向和兴衰成败的关键。战略一旦出现方向性问题，必然会使企业受到重创，甚至破产倒闭。创业者容易陷入的战略误区有以下几个方面。

（一）盲目跟风，急功近利

每一个创业者都想做一个成功的人，但成功是需要储备的。创业者如果逞一时的匹夫之勇，跟风求利，很容易陷入绝境。例如，现在有很多创业者因受新型商业模式的影响，感觉做平台赚钱快，于是抛开自己熟悉的业务，义无反顾地开始做平台。然而，做平台不仅要整合产品、技术、商业、政策等方面的资源，而且还要占用大量时间和精力，为了使平台吸引更多消费者，平台都习惯打着"免费"的招牌，这种模式蕴藏着巨大的风险，最终很可能因现金流中断导致平台崩盘。因此，创业者在选择创业项目时，尽可能在自己擅长的领域寻找商机，凭借更精明的头脑、更可靠的方案、更长远的眼光和更可行的办法，坚持不懈地踏实走好每一步，只要方向正确，必有收成。千万不要朝三暮四、见异思迁，这容易将自己与企业推向险境。

（二）准备不足，仓促上阵

并不是所有的创业者都能顺利踏上创业之路。成功创业不仅需要好的创业项目，而且还受天时、地利、人和等诸多因素的影响。很多创业失败的主要原因之一是：创业者在创业时，几乎将所有精力都放在了创业项目本身是否有发展前景这一问题上了，没有更好地研究创业过程中可能出现的经营风险，对企业内外部的制约条件分析不到位，缺乏必要的应对措施。因此，创业者要时刻保持清醒的头脑，用积极的态度，理智应对各种困难。不要打一场没有准备的战争，不要使创业成为一个玩笑或一次冒险活动。

（三）资源匮乏，跨行经营

在创业过程中，如果没有足够的创业资源，就如"巧妇难做无米之炊"一样，再好的创业机会也无法更好地抓住。对于刚刚开始经商的创业者，资源匮乏尤其是发展资金不足是制约其快速成长的最大瓶颈之一。在这种情况下，依然有一部分创业者不能安于在主业上发展，当看到赚钱快且与企业主业完全不相关的创业项目时，还是忍不住将有限的精力和财力投入进去，期待快速获利。从经验上看，这样的做法势必会分散精力和资金，最终使得新项目不能更好地正常运营，还拖垮了企业原来的项目。因此，建议初创者要做好企业发展的目标定位，耐得住寂寞，走好创业路上的每一步。

综合实训

新公司的创办

（一）实训目的

1. 熟悉新公司创办的基本流程。

2. 掌握公司注册的主要组织形式。

（二）实训活动

以各自团队的创业项目为依据，简略描述注册公司需要完成的基本流程。

即测即练

思考题

1. 初创企业可能遇到哪些法律问题？

2. 大学生创业有哪些主要的优惠政策？

3. 简述注册公司的基本流程。

4. 简要分析初创企业的特点。

5. 初创企业在成长过程中会面临哪些挑战？

拓展案例

来自创业"老司机"的劝谏

马云峰1975年8月，出生在内蒙古自治区锡林郭勒太仆镇的一户普通牧民家。1992年，马云峰离开家乡奔赴哈尔滨开始求学之路，在学校就读专业通信电源管理专业。1996年毕业后到锡林郭勒盟电局工作，2002年马云峰申请离职，并于同年4月创办了锡林浩特市联创信达科技有限公司，公司定位以专业技术为导向，专注于企业信息化管理、系统集成、文化传媒为一体的高新科技企业。成立的第一年，公司的营业利润就比预计的超出一倍，第二年也是如此，并且每年都是一倍一倍地往上递增。随着互联网的快速发展，2015年7月16日，锡林郭勒盟电子商务平台正式上线，取名"新丝路"。迄今为止，已有抱头鼠窜管30家企业入驻平台。联创公司加上新丝路电子商务，马云峰经营着两家公司，事业蒸蒸日上。

2016年7月，随着央视《华商论见》栏目组的到来，马云峰通过电视节目讲述了自己的创业故事，让创业路上更多的后来之士汲取前人的教训，让他们的创业之路少些坎坷。他希望通过媒体让更多的人了解锡林郭勒，让更多的人吃到放心肉。

马云峰以过来人的身份，对创业有着自己独特的观点："现在的大学生创业一定要选对项目，互联网炙手可热，但是一味地扎堆互联网创业，即便你不出错，也难免被别人撞到，根据自己的特点、技术、理论基础、市场前景，选择合适的创业项目，也就迈出了走向成功的第一步。"

其次，马云峰始终觉得创新对于创业来说，是十分重要的。只有创新，才是长远发展的不竭动力。但是，创新并不代表着试图去开辟完全新颖的行业，而是重视技术的研发，这样才能吸引投资，将自己的项目做大。创新可以不是起家的本事，但是一定得是看家的本领。马云峰这样建议创业路上的后来志士。

最后，创业一定不能被眼前的利益蒙蔽了双眼，放眼未来才能大展宏图。创业者更要谨记的是，敢闯敢拼固然很好，但是危机意识一定不能少。这一点，马云峰是十分崇拜华为的。马云峰从当初的"IT男"到现在的锡林郭勒盟"互联网＋草原畜牧业"的践行者，他走过了二十年的时间，见证了中国互联网的快速崛起，他很庆幸自己是见证者、亲历者、参与者，尽管过程很艰苦，但他觉得很值。

如今，41岁的马云峰已经从当初的"小马"长成了现在的"老马"，但是他的梦想还在继续，这匹"老马"还在梦想的草原上驰骋。作为创业路上的"老司机"，马云峰行驶在创业路上，平稳而矫健，而他总是有着强烈的责任感，他深信，自己曾经的创业故事或许可以帮助更多的人，于是，将自己的至深感悟来劝谏走在创业路上的年轻人。

创业这条路很长，马云峰用自己的故事为后来者点亮前进的方向。

资料来源：周前进.创业人生壹：草根成长与成功之道[M]，北京：清华大学出版社，2016

第十一章 创业计划书的撰写及项目路演

知识目标

1. 了解创业计划书在创业中的作用。
2. 掌握创业计划书的基本结构。
3. 掌握创业计划书的撰写方法。

能力目标

1. 能够独立或合作编写一份完整的创业计划书。
2. 能够熟练运用路演方式展示创业项目。

素质目标

1. 通过撰写创业计划书，使创业者提高从投资方、合作伙伴、员工等不同角度思考问题的意识。
2. 通过项目路演，培养创业者具备有效应对各种情形和变化的权变思维。

创业计划书不仅是创业的总方案和行动大纲，还是创业资金准备和风险分析的必要手段。对于初创企业来说，一份好的创业计划书可以使创业者更加明确创业目标与内容、组织与管理、利益与风险等。另外，创业计划书还是企业对外宣传的文本，可以向投资方、现实和潜在的合作伙伴、雇员、客户及供应商等阐述创业机会、所需资源、预期回报和可能风险等。从许多成功创业者的创业经验获知，只有科学、周密地拟订创业计划，才能在创业过程中少走弯路、少付代价、少遇风险，提高创业成功的概率。因此，编写创业计划书已经成为越来越多创业者的必修内容。本章主要讲述撰写创业计划书的基本结构和主要内容、创业项目路演等相关知识。

【创业名言】

我认为做企业要有这些素质，特别在中国市场上，那就是：诗人的想象力，科学家的敏锐，哲学家的头脑，战略家的本领。

——宗庆后，娃哈哈集团创始人

第一节　创业计划书的撰写

导入案例

张先生和他的创业计划书

张先生在大学期间，一直跟随导师做建筑节能材料方面的研究，略有小成。毕业后，他依然坚持在这一领域深耕细作。功夫不负有心人，张先生终于取得一项重要的技术突破，将显著减少建筑物的能源消耗，并得到业界肯定。张先生和他的研发团队认为，如果科研成果不转化，就不能给社会带来更大效益。于是，经过再三思考，他决定辞去原有工作，带领团队一起创业。

但张先生的创业准备资金并不充足，于是，他想到了风险投资基金，希望通过引入合作伙伴的方式解决当前困境。为了能够快速获得融资，他寻找各种机会与一些风险投资机构或个人投资者接洽商谈。虽然张先生和洽谈者反复强调他的技术多么先进、应用前景多么广阔，并拍着胸脯保证投资他的公司，回报绝对可观。但谈的融资进展并不顺利，几乎所有谈过的投资方都认为他没有特别清楚地回答出对方关心的问题，如产品的市场需求量如何，一年的销售量怎样，投资年回报率有多高等。投资人存在这么多困惑，必然会导致其对公司的发展前景缺乏信心。

张先生对此非常苦恼，也大大受挫。到底怎样才能吸引投资者呢？他的一位做管理咨询的朋友点醒了他："你的技术那么高端，在这么短的时间内怎么能让投资者听得明白呢？尤其是你连一份像样的创业计划书都没有，怎么能让你的创业项目更有信服力呢？"一句话惊醒梦中人。于是，张先生带领他的团队开始向专家虚心请教，向风投公司进行咨询，张先生又上网查阅并学习了如何撰写创业计划书的相关资料。然后，他静下心来，从公司的经营宗旨、战略目标出发，对公司的技术、产品、市场销售、资金需求、财务指标、投资收益、投资者的退出方式等方面进行了论证和分析。其间，他做了大量的市场调研，确保提供的数据更加精准。一个月后，他和团队终于拿出了一份创业计划书初稿，经过几位相关专家的指点，他们又再次对创业计划书进行了修改和完善。凭着这份精心撰写的创业计划书，张先生不久就与一家风险投资公司达成了投资协议，有了风险投资的支持，公司的资金缺口得到解决，公司顺顺当当地开业了。

　　现在，张先生的公司经营得红红火火，年销售利润高达 500 多万元。回想往事，张先生感慨地说："创业计划书的编制与我研究的节能材料差不多，绝不是随便写一篇文章的事。编制计划书的过程就是我不断理清自己思路的过程，只有将自己的思路弄清楚了，才有可能让投资者、员工相信你。"

资料来源：王延荣.创新创业管理 [M].北京：机械工业出版社，2015.

🔍 案例分析

　　1. 请思考：张先生的公司能够成功获得融资的主要原因是什么？

　　2. 请评价：创业计划书在创业中的作用是什么？

一、创业计划书的含义及作用

（一）创业计划书的含义

　　创业计划书又称商业计划书，是对与创业项目有关的所有事项进行总体安排的文件，是创业者准备的一份用以描述创建一个企业所有相关的外部及内部要素的书面计划，是各项职能计划的总和，是对企业人员、资金、物流等各种资源的整合，是为完成创业目的而制定的一份完整、具体、深入的行动指南。创业计划书的内容必须具体且要求具有可操作性。

　　创业活动的成败与市场的变化密切相关，所以，要想保证创业计划书是有根据的、是可行的，创业者及团队成员就一定要进行有针对性的市场调查，不能闭门造车，这样，才能客观真实地反映市场潜力、预期收益等相关数据。而且，创业计划书一定要把创业项目的优势表述清楚，有利于促成创业团队成员达成共识，激励企业员工向着共同的目标努力。可以说，创业计划书就如同一台功能超强的电脑，它可以帮助创业者记录许多创业的内容与构想，帮助创业者更加合理地规划创业成功的蓝图。

（二）创业计划书的作用

　　一份考虑详尽的创业计划书是创业者心灵的呼唤、价值的体现、能力的表达和经营管理才能的合成演练。创业计划书具有"计划"和"营销"两大功能。"计划"功能是强调创业计划书是指导实际创业的行动纲领。"营销"功能则是指通过创业计划书,可以向投资者或合作者展示企业的发展规划和前景,获得创业融资等支持。具体来讲,创业计划书有以下几方面作用。

1. 有助于厘清创业者的思路

创业项目在脑海中酝酿时,经常会让创业者感到很美妙、很新奇,且会有抑制不住的创业冲动,但这个创意是否可以变现,转化成为有价值的创业机会,是需要反复探讨和论证的。创业者可以用创业计划书的形式将创业项目整理出来,然后进行多轮推敲,就能够更加全面深入地分析出创业项目是否具备有前景的商业价值、内外部环境中的机会和威胁、自身拥有的资源和存在的劣势、资金缺口有多大等相关问题,在此基础上再确定创业步骤。可见,创业计划书的编制过程也是让创业者整理思路再思考的过程。例如,美团网的 CEO 王兴,在创立校园网和饭否网失败后,重新站在投资人的角度梳理投资人关心的创业计划书,最终获得红杉资本的 1 200 万美元 A 轮融资,再一次立于市场的浪尖上。

2. 有助于吸引创业融资

创业计划书是创业融资的必备工具,风险投资者往往根据创业计划对创业项目进行风险评估,然后选择更具有发展潜力的企业进行投资。显而易见,一份与众不同的、切实可行的创业计划书是投资者与合作者的最重要参考依据,它就像"沉默的推销员"一样,虽无声,但却能帮助创业者把创业项目有效地推销给投资方,从而获得所需融资。例如,饿了么的创始人张旭豪起初为了给网站造势,用近乎完美的创业计划书不停地参加各种创业大赛。2009 年 10 月,在上海慈善基金会和觉群大学生创业基金联合主办的创业大赛中,获得最高额度 10 万元全额贴息贷款。同年 12 月,又在欧莱雅大学生就业创业大赛上获得 10 万元融资。

3. 有助于增强团队凝聚力

初创企业因成立时间太短,实力还很弱,往往很难吸引和留住人才,创业计划书如果能够很清晰地描绘出企业未来的发展目标和发展前景,向员工展现企业的获利能力和管理能力,让员工看到企业的希望,则能够使团队成员产生思想共鸣,进而提升员工留在企业、和企业共奋斗同成长的信心,增强团队的凝聚力。所以,一份好的创业计划书在一定程度上可以达到留人的目的。例如,"生命方舟"团队是由来自清华 12 个院系的 33 名在读学生组成,他们在组建创业团队时愿景明确、目标统一、计划清晰，团队成员上下一致、携手共进，在大家的齐心努力下，最终获得2 300万元的天使投资，成功研发出"方舟万宝"，在市场上赢得了属于自己的一席之地。

4. 有助于获取政策支持

我国政府每年都会在科技、资金等方面选择一些前景良好的创业项目，给予优惠政策的扶持。一个好的创业项目想要在众多竞争者中脱颖而出，必须有完整、可行的创业计划，让提供优惠政策的政府机构充分了解企业的创业思路和所需要的具体支持。同时，创业项目还要能够展现出创业活动带来的社会效应。例如，武汉市政府与拼多多达成战略合作之后，携手推动了当地的经济发展。2020年4月，拼多多"武汉优品馆"正式上线启动，该项目得到了政府的大力支持，为拼多多的快速发展注入新的活力。

二、创业计划书的主要特征及分类

（一）创业计划书的主要特征

1. 循序渐进

一份好的创业计划书在编写过程中，一般要经过四个阶段，每个阶段都需要进行多次的论证与修正。第一阶段，在前期充分调研和研讨的基础上，编制创业计划书的基本框架。第二阶段，在每个框架内完善具体内容，有特别需要的可以加入新的议题，形成创业计划书的初稿。第三阶段，结合创业项目的特点、资源拥有情况、市场竞争情况等，进一步修改创业计划书中不合理的地方或无法实现的内容，形成一份相对完整的创业计划书。第四阶段，开始试运行创业计划，对运行中发现的问题及时进行反馈与调整，最终形成一份操作性更强的创业计划书。

2. 一目了然

创业计划书应该重点突出投资者、合作者或企业员工等相关利益者所关心的问题，尤其对于关键问题，要进行直接、明确的阐述，整个创业计划书要求做到主题鲜明、脉络清晰、结构完整、论证客观、文字通畅。在表述时，切忌求多求全，也切忌空话套话，一旦让投资方意识到创业项目书中有掺假的成分，会严重影响融资进程。

3. 令人信服

创业计划书的内容表达，要保持客观态度，要运用中性语言，不要仅仅站在创业者自身的角度，对计划书中涉及的相关内容或要阐述的观点做过于主观倾向性的判断与评论。另外，不要用广告性语言对自己的创业项目夸大其词，也不要过分强调创业风险，以免影响投资者的信心。所以，创业者一定要力图让投资者、合作者及团队成员等信服创业计划书的可实现性。

4. 通俗易懂

创业项目提供的产品、技术或服务，是创业计划书最核心的内容之一，也是投资者最关心的问题之一。在描述产品的关键技术和生产工艺时，阐述要简单明了、通俗易懂，避免用过于专业化的语言或过于复杂化的流程分析，勿让非专业的投资者产业歧义或不解。对必须引用的专业术语及特殊概念，应在附录中给予必要的解释和说明。

5. 风格统一

创业计划书的编写，通常都是由多人共同完成，最后指定专人进行统稿、修改和校对。为力求创业计划书做到前后内容衔接有序、撰写版式风格协调一致，在开始编写时，团队成员就应统一思想、说明要求、达成共识，尤其注意创业计划书中的引用数据，必须要准确说明，并标明出处。另外，在编写过程中，还要加强成员之间的沟通与交流，及时解决编写中出现的问题。

6. 严谨周密

创业计划书撰写的宗旨是客观表述拟创立企业的发展规划和前景。因此，计划书不但结构要完整，内容也要严谨周密，既能清晰阐述创业项目蕴含的利益，又能客观说明可能遇到的创业风险，给投资者、合作者及员工描绘出清晰的、易于理解的画面，充分展现出创业团队的专业素质和工作作风，使创业计划本身更具有说服力。

（二）创业计划书的分类

编写创业计划书的直接目的是获取资源。我们可以根据创业项目所需获取资源类型的不同，将创业计划书分为以下四种类型。

1. 以获取资金为主的创业计划书

投资者评估投资项目是否有投资价值，先看的评估资料就是创业计划书。因此，以获取资金为主的创业计划书主要面向投资者，目的是获取创业所需的融资，这是最常用的一类创业计划书。在编写这类创业计划书时，要注意以投资者需求为出发点，侧重强调创业项目具有足够的市场容量、有较强的持续盈利能力、有可操作的项目实施计划、有具备成功实施项目的管理团队等。一份简练而有力的创业计划书如同求职自荐书一样，能让投资者对投资项目的运作和效果心中有数，引起投资者的关注，促使其作出投资决策。

2. 以获取人力资源为主的创业计划书

这类创业计划书是为了获取创业团队的新成员以及有特定意义的关键员工。在最初准备创业的时候，创业者往往从亲朋好友中寻找创业伙伴。这种方式可以在很大程度上降低人力成本，并且有利于创业初期人力资源的整合。但是，一旦企业的商业模式逐渐成熟，进入正常的经营轨道，开始设定做大做强的发展目标时，企业就必须招兵买马，也即从并不熟悉的人群中寻找新的团队成员或合作伙伴。那么，以获取人力资源为主要目的的创业计划书在这种情况下就能起到很重要的作用。这类创业计划书要侧重为员工勾画出企业清晰的发展目标定位和发展前景，能够对吸纳合作伙伴的方式和渠道，以及合作伙伴之间的利益分配和权限作出具体说明。

3. 以获取政策支持为主的创业计划书

个人或者机构要开展某项商业活动、开发某项产业化活动，如果想得到政府的支持，就必须研究、编制、提供一个项目的可行性报告。报告的形式和内容一般包括总论、团队情况、产品的市场需求预测、项目的技术可行性、项目的实施方案、投资估算与资金筹措、项目效益分析、项目风险及不确定分析、项目可行性分析、希望政府给予的具体支持。这类创业计划书应侧重强调对该项目投资的可行性，尤其要着重关注企业的社会收益和社会成本，只有创业项目的社会影响较为良好、符合政府的区域总体发展趋势，才有可能成为政府部门关注的对象。

4. 以获取合作资源为主的创业计划书

这类创业计划书主要是针对一些大型的企业客户群体、原材料供应商、行业协会等可能的合作对象。在创业过程中，有效的合作关系对创业者的帮助是非常大的。为了获得这些合作关系，在必要的时候创业者也需要向合作伙伴提交创业计划书，阐明自身的优劣势以及双方进一步发展合作关系的有利之处。基于这一要求，创业计划书就要有针对性地指出具体的合作方案以及合作双方可能获取的利益。

　　当然，不同目的的创业计划书会有不同的侧重点，但无论哪种创业计划书，都需要清晰地阐明创业项目的现有资源和能力，以及企业未来的发展模式等内容，如果忽视了这些关键内容，创业者就很难通过创业计划书达到预期目的。

三、创业计划书的基本结构及主要内容

（一）创业计划书的基本结构

　　创业计划书通常包括封面、保密要求、目录、摘要、正文、附录等部分，如图 11-1 所示。

图 11-1　创业计划书的结构

　　1. 封面

　　封面是不可以忽略的，可以放一张企业的项目或产品彩图，但需要留出足够的版面，有选择地排列下面内容：创业计划书编号、企业名称、项目名称、项目单位、地址、电话、传真、电子邮件、联系人、企业主页、日期等。

　　2. 保密要求

　　保密要求一般可放在次页，如果要求非常简短，也可放在封面做以提示。保密要求主要是为了保护自有的知识产权，要求投资方一定要妥善保管创业计划书，

未经企业的同意，不得向第三方公开创业计划书涉及的商业秘密，从而避免自身利益受到侵害。

3. 目录

目录标明各部分内容及页码，为达到直观简洁的效果，一般标注到二级标题。另外，一定要注意确认目录页码同内容的一致性，一旦出现类似错误，容易给观者带来做事不严谨的印象，影响后续合作。

4. 摘要

摘要的内容十分重要，是对整个创业计划书的最精练的概括，一般要求在 1 ~ 2 页纸内完成。摘要内容应从正文中摘录出投资者最关心的问题，即对企业内部的基本情况、创业项目最核心的竞争优势、企业的自身能力及团队优势、企业的营销和财务战略等方面，进行简明而生动的概括。摘要的目的在于用简练的语言将计划书的核心、要点、特色生动地展现出来，吸引相关方在最短的时间内就能比较清楚地了解创业项目。

5. 正文

正文是创业计划书的主体部分，涵盖了创业项目涉及的方方面面，从企业的基本情况、经营管理团队、产品技术研究与开发、行业及市场预测、营销策略、产品制造、经营管理、融资计划、财务预测、风险控制等方面展开详细说明与介绍。这部分内容相对比较多，因此，在撰写时要善于运用图文并茂的方式，突出重点，吸引读者。要有使人信服的数据资料作为支撑，最好不要全部都用文字进行说明，避免让读者产生视觉疲劳。另外，经常会有读者从目录中看到特别感兴趣的要点时，就会直接跳到想看的内容，而一旦在跳到的内容发现错误，则很有可能会直接否定整个创业计划书。所以，一定还要注意创业计划书中每一部分的细节处理。

6. 附录

附录是对正文中涉及的相关数据资料的补充，作为备查之用。一般情况下，与创业相关的行业市场调研数据、产品的技术指标和实验数据等，因内容很多，且多是图与表，通常会放在附录中供相关方参阅。

（二）创业计划书的主要内容

1. 封面设计

有相当一部分创业者并不是很在意创业计划书的封面，设计很随意。其实，封面是创业计划书呈现给相关方的第一页内容，因此，一定要有吸引人的独特风格。创业计划书的封面重在设计，创业者和团队成员如果缺乏设计能力，可以找具有审美能力或艺术天赋的专业设计人员，按照创业者和团队的想法进行设计。不过，并非别人看不懂的才是独特的，这是一种错误的认知。从经验来看，封面最好还是以简约、明确为主，忌晦涩怪异。

2. 企业介绍

企业介绍如同自我介绍，目的就是让相关方更加清晰地认识企业。这部分内容要简明扼要地介绍企业的基本概况（包括企业名称、组织形式、注册地址、联系方式等）、发展历史与现状、所提供的产品或服务的竞争力、未来的发展规划和目标定位等。其中，企业目标是企业要追求的远景设定，是企业发展的动力来源，是创业计划书中的亮点所在，因此，这一点要浓墨重彩地表达出来。

3. 市场分析与预测

市场分析是编制创业计划书的依据，是指围绕整体市场、细分市场、目标客户、公司面临的竞争态势等方面，对整个产业以及竞争状况进行充分、详尽的分析，同时，发现社会的痛点问题或者新的需求点，并在此基础上形成对企业目标市场的清晰认知，为制定企业战略提供依据。市场分析是市场预测的前一步，常常被认为是创业计划中最重要的部分，因此，创业者一定要注意该项内容的客观准确。

市场预测是运用科学的方法，对影响市场供求变化的诸多因素进行调查研究和分析的基础上，对未来市场状况作出估计和判断，预见市场发展趋势，掌握市场供求变化的规律，有利于作出更加合理的经营决策。在创业计划书中，市场预测是各个相关方最为关注的内容之一。应该说，企业所面对的市场经常是变幻不定、难以捕捉的。所以，创业者应尽量扩大信息收集的范围，在严密、科学的市场调查基础上，采用科学的预测手段和方法进行市场预测。

4. 产品（服务）介绍

产品（服务）介绍是创业计划书中必不可少的一项内容，主要包括产品的名称、特性、市场竞争力、研发过程、品牌、专利、市场前景等。投资人在进行投资项目评估时，最关心的问题是企业的产品（服务）能否以及在多大程度上解决现实生活中的问题，或者企业的产品（服务）能否帮助客户节约开支增加收入，或者能够改变目前的生活方式，或者能够引领时代的发展和增加企业收入。

5. 管理团队及组织结构说明

企业管理水平的高低直接决定了企业经营风险的大小，而拥有高素质的管理团队和良好的组织结构是管理好企业的重要保证。

（1）管理团队核心成员介绍，即介绍主要管理团队成员的详细经历和背景，以及他们的职责和能力，具体包括个人基本信息（姓名、年龄、政治面貌等）、工作履历、受教育程度、主要经历、道德素养和综合素质等。

（2）组织结构，即企业管理架构介绍。组织结构安排的关键是分工明确、各司其职。主要包括：企业的组织结构图，各部门的功能与责任，各部门的负责人及主要成员，企业的报酬体系，企业的股东名单，包括认股股权、比例和特权。企业的董事会成员及各位董事的背景资料等。

一个好的创业项目，需要有一支强有力的管理队伍来实施高水平的创业策划。有时，投资人对创业团队实力的关注程度会超过对创业项目本身的关注。鉴于此，我们以第七届中国国际"互联网+"创新创业大赛中，投资者关注的团队维度考核内容作为参考，了解一下不同赛道中投资者对创业团队的关注要点，见表 11-1。

表 11-1　第七届中国国际"互联网+"创新创业大赛不同赛道的团队维度考核内容

赛道	团队维度考核内容	所占分值
高教主赛道：本科生创意组、研究生创意组	1. 团队成员的教育、实践、工作背景、创新能力、价值观念等情况 2. 团队的组织构架、分工协作、能力互补、人员配置、股权结构以及激励制度合理性情况 3. 团队与项目关系的真实性、紧密性，团队对项目的各类投入情况，团队未来投身创新创业的可能性情况 4. 支撑项目发展的合作伙伴等外部资源的使用以及与项目关系的情况	25
高教主赛道：初创组、成长组	1. 团队成员的教育和工作背景、创新能力、价值观念、分工协作和能力互补情况，重点考察成员的投入程度及团队成员的稳定性 2. 团队的组织构架、股权结构、人员配置以及激励制度合理性情况 3. 支撑项目发展的合作伙伴等外部资源的使用以及与项目关系的情况	25
高教主赛道：师生共创组	1. 团队成员的教育和工作背景、创新能力、价值观念、分工协作和能力互补情况，重点考察师生分工协作、利益分配情况及合作关系稳定程度 2. 项目的组织构架、股权结构、人员配置以及激励制度合理性情况 3. 支撑项目发展的合作伙伴等外部资源的使用以及与项目关系的情况	25
"青年红色筑梦之旅"赛道：公益组	1. 团队成员的基本素质、业务能力、奉献意愿和价值观与项目需求相匹配 2. 团队的组织架构与分工协作合理 3. 团队权益结构或公司股权结构合理 4. 团队的延续性或接替性	20

赛道	团队维度考核内容	所占分值
"青年红色筑梦之旅"赛道:创意组	1. 团队成员的基本素质、业务能力、奉献意愿和价值观与项目需求相匹配 2. 团队的组织架构、股权结构、人员结构与分工协作合理 3. 团队外部资源引用及与项目关系结构清晰、逻辑合理	20
"青年红色筑梦之旅"赛道:创业组	1. 团队成员的基本素质、业务能力、奉献意愿和价值观与项目需求相匹配 2. 团队的组织架构与分工协作合理 3. 团队权益结构或公司股权结构合理	20
职教赛道:创意组	1. 团队成员的教育、实践、工作背景、创新能力、价值观念等情况 2. 团队的组织构架、分工协作、能力互补、人员配置、股权结构以及激励制度合理性情况 3. 团队与项目关系的真实性、紧密性,团队对项目的各类投入情况,团队未来投身创新创业的可能性情况 4. 支撑项目发展的合作伙伴等外部资源的使用以及与项目关系的情况	25
职教赛道:创业组	1. 团队成员的教育和工作背景、创新能力、价值观念、分工协作和能力互补情况,重点考察成员的投入程度及团队成员的稳定性 2. 团队的组织构架、股权结构、人员配置以及激励制度合理性情况 3. 支撑项目发展的合作伙伴等外部资源的使用以及与项目关系的情况	25
萌芽赛道	1. 团队成员的创新精神和创新意识与能力 2. 项目团队成员的教育背景、基本素质、价值观念、知识结构、擅长领域 3. 团队构成和分工协作合理	20

6. 营销策略

营销是企业经营中最富挑战性的环节。在创业计划书中,营销策略应包括产品策略、价格策略、营销渠道的选择、促销计划和广告策略、营销队伍建设和管理。对于处于不同发展阶段的企业来说,其营销策略是不同的。对于初创企业来说,由于产品和企业的知名度低,很难进入竞争对手已经相对稳定或成熟的销售渠道中。因此,企业不得不暂时采取高成本、低效益的营销战略,如大打商品广告,向批发商和零售商让利,或交给任何代理公司销售等。对于已进入发展阶段的企业来说,选择机会会更多一些,一方面可以利用原来的销售渠道,另一方面也可以开发新的销售渠道以适应企业的发展。

7. 生产计划说明

如果初创企业是生产制造企业,创业计划书中必须制定生产计划,且应描述完整的生产过程,主要内容应包括:厂房基本情况(含地址、基础设施和基本配置情况),产品制造和技术设备现状,生产工艺流程及关键环节介绍,新产品投产计划,生产经营成本分析,质量控制和改进计划及提高生产能力,劳动力和雇员的有关情况。生产计划作为创业计划书的重要组成部分，其作用在于使投资者了解企业的产品研发进度、投产规模和所需资金等。所以，创业者在进行生产计划说明时，一定要在生产工艺流程、生产周期标准和生产作业计划编制方面做重点说明，对季节性生产任务和生产中会遇到的问题及解决方案也要解释清楚。另外，如果全部生产过程或其中的一部分要外包出去，那么，应该在计划中把承包方的地址、选择理由、费用以及已签订的所有合同做以说明。

8. 财务规划描述

财务规划能够体现初创企业的财务生存能力，反映创业计划从财务角度是否具有可行性。如果初创企业在财务方面不具备可行性，那么，这个将要启动创业的计划，则无须付诸实施。在实际运行中，财务规划可以帮助企业降低经营风险，增强企业的评估价值，提高企业获取资金的可能性。创业计划书中的财务规划主要包括以下三个方面的内容。

（1）历史经营状况方面的财务数据。这里针对的是既有企业，初创企业不会涉及此项内容。企业在过去几年的经营状况是未来发展的重要参考，也是投资者作出决策的重要依据。创业者应提供过去三年的现金流量表、资产负债表和利润表。其中，现金流量表是企业的生命线，反映了企业开展创业活动的财力，企业无论在初创期还是扩张期都要对流动资金有预先的计划，并在使用中进行严格控制。资产负债表表现企业在某一时刻的状况，投资者用资产负债表中的数据得到的比率指标，来衡量企业的经营状况及可能的投资回报率。利润表是企业盈利状况的写照，它反映了企业在运作一段时间后的经营成果。

（2）未来财务整体规划。财务规划是建立在生产计划和营销计划基础之上的，严格来说，创业计划书中的前述内容都可作为企业制定未来财务规划的依据。创业者要论述未来 3～5 年内的生产运营费用和收入状况，将具体财务状况用财务报表的形式展示出来。要写好财务整体规划，创业者应回答清楚以下问题：①单件产品的生产成本是多少？利润是多少？②产品定价是多少？在固定时间段内产品的销售量是多少？③雇用多少人来进行生产、加工、销售产品？工资预算是多少？

（3）融资规划与退出机制。投资者需要知道他们如何从新企业管理中获利，资金如何收回，以及何时能够收回。因此，在创业计划中应明确说明项目所需资金数额以及资金来源渠道，如吸纳投资后的股权结构、股权成本、投资者介入企业管理的程度、投资回报与退出（股票上市、股权转让、股权回购、股利），具体包括：①融资计划，包括资金总需求、融资金额、融资方式、融资渠道；②资金使用计划，包括项目总投资及用途、投资结构、已经完成投资、新增投资等。③资金退出计划，包括资金退出时间、退出方式和还款计划等。常见的投资退出方式主要有公开上市、兼并和回购、管理层收购等，每种退出方式都各有利弊，如何进行选择，可以从可行性和投资回报率等方面，对不同的退出方式进行对比分析，再做决定。

9. 风险分析

创业本身就带有一定的冒险性，创业过程中的风险通常会让人始料不及。因此，没有风险分析的创业计划书是不完整的，风险分析不仅能减轻投资者的疑虑，让他们对企业有全方位的了解，更能体现管理团队对市场的洞察力和解决问题的能力。在这一部分，创业者可以根据创业项目的特点，从以下几个方面寻求风险分析的方向。

（1）市场风险。市场风险主要包括生产中可能遇到的问题、销售者未知的因素、竞争中难以预料的情况、客户的不同需求与反馈等。

（2）技术风险。技术风险主要包括技术研发中的困境，如技术力量不够强大、研发不到位、员工熟练程度不高、经验不足、研发资金短缺等。

（3）资金风险。资金风险主要说明企业可能遇到资金周转不畅和资金断流等问题，同时也要说明企业遭遇清算的后果及遭遇清算后是否具备偿还债务的能力。

（4）管理风险。管理风险主要如实反映企业在管理方面的缺陷和漏洞，诸如人手不足、经验欠缺、资源匮乏等问题。在这一点上，要做到实事求是，不要刻意隐瞒，避免让投资方产生不信任的感觉。

（5）其他风险。企业的其他风险有很多，如政策的不确定性、经营中的突发状况、财务上的不确定因素等，都可以归入此类。

创业者在对市场、技术、资金、管理等各方面风险进行分析之后，更重要的是应在创业计划书中，将面临的风险及相应的解决方案进行清晰说明。其实，有风险存在并不可怕，可怕的是没有应对风险的能力与对策。创业者应带领团队主动识别和讨论风险，这会极大地提升企业的信誉，增加投资者的信心。

四、创业计划书撰写原则及注意事项

创业计划书是创业者对创业项目的论证与修正的过程，如果想要撰写一份高规格、高质量的创业计划书，则应遵循一定的撰写原则和技巧。

1. 语言平实，通俗易懂

撰写创业计划书要采用正规的公文语言，尽量用词准确、通俗易懂、准确表达。不要使用晦涩、浮夸的文字和语言，要做到让外行也能看得懂。能够用图形和数字表示的，就尽量不用文字，这样便于让相关方更直观地了解情况。

2. 详略有度，篇幅得当

创业计划书并不是文字越多越好，在撰写中应遵循简洁、明晰的原则，结合创业项目自身的特点，注重突出项目的核心优势，如果能够做到用最简单的文字表达出更清晰的内容，那就离成功更近一步了。例如"电梯式营销"这一方式，强调的就是这个思想，在乘电梯的 30 秒时间里，能用最简洁干练的语言，将思想表达清楚，并得到对方的认同。现实中，能做到这一点并不容易，需要创业者不断磨炼内功。

3. 要素齐全，内容具体

创业计划中的每一部分都有其存在的价值。通过创业计划书，要让相关方看明白你要做什么、为什么要做这个项目。要能够突出你的产品或服务的核心价值及独到之处。要明确目标客户并进行市场细分。要分析竞争对手，体现出来有别于竞争对手的突出优势。要介绍企业的运营模式和盈利模式等。

4. 条理清晰，逻辑性强

创业计划书要充分展现出创业团队的整体智慧，做到结构合理、条理清晰、目录完整、层次分明，通过目录提供的框架内容，就能让相关方清楚整个创业计划的总体设计思路，给读者留下思维有逻辑性、做事有计划性、问题有前瞻性的良好印象。

5. 资料充足，有理有据

创业计划书中忌讳空话、套话和没有依据的主观臆断，任何结论都必须经过市场的调研，运用数据和资料作为分析的支撑，做到用事实说话、论证充足，达到让投资者信服的目的。

🔍 **实训**

创业计划可行性评估

当你确定自己适合创业后，你不必急着马上走上创业这条路，还必须先评估一下你的创业计划是否可行。尝试着回答下述问题：

（1）你能否用语言清晰地描述出你的创业构想？你能否用很简短的文字将你的想法描述出来。根据成功者的经验，不能将创业想法变成自己的语言大概是因为你还没有仔细地思考清楚吧！

（2）你真正了解你所从事的行业吗？许多行业都要求选用从事过这个行业的人，并对其行业内的方方面面有所了解。否则，你就得花费很多时间和精力去调查诸如价格、销售、管理费用、行业标准、竞争优势等问题。

（3）你看到别人使用过这种方法吗？一般来说，一些经营红火的企业，在经营方法方面比那些有特殊想法的企业更具有现实性。有经验的企业家中流行这样一句名言："还没有被实施的好主意往往可能实施不了。"

（4）你的想法经得起时间考验吗？当未来的企业家的某项计划真正得以实施时，他会感到由衷兴奋。但过了一个星期、一个月甚至半年之后，将是什么情况？它还那么令人兴奋吗？或已经有了完全不同的另外一个想法来代替它。

（5）你的设想是为自己还是为别人？你是否打算在今后5年或更长时间内，全身心地投入这个计划的实施中去？

（6）你有没有一个好的资源网络？开始创办公司的过程，实际上就是一个组织诸如供应商、承包商、咨询专家、雇员的过程。为了找到合适的人选，你应该有一个服务于你的个人关系网，否则，你有可能陷入无可利用资源的死循环中。

（7）你明白什么是潜在的回报吗？每个人投资创业，其最主要的目的就是赚到收益。可是，在尽快致富的设想中隐含的绝不仅仅是金钱。你还要考虑成就感、爱、价值感等潜在回报。如果没有意识到这一点，那就必须重新考虑你的计划。

第二节　创业项目路演

🔍 **导入案例**

关于《青年与祖国》路演中展示的技巧

本案例以复旦大学一名大学生在《青年与祖国》路演中的展开阶段做以分析。

学生："关于祖国与青年的关系，人人皆知。但是，我想提个问题，谁能用一个字概括青年对于祖国的关系？（以提问吸引听众）可能会有人说是'希望'。"

听众（插嘴）："不对，'希望'是两个字，你不是说一个字吗？"（中圈套）

学生："你说得不错，'希望'这意思对了，可惜用了两个字，我说可以用'根'字表示青年是祖国的根（观点新颖掀起一次小高潮）。因为我曾经注意到这么一个有趣的现象，过去要是哪一家生了个男孩，家长很喜欢用'根'做儿子的名字，姓张的叫张金根，姓李的就叫李银根，还有王宝根、赵贵根，七根八根的样样都有。为什么要用'根'呢？无非大人们总是把男孩看作传宗接代的希望，'根'做名字就是祝福他命长如根，深深扎在泥土里，要是生个女孩就不行了，哪个家长要是用'根'给她取名的话，将来这姑娘肯定嫁不出去，因为'根'是要留在自己家里的。所以女孩子的名字中常常带有'秀'字，电影《牧马人》中被女秘书赞为'山口百惠'的不就叫李秀芝吗？当然，这似乎有些重男轻女的封建意识了。（听众爆发愉快的笑声，又是一个高潮。接着挖掘'根'的含义，阐发主题。）我们每一个男女青年，对于祖国来说，都像命根子那样重要。祖国的未来完全寄托在青年人身上，从这个意义上说，我们每一个青年都可以有一个共同的姓，那就是中华。都拥有一个共同的名，那就是'根'。'中华根'应该是中国青年最自豪、最光荣的名字！"（热烈的掌声，推向最大高潮）

从上面的分析可以看出，制造高潮首先要有思想，有自己的观点。高潮的引发处，往往便是思想的一个闪光点。

资料来源：沙聪颖，李占文. 演讲与口才 [M]. 镇江：江苏大学出版社，2019.

案例分析

1. 请思考：项目路演需要注意哪些问题？

2. 请评价：项目路演如遇突发事件，该如何处理？

一、创业项目路演内容

（一）创业项目路演的含义

项目路演是企业或创业代表在讲台上向投资方等相关方讲解项目属性、发展计划和融资计划的一种展示方式，最主要的用途是寻找到合适的投资方。项目路演让创业者在台上声情并茂地给投资方等相关利益方展示创业项目的关键内容，这种方式有利于加深对创业计划书的理解，可以使投资方与创业者之间快速对接创业项目，加强双方之间的有效沟通与交流。

创业项目路演一般分为线上路演和线下路演两种方式。线上项目路演主要是通过 QQ 群、微信群，或者在线视频等互联网方式对项目进行讲解。线下项目路演主要通过活动专场对投资人等相关方进行面对面的解说与交流。通常情况下，投资者每天看到的创业计划书和接触的项目都很多，甚至有的投资者一天要阅读上百份创业计划书，在筛选项目时，往往凭借一些市场份额、盈利水平等硬性指标，很难更加深入地了解项目的精彩之处，导致一些原本很有潜力的优质企业与投资方擦肩而过。项目路演的好处就在于可以让多个投资者在同一时间内，接收到创业项目的相关信息，创业者或讲解员在路演过程中，还可以和投资方进行现场互动交流，有利于达成双方合作意向。

（二）创业项目路演的内容设计

路演 PPT 的内容不用追求面面俱到，要抓住投资者更感兴趣的内容做重点讲解。路演 PPT 建议使用 10 ~ 15 页为佳，每页的设计内容，见表 11-2。

表 11-2 路演 PPT 的内容设计

路演 PPT 展示模块	内容要求	建议使用页数
企业	说明企业概况和目标市场	1
机会（尚待解决的问题和未满足的需求）	陈述的核心内容	2 ~ 3
解决方式	企业将如何解决问题，如何满足需求	1 ~ 2
管理团队	简要介绍每个管理者的资格和优势	1 ~ 2
行业、目标市场	介绍企业即将进入的行业及目标市场状况	1 ~ 2
竞争者	简要介绍直接和间接竞争者，对比介绍企业与目标市场中的现有企业的竞争优势	1 ~ 2
知识产权	介绍企业已有的或待批准的专利	1
财务	简要说明即可，强调企业何时盈利，需要多少资本，以及何时实现现金流持平	2 ~ 3
需求、回购和退出战略	说明企业需求的资金数目及设定的退出战略	1

二、创业项目路演的注意事项

（一）要注意投资者等相关利益方的关注点

投资者、潜在商业伙伴、潜在客户、前来应聘的关键员工等外部利益相关者是创业计划的主要观者。要吸引这些人加入，创业者在进行项目路演时，要注意语言表述尽可能做到客观、实际，不要过分表达乐观情绪，从而影响创业计划的可信度。路演内容要注意用事实说话，明确展示出商业创意的可行性，开发出一套行之有效的商业模式，并深入分析企业所处的竞争环境。通过路演展示，能够让投资者迅速分辨出该商业创意可以给其带来更高的资金回报。为保护产品技术等方面的知识产权，在路演时，可以加入"不经允许，不得外泄"的语言提示。

表述清晰的路演内容还有助于协调团队的各项工作，激发团队一致行动，向共同的目标前进，让投资者或者未来的员工或者股东能够对项目产生期待。

（二）要注意路演的前期准备和陈述效果

为达到更好的路演效果，创业者在与投资者会面之前，一定要按照路演要求做好充分准备，如用心制作的路演幻灯片或精短的项目介绍视频、装封好的创业计划书，以及一些能吸引观众的实物等，如果需要视听设备，都应事先准备好。路演的首要原则就是要严格遵守会议时间地点安排，要以预定的要求为限，路演陈述不要超出限定时间上限，也不要在约定的时间内过早结束路演。路演时间过长或过短都会给观众留下不好的印象，均不可取。一般来说，根据创业项目的特点，可以为3分钟、5分钟、8分钟、10分钟、12分钟或15分钟等，然后留出几分钟回答现场评委或观众所提的问题。在路演过程中，要确保陈述流畅通顺，幻灯片上的内容要简明扼要、通俗易懂。

（三）要注意灵活应对现场的各类提问

创业者要敏锐预见投资者等相关方可能会对什么问题感兴趣，并提前做好回答准备。在现场回答投资者问题时要注意以下几方面。

（1）能在投资者提问结束后迅速作出回答，回答内容连贯、条理清楚。

（2）对投资者提出的问题，要能够依据准确的事实，运用可信的逻辑推理进行回答，应具有针对性而不是泛泛而谈。

（3）对投资者尚存在疑惑的方面能够作出充分的说明和解释。

（4）整个路演过程，要遵循一定的逻辑性要求，即对陈述和回答的内容，要保证前后的层级性和一致性。

（5）团队成员在回答问题时，要能够做到能协调合作、彼此互补，尤其是对回答不全面的问题，其他成员应及时做好进一步的补充说明。创业者要善于从路演答辩中捕捉有价值的信息，有时投资者提出的问题会给创业者带来很大的启发和帮助。

三、项目路演者面对突发事件的应对技巧

项目路演有可能遇到各种意想不到的意外。因此，路演者应具备一定的应变能力。

（一）路演者提升应变能力的要求

1. 观察敏锐，反应迅速

路演者要努力做到眼观六路、耳听八方、察微见著。训练有素的路演者，登台时自始至终都在观察着听众，哪怕一点微小的变化、一点微小的异样，都逃脱不了他们的视线，他们可以根据这些变化，灵活调整自己表达的内容，以调动听众的情绪和积极性，达到预期的效果。

2. 处变不惊，沉稳应对

作为一个成熟的路演者，在路演中不管遇到什么突如其来的变化，绝不惊慌失措、乱了分寸，要相信一切变化都是可以应付的，一切的难题都是可以解决的。因此，路演者除了具备丰富的社会经验和学识之外，还需要有虚怀若谷、从容镇定的良好气质，只有具备这样的气质，才能在变中求稳，才能在变中求策。否则，一旦出现意外，便容易手足无措、六神无主。自己尚且难以自顾，又怎能想出良策去对付场上的变化呢？可想而知，这样的路演结果一定是失败的。

3. 正确判断，从容对答

路演者在面对各种提问时，要保持清醒的头脑，认真倾听，快速分析，及时判断出回答问题的核心点，用最简洁、最干练的语言作答，如果回答能够直接切入要害，则一定会给提问者留下相当深刻的印象。另外，如果因判断错误，出现

了答非所问的情况，路演者可以通过提问者的现场反应，第一时间判断出来问题错在哪里，之后，要通过追问或补充的方式，迅速扭转不利局面，为自己争取主动权。这要求路演者要具备快速解决问题的能力。

（二）应对仪器出现故障的方法

路演过程中，如果仪器出现了故障，如麦克风发出噪声、投影仪失灵、突然停电等，现场秩序可能会出现一些骚乱，项目路演无法按部就班地正常进行，在这种情况下，路演者要努力把听众从干扰中带出来，使负面影响降到最低。举个例子，有一位路演者正在讲述自己的创业项目时，现场忽然停电了，他用了一种比较幽默的方式，缓解当时的气氛，他说："朋友们，我不想我的路演在黑暗中进行，让我们一起等待光明的到来吧。"瞬间，大家都对这位路演者的临场应变能力给予充分肯定，也为下面的路演铺垫了好的开端。也曾经遇到这样一位路演者，正在他激情满怀地阐述自己的创业项目时，投影仪突然出现故障，大家都在紧张地看他的反应，他却很轻松地说了一句："实在抱歉，这家伙不愿意跟我合作了，马上让工作人员来安抚一下，我先继续我的话题。"类似这样的情况还有很多，如果处理得当，无形之中会给路演者自身博得好感，也会给创业项目增色不少。

（三）应对观众不同变化的方法

在路演过程中，路演者特别希望观众能跟着他的思路进入预期的状态，但观众有时也不一定会遵循路演者期望的状态进行互动反应，有时还会对路演者提出质疑。对此，路演者要根据观众可能产生的不同反应，及时调整思路，采取合适的措施予以应对，在这里简要介绍几种情况，见表 11-3。

表 11-3　路演者面对观众的不同变化采取的应对措施

观众变化情况	路演者的应对措施
当观众对象临时发生变化时	路演者应当机立断地根据变化了的观众，适当改变自己的路演方式。调整自己的语言，甚至讲述顺序，最重要的是要抓住观众的兴趣
当观众比较少时	路演者刚走进会场时，观众的多少是他的第一感觉，必定会对他的心理产生一定影响，一个对观众负责的路演者，总是能用理智控制感情。作为路演者要始终记住自己是为了说明项目内容，而不是为了人数来路演的，面对这种情况，可以换上几句轻松的话作为开场，缓解气氛

续表

观众变化情况	路演者的应对措施
当观众鼓掌时	路演者听到观众的掌声，要暂停自己的演讲，等到掌声停止或趋于尾声再接着讲下去。另外，路演者面对掌声，要有正确的态度，要用鞠躬、点头或眼睛、面部表情道出自己感谢大家鼓掌的内心语言。要使自己的言语和举止都表现出谦虚的态度，切忌在掌声中忘乎所以，乃至趾高气扬、得意忘形，倘若如此，路演者必定在飘飘然中摔"跟头"，失掉了拥护和欢迎他的观众
当观众兴趣转换时	当路演者正在讲一个自己认为非常重要且需详细说明的问题时，却发现观众对另一个可能不需要做详细解释的问题产生兴趣，这时，路演者一定要及时调整讲述思路和内容，如果再继续按原计划讲解，则会引发观众不满意的情绪，从而影响路演效果

（四）应对其他意外情况的应对方法

意外是不可避免的，不但会影响路演者的思路，也会转移观众的注意力。作为路演者，一定要充分发挥自己的控场能力，将意外对路演的负面影响降低到最低的限度。

当自己路演的内容与别人有一定的重复的情况下，路演者最好不要按原来的讲稿再讲一遍。路演者可以根据自己的思想、学识和经验，根据路演宗旨和观众的实际情况及需要立即重新选择说法，并围绕主题迅速组织材料，做一次有别于前面所讲内容的新的路演，这样才能使观众感兴趣并得到满足。

当路演者因某些主观和客观因素的刺激，导致思维的链条突然中断，把即将要讲的内容忘掉时，建议路演者：①事先做好路演笔记或者大纲，当出现忘词时快速并自然地看一下大纲，它会帮助路演者快速记起路演的内容。②路演者要在忘词的情况下尽量地控制自己的恐慌情绪，应该笑意盈盈，用积极的心理暗示舒缓紧张情绪。③在忘词的情况下，把最后这句话再用重语气重复一遍，这样可以使已经断了的思维链条再衔接起来，使路演能够顺畅地进行下去。

当路演者现场陈述时突然被某些东西绊倒，可能现场会出现哗噪或者嘘声，此时路演者应该大方地、迅速地站立起来，并面带微笑、沉着应对，保持"嘘声尽管嘘声，路演仍将继续"的态度，继续你的路演，给观众一种处事不惊的印象。另外还可以在站起来时，用幽默风趣的语言化解尴尬的气氛。例如可以说"各位，我确实已经被大家的热情倾倒了！谢谢！"等语言。

当路演者在面对评委的多次提问没有听清楚或者没有听明白时，作为路演者可以有礼貌地让评委再重复一遍问题，也许这时就会发现问题已变得清晰。如果真的一点也不清楚怎么回答，也不要草率地应付了事。路演者可以说"对不起，我们在这方面没有准备得很充分，我们回去后会尽快完善好"等话语进行作答，不能让评委误会，到底是你没有听明白还是评委没有表述清楚。

综合实训

撰写创业计划书

根据下面的提示，寻找自己的创业目标，并试着编制一份简易的创业计划书。

1. 拟创建企业的名称及日期：_____

2. 企业所有制形式选择：□个体　□有限责任企业　□股份有限企业

3. 你的目标客户主要是：□个人　□团体　□公共机关　□其他

4. 你设计的产品和服务是：_____

5. 五个最主要竞争对手是：① _____ ② _____ ③ _____ ④ _____ ⑤ _____

6. 可能的竞争来自：□其他企业　□技术　□行业人员

7. 你的企业竞争力：□弱　□较弱　□平均水平　□较强　□强

8. 你的产品或服务的需要在递增还是递减：_____

9. 你可能引进的新产品或服务是：_____

10. 你可能进入的市场是：_____

11. 你的企业与众不同的优势是：_____

12. 你的企业最大的营销机会是：_____

13. 你的企业最大的营销障碍是：_____

14. 你的企业总体经营目标和增长计划是：_____

即测即练

思考题

1. 简述创业计划书的含义。

2. 简述创业计划书包含的主要内容。

3. 简述撰写创业计划书的注意事项。

4. 以一份完整的创业计划书为例，分析其创业项目的可行性，并阐述理由。

5. 在制作项目路演 PPT 时应注意哪些问题？

🔍 拓展案例

创业计划书的生命力

计划书可以被看作"敲门金砖"，毕竟这是有效接触投资人的第一步。但是，创业者需要的不仅仅是吸引投资人的"眼球"，更需要的是吸引投资人的"真金白银"。而这个吸引的过程绝对不是几十页 A4 纸就可以决定的。

尽管创业计划书有其相对固定的一面。例如，应该包含哪些章节，应该按照什么顺序撰写，甚至具体到字体、字的间距、字符的大小等，都有着一定的规矩要求。但其实，创业计划书并不难写，撰写创业计划书的关键在于对资本市场以及投资人心理的把握，看你能够在多大程度上用文字与投资人进行沟通并达成共识，在多大程度上能迎合他们的审阅喜好，甚至在多大程度上能使文字的渲染恰到好处……这就需要撰写者的经验和与创业项目相对应的专业性。

创业计划书是企业发展的指导性文件，其内容是企业发展的纲领和步骤，只追求形式上完美，而忽视本质内容的创业计划书，是不可取的。所以，将创业计划书的本质内容说清楚才是最重要的。具体如下：

首先是要告诉投资人你是做什么的。项目介绍需要描述项目本身的内容，还应考虑一下项目的"周围经济"。例如，你的项目在市场中占有什么地位，核心竞争力到底核心在哪里，哪些竞争对手的产品或技术实力可以弥补项目自身的缺点。未来多少年内，你的项目和产品能够做大做强。没有远见的企业家，我们称之为个体户，只为今日温饱，不求明日大计。因此，在创业计划书的背后，你要全面地了解你的项目所处的环境及发展趋势。

其次是要说清楚管理计划。说到管理，大家都不陌生，就是对企业一切资源的有效利用，让其发挥最大价值。企业最大的资源就是创业者和创业团队。那么，团队是什么？团队不是"人数"。1 000 人的集团，也不一定可以称之为团队，三个人却一样可以得天下。团队要的是集体的协作能力、思考能力、自主能力。有了这些，你就可以自豪地说："我的团队……"否则，就只能对别人说："我们这些人……"，只是"一些人"而已。另外，学历代表过去，学习才代表未来，如果你的团队成员不够优秀，起点都很低，那么，的确会有一部分因素影响投资人对你的认可。但是，请相信大部分有眼光的投资人还是比较欣赏"未来型"的创业者，他们不太喜欢听你讲过去的英雄事迹，他们会更多地关心你对未来的设计和思考。可见，在创业计划书的背后，你要严谨地规划好你的管理思路，你的团队如何建设，组织结构如何设计，激励政策如何制定以及人力资源如何配置等。

最后就是营销计划。在创业计划书里面，你可以向投资人索取营销费用，也可以在央视进入广告标王。一夜成名的企业和产品在这个社会中并不少见。可是，你的创业计划书里面除了"出名"之外，还有什么可以持续提升产业经济链的东西吗？广告及营销其实要做的就是"让消费者知道你的产品或服务有哪些好处"，而这些好处，你真的可以持续提供吗？如果单纯是靠包装造出来的声势，那么，广告费花完的时候也就是企业的末路之时。

所以说，在创业计划书的背后，你要科学地给企业及产品的未来定位，不要停留在自我陶醉和膨胀中。当然，还有风险预测及控制、财务计划等。无论创业计划书里面阐述了什么，你都要设身处地地想一想，你是真的在做企业发展规划，还是仅仅在畅想未来？你所阐述的思路在后期的执行中是否有足够的可执行性，你是否有足够的能力去将想法变成现实。

资料来源：安宁，王成东. 大学生创新与创业教育 [M]. 北京：中国轻工业出版社，2019.

参考文献

[1] 肖翔. 企业融资学 [M]. 3 版. 北京：清华大学出版社，2019：1-27.

[2] 沙聪颖，李占文. 演讲与口才 [M]. 镇江：江苏大学出版社，2019：99-101.

[3] 安宁，王成东. 大学生创新与创业教育 [M]. 北京：中国轻工业出版社，2019：251-252.

[4] 陈劲，吴贵生. 中国创新学派 [M]. 北京：清华大学出版社，2018：100-108.

[5] 陈劲，郑刚. 创新管理赢得持续竞争优势 [M]. 3 版. 北京：北京大学出版社，2018：
     30-48.

[6] 吴伟. 创业融资 2.0：实战与工具 [M]. 北京：机械工业出版社，2018：3.

[7] 马振峰. 创造未来：大学生创新创业教程 [M]. 上海：同济大学出版社，2017：4-8，
     119-120.

[8] 李莉. 创业基础实训教程 [M]. 北京：北京理工大学出版社，2017：18-23，160-162.

[9] 王光炎. 创新创业教育 [M]. 长春：吉林大学出版社，2017：3-18.

[10] 曾增. 创业融资那些事儿 [M]. 北京：中国铁道出版社，2017：221-225.

[11] 姚凤云，赵雅坦，郑郁. 创新与创业管理 [M]. 北京：清华大学出版社，2017：211-218.

[12] 周前进. 创业人生壹：草根成长与成功之道 [M]. 北京：清华大学出版社，2016：49-71，
     91-99，177-185.

[13] 宫春艳. 市场营销学 [M]. 成都：西南财经大学出版社，2016：60-63，100-110，253-257.

[14] 李家华. 创业基础 [M]. 北京：北京师范大学出版集团，2016：8-9，24-25，71-80.

[15] 史梅，徐俊祥. 大学生创新与创业指导 [M]. 北京：现代教育出版社，2015：4-11，119-124.

[16] 王延荣. 创新创业管理 [M]. 北京：机械工业出版社，2015：158-160.

[17] 陈晓红，周文辉，吴运迪. 创业与中小企业管理 [M]. 2 版. 北京：清华大学出版社，
     2014：61-69.

[18] 徐俊祥. 大学生创业基础知能训练教程 [M]. 北京：现代教育出版社，2014：107-108.

[19] 吴世农. CEO 财务分析与决策 [M]. 3 版. 北京：北京大学出版社，2013：5-19.

[20] 孟祥林. 市场营销学：理论与案例 [M]. 北京：机械工业出版社，2013：100-123.

[21] 卡伦布朗，南希海尔. 项目管理基于团队的方法 [M]. 北京：机械工业出版社，2012：
     52-59.

[22] 张玉利. 创业管理 [M]. 2 版. 北京：机械工业出版社，2011：78-80.

[23] 巴林杰，爱尔兰. 创业管理：成功创办新企业 [M]. 杨俊，薛红志，等译. 3 版. 北京：机
     械工业出版社，2010：104-106.

[24] 斯坦塞. 创业融资 [M]. 邹琪，译. 上海：复旦大学出版社，2008：1-34.

[25] 周锐航.新时代视域下大学生职业规划中创新创业能力培养研究 [J].产业创新研究，2021（15）：115-117.

[26] 徐九春.我国高校创新创业教育的发展历程及亟需解决的问题[J].包头职业技术学院学报，2020，21（1）：74-76.

[27] 张敏，李春莲.融资失败关店裁员，生鲜电商行业加速洗牌 [J].中国食品，2020（1）：110-111.

[28] 陈小凡.赤脚首富刘永好 [J].今日东方，2017（7）：15.

[29] 王占仁.中国创业教育的演进历程与发展趋势研究 [J].华东师范大学学报（教育科学版），2016，34（2）：30-37.

[30] 交通运输部.关于印发《城市公共交通"十三五"发展纲要》的通知 [J].城市公共交通，2016（8）：5.

[31] 金彦龙，李庆满，杨皎平.基于"创新创业导向"的"多元渗透式"人才培养模式研究［J］.渤海大学学报，2014（3）：108-111.

[32] 黄馨平.我国大学生创新创业政策的多源流分析及完善路径研究 [D].昆明：云南师范大学，2021.

[33] 高斌.江苏鼎昌科技有限公司股权众筹融资案例研究 [D].郑州：华北水利水电大学，2020.

[34] 佚名.毕业一年女创客，玩转千万农创融资：浙江财经大学东方学院何叶丹创业事迹 [EB/OL].（2016-04-21）.https：//xg.zufedfc.edu.cn/info/1056/2177.htm.

[35] 中青在线.寻访 2016 年大学生创业英雄活动十强事迹 [EB/OL].（2017-04-24）.http：//news.cyol.com/content/2017-04/24/content_15980440.htm.

[36] 人社部.人力资源社会保障部致 2021 届毕业生公开信 @2021 届高校毕业生——青春奋斗就业圆梦 [EB/OL].（2021-06-23）.http：//www.mohrss.gov.cn/SYrlzyhshbzb/dongtaixinwen/buneiyaowen/rsxw/202106/t20210623_416970.html.

[37] KAB 创业俱乐部.肖军森：相信 i 驾车能改变我们的学车模式 [EB/OL].（2017-06-16）.http：//chuangjia.cyol.com/content/2017-06/16/content_16196781.htm.

[38] 张一鸣：北京字节跳动科技有限公司创始人 [EB/OL].（2021-09-17）.https：//baike.baidu.com/item/%E5%BC%A0%E4%B8%80%E9%B8%A3/15898544？fr=aladdin.

[39] 前瞻产业研究院.直播电商的兴起及面临的问题 [R/OL].（2022-03-18）.http：//lgj.mofcom.gov.cn/article/swsj/202203/20220303287094.shtml.

[40] 张仪.想开一个菜鸟驿站，需要投资多少钱，要准备什么？[EB/OL]（2020-07-22）.https：//blog.csdn.net/fuli911/article/details/114164469?utm_source=app&app_version=4.16.0

[41] 彭镇.ofo 小黄车沉浮录：基于公司财务视角的分析 [N/OL]（中国管理案例共享中心，2019-12-01）.http://cmcc.dlaky.cn/Cases/Detail/4256.

[42] 鲁振旺：放弃生鲜电商，很艰难，但是我还能怎么做？[EB/OL].（2016-12-06）.https：//wenku.baidu.com/view/b1ca3815bb4cf7ec4bfed0ce.html.

[43] 任正非：华为技术有限公司主要创始人兼总裁 [EB/OL].（2021-09-17）.https：//baike.

baidu.com/item/%E4%BB%BB%E6%AD%A3%E9%9D%9E/448501？fr=aladdin.

[44]　新东方集团创始人、董事长俞敏洪的创业故事（1）[EB/OL].（2017-11-24）. http：//www. lizhigushi.com/chuangyegushi/a2764.html.

[45]　中国银河证券股份有限公司 . 策略专题：理解"新变化"顺应"新趋势"把握"新消费"发展机遇 [EB/OL].（2020-12-31）. http：//stock.finance.sina.com.cn/stock/go.php/vReport_Show/kind/lastest/rptid/662731443674/index.phtml.

[46]　"气泡水"出圈：由元气森林带头打响的"健康战"[EB/OL].（2021-09-10）. https：//www.sohu.com/a/489092513_563928.

[47]　普华永道：寿险行业：数字化客户经营转型报告 [EB/OL].（2021-09-29）. https：//www.51paper.net/jjxx/jrtz/2021-09-29/10782.html.

[48]　千亿科沃斯增长背后的逻辑 [EB/OL].（2021-07-25）. http：//www.investorscn.com/2021/07/25/96344/.

[49]　2020 年中国除螨仪行业短报告 [R/OL].（2020-07-16）. https：//www.leadleo.com/report/details？id=5f0e8d445279 fa5e75716006.

[50]　艾睿咨询 . 中国智慧菜场行业研报告 [R/OL].（2019-12-01）. https://www.renren.com/paper/216461508.html.

[51]　"万店小目标"完成后，蜜雪冰城如何发展？[EB/OL].（2020-10-04）. https：//www.sohu.com/a/422598867_100195788.

[52]　深度分析：成为新零售典范，良品铺子的商业模式探索 [EB/OL].（2017-09-21）. https：//baijiahao.baidu.com/s？id=1579080645902236161.

[53]　2021 中国短视频和直播电商行业人才发展报告 [R/OL].（2021-10-14）. https：//www.sohu.com/a/495086239_121124366.